高等职业教育精品系列教材·财务会计类

成本会计实务

主　编　缪金和　王立群　崔维瑜
副主编　袁　芳　张学林　马玉洪　杨　柳

北京理工大学出版社
BEIJING INSTITUTE OF TECHNOLOGY PRESS

图书在版编目（CIP）数据

成本会计实务／缪金和，王立群，崔维瑜主编．—北京：北京理工大学出版社，2020.7（2022.8 重印）

ISBN 978－7－5682－8642－8

Ⅰ.①成…　Ⅱ.①缪…　②王…　③崔…　Ⅲ.①成本会计－高等学校－教材　Ⅳ.①F234.2

中国版本图书馆 CIP 数据核字（2020）第 112899 号

出版发行／北京理工大学出版社有限责任公司
社　　址／北京市海淀区中关村南大街 5 号
邮　　编／100081
电　　话／（010）68914775（总编室）
　　　　　（010）82562903（教材售后服务热线）
　　　　　（010）68948351（其他图书服务热线）
网　　址／http：//www. bitpress. com. cn
经　　销／全国各地新华书店
印　　刷／涿州市新华印刷有限公司
开　　本／787 毫米×1092 毫米　1/16
印　　张／15.75
字　　数／372 千字
版　　次／2020 年 7 月第 1 版　2022 年 8 月第 3 次印刷
定　　价／49.00 元

责任编辑／钟　博
文案编辑／钟　博
责任校对／周瑞红
责任印制／施胜娟

前言

经济越发展，会计越重要，谁都不能否认会计在经济发展中越来越重要的地位和作用。近十几年来，我国经济实现了高速发展，会计制度和会计准则也发生了巨大的变化，会计改革紧跟世界经济发展的步伐，臻于至善，逐步与国际接轨。会计准则、营改增以及企业产品成本核算制度等新规的出现，使会计人员所处的环境越来越复杂，对会计人员的业务能力要求越来越高，会计人员面临着前所未有的严峻形势。

“十三五”规划以及党的十九大报告提出的人才培养模式和职业教育发展理念，要求各高职高专院校应更好地为职业教育和企业培育高素质技能型人才，会计人才的培养要适应经济与社会的发展变化，适应中国现阶段社会主义市场经济的需要。这些都对会计教材提出了新的挑战，优秀的会计教材对于培养会计人才的重要性是显而易见的，会计教材必须与时俱进，随时关注政策变化，贴近会计前沿，学生才能跟上时代步伐。

“成本会计”是高职高专会计专业、审计专业、财务管理专业的一门主干核心专业课程，也是一门操作性较强的课程，在整个课程体系中占有极为重要的地位。本书以财政部最新颁布的《企业会计准则》《企业会计准则——应用指南》《企业产品成本核算制度》和税收政策为依据编写，贴近会计前沿，以培养和提升学生的职业岗位能力为目标，通过校企合作定期向行业专家咨询请教，获取企业成本核算的真实案例资料，积累了专业素材，融合多位多年从事成本会计教学工作的教师的教学经验和教材编写经验，筛选出结合成本会计理论知识而精心设计的实务案例，真实反映企业成本核算工作的整个过程。本书按照成本会计岗位的实际工作流程，贯彻“从实践中来、到实践中去”的编写思路，采用“教、学、做一体化”的项目教学编排体例，以任务驱动教学，达到在学中做、在做中教的目的。

本书注重实操性，参照成本会计岗位的职业标准，根据企业的生产特点和管理要求，结合生产工艺流程及生产类型，以工业企业成本核算为核心，精心设计了9个项目，模拟企业成本核算实务，侧重案例教学，围绕工业企业的成本核算业务设置了相应的案例，除此之外，项目中还包含“知识目标”“能力目标”“素质目标”“知识结构导图”“案例导入”“知识拓展”“职业道德”“项目小结”等模块，全面、系统地阐述了工业企业成本核算与分析的基本理论和方法，培养学生具备成本会计岗位必需的成本核算和成本管理工作的综合职业能力和职业素质。本书根据人才培养目标，力求与社会实际工作岗位对成本会计岗位提出的综合能力要求衔接，以使学生将来更好地适应工作岗位的能力要求，实现从学生到企业职工的无缝过渡。同时，本书突出课证融合，培养学生的考证能力。编者分析了近年来会计考证的大纲及内容，将课程内容与考证考点结合，实现课证融合，为学生未来的可持续发展打好基础。

为了便于及时巩固所学内容，每个项目都配有充足的教学做一体化训练及习题和实训参考答案，帮助学生进一步掌握和巩固成本核算与分析的操作技能。此外，为了方便教师教学和学生学习，本书配有课程标准、授课计划、教案、电子课件、微课等相应的教学资源，供授课教师使用。

本书适用范围广，既可以作为普通高等职业院校会计、审计、财务管理、经济管理等相关专业的教材，也可以作为财会人员在职培训或会计初级职称考试的参考辅导教材。

本书由东营科技职业学院缪金和，济南工程职业技术学院王立群、崔维瑜担任主编，济南工程职业技术学院袁芳、张学林、马玉洪、杨柳担任副主编。缪金和编写项目九，王立群编写项目三、项目五、项目六，崔维瑜编写项目二的任务五、项目七、项目八，袁芳编写项目二的任务一和任务四，张学林编写项目二的任务二和任务三，马玉洪编写项目一，杨柳编写项目四。

由于编者的时间和精力有限，本书难免有不足之处，敬请广大读者批评指正，提出宝贵意见和建议。

编　者

2019. 8. 15

目 录

项目一

认识成本会计

知识目标

(1) 掌握成本的含义以及成本会计的研究对象和职能；
(2) 了解成本的作用和成本会计的任务；
(3) 明确支出、费用、成本三者之间的关系；
(4) 了解成本的作用、成本会计组织机构；
(5) 掌握成本核算的基本要求和一般程序。

能力目标

(1) 能够对企业发生的各种支出进行正确的分类；
(2) 能够根据企业的业务内容，熟练地设置成本核算所需的各种账户。

素质目标

(1) 形成一定的成本理念和成本意识，认识成本的重要性。
(2) 遵守国家财经纪律，并以此作为职业道德要求约束自己。

本项目知识结构导图

- 认识成本会计
  - 成本
    - 含义
    - 作用
  - 成本会计
    - 定义及研究对象
    - 职能
    - 任务
    - 工作的组织形式
  - 成本核算
    - 基本要求
    - 费用的分类
    - 账户设置
    - 一般程序

案例导入

小李是会计专业应届毕业生，他已经向大宏有限责任公司投了简历。大宏有限责任公司通知他去面试，到达面试地点后，小李拿到的面试题目是关于瑞利制造有限公司 2018 年 6 月发生的费用支出业务的处理。小李应当怎样区分支出、费用、成本并确定其金额？如何计算当期产品成本并作出相应的会计分录？

要回答这些问题，首先要认识成本和成本会计，界定成本的概念，区分支出、费用与成本，了解制造业企业成本核算的基本程序，为后面的学习奠定基础。

任务一　成本和成本会计概述

一、成本的含义

商品的价值由三部分组成：一是物化劳动转移的价值，也就是生产中磨损消耗的固定资产和材料等的价值（C）；二是劳动者为自己创造的价值，也就是劳动者的薪酬（V）；三是劳动者为社会创造的价值（M）。

按照马克思的劳动价值论，成本就是商品价值中的 $C+V$ 部分，亦即大多数成本会计学者认为的“理论成本”。理论成本的经济实质可以表述为：在生产经营过程中所消耗的生产资料转移的价值和劳动者为自己所创造价值的货币表现。

在实践中，由于国家政策规定及企业的生产经营特点、管理的要求不尽一致，在成本会计实践中，实际成本不一定与理论成本的内涵完全一致。在实践中，成本开支范围是由有关法规制度加以规定的。劳动者为社会劳动所创造的某些价值，如财产保险费、某些不形成产品价值的损失（如工业企业的废品损失、季节性停工损失等）也计入产品成本。在实践中，成本是指企业生产经营过程中发生的全部劳动耗费，是一个“现实成本”。

二、成本的作用

（一）成本是补偿生产耗费的尺度

为了保证再生产的不断进行，企业必须用生产经营成果对生产耗费进行补偿，而成本就是衡量这一补偿份额大小的尺度。企业取得销售收入后，首先要能够补偿生产耗费，否则企业资金就会缺乏，再生产就无法进行，更谈不上扩大再生产。在收入一定的前提下，成本越低，企业获得的利润就越多。可见，成本作为生产耗费的补偿尺度，对企业在成本管理水平的衡量方面有着重要的标杆作用。

（二）成本是综合反映企业工作质量的重要指标

成本同企业生产经营各个方面的工作质量和效果有着内在的联系，如劳动生产率的高低、固定资产的利用程度、原材料的使用是否合理、产品产量的变动、产品质量的好坏、企业经营管理水平等诸多因素都通过成本直接或间接地反映出来。因此，成本是反映企业工作质量的综合性指标。

（三）成本是制定产品价格的重要依据

在市场经济条件下，产品价格虽然受到供求关系、国家的价格政策、各种产品的比价关系、市场竞争的态势等因素的影响，但总体来说仍然是产品价值的货币体现。作为生产者，制定产品价格首先必须考虑补偿生产耗费的需要，当然还要考虑产品能否为市场所接受。所以，成本是企业制定价格需要考虑的重要因素，但不是唯一因素。

（四）成本是企业进行决策的重要依据

在市场经济条件下，竞争日趋激烈，如何提高竞争能力，在竞争中立足，是企业经营者必须考虑的大事情。要做到这一点，首先要进行生产经营决策。进行生产经营决策要考虑的因素有很多，成本就是要考虑的重要因素之一。因为企业只有通过努力降低成本，在市场中占有低成本的优势，产品的价值才能实现，生产耗费才能得到补偿，再生产才能继续进行。

三、成本会计的定义及研究对象

（一）成本会计的定义

成本会计是现代会计的一个重要分支，是运用会计的基本原理和一般原则，采用一定的技术方法，对企业生产经营过程中发生的各项费用和产品或劳务成本进行连续、系统、全面、综合的核算和监督的一种管理活动。

成本会计是对企业在生产经营过程中发生的各项费用和产品或劳务成本进行计算，实际上是对成本、费用的计算。成本会计有广义和狭义之分，狭义的成本会计是指只进行产品成本的计算工作；广义的成本会计则是指进行成本预测、决策、计划、控制、核算、考核和分析等一系列的管理活动。

（二）成本会计的研究对象

成本会计的研究对象是指成本会计反映和监督的内容。工业企业成本会计的对象可以概括为：工业企业生产经营过程中发生的生产费用和期间费用，即生产经营费用。

工业企业的生产经营活动是生产和销售产品。产品的制造过程，一方面是制造出符合社会需要的产品的过程，另一方面又是发生各种生产耗费的过程。这一过程中的耗费包括劳动资料与劳动对象等物化劳动耗费和活劳动耗费两大部分。在物化劳动耗费中的劳动资料主要是指房屋、建筑物、机器设备等，其价值需要以计提折旧的方式分次转移到所制造的产品中去，构成产品成本的组成部分。原材料、燃料等劳动对象，在产品生产中或被消耗，或被改变实物形态，其价值也一次性全部转移到新产品中去，构成产品生产成本的一部分。活劳动耗费，就是以工资的形式支付给劳动者，体现劳动者通过劳动所创造的那部分价值，这部分理所当然构成产品成本的一部分。概言之，在产品制造过程中发生的各种生产耗费，主要包括原料、燃料、动力及辅助材料等的支出，生产单位固定资产折旧，直接生产人员及生产单位管理人员的工资和其他为产品生产而发生的各项直接或间接支出。这些支出就是工业企业在产品生产过程中发生的全部生产费用，即为生产一定种类和数量的产品的生产成本，是成本会计需要核算和监督的主要内容。

企业的行政部门为组织和管理生产经营活动发生的各种支出，如公司经费、工资、福利费、折旧、差旅费、办公费、工会经费、职工教育经费、业务招待费、无形资产摊销、按规定列为管理费用的各种税费、排污费、绿化费、技术转让费、咨询费、诉讼费、提取的坏账准备、提取的存货跌价准备、聘请中介机构费、待业保险费、董事会费、矿产资源补偿费、研究与开发费、劳动保险费、修理费、低值易耗品摊销等称为管理费用。在产品销售过程中，企业为销售产品而发生的各种支出，如由企业负担的包装费、运输费、广告费、装卸费、保险费、委托代销手续费、展览费、租赁费（不含融资租赁费）和销售服务费、销售部门人员工资、职工福利费、办公费、折旧费、物料消耗、低值易耗品摊销以及其他经费等称为销售费用。企业为筹集生产经营所需资金而发生的各种支出，如利息净支出、汇兑净损失、金融机构手续费、购货方享受的现金折扣、票据贴现利息等称为财务费用。管理费用、销售费用和财务费用都是在生产经营过程中发生的，不能计入产品成本，但能确定归属的期间，所以把它们统称为期间费用，直接计入发生当期的损益，但它们的支出及归集的过程也应该是成本会计核算和监督的内容。

总之，成本会计的对象可以概括为企业生产经营过程中发生的生产经营业务成本和有关的经营管理费用（即期间费用）。成本会计实质上是研究成本、费用的会计。

知识拓展：成本的开支范围

四、成本会计的职能

成本会计的职能是指成本会计在经济管理中所发挥的作用和具有的内在功能。现代成本会计的职能至少包括成本预测、成本决策、成本计划、成本控制、成本核算、成本分析和成本考核 7 个方面。

（一）成本预测

成本预测是指在分析企业现有经济技术、市场状况和发展趋势的基础上，根据成本特性及有关信息数据，运用科学的定量分析和定性分析的方法，对未来成本水平及其变化趋势作出科学的估计和测算。通过成本预测，掌握未来的成本水平及其变动趋势，使经营管理者易于选择最优方案，作出正确决策。

成本预测是进行成本决策和编制成本计划的依据。

（二）成本决策

成本决策是指根据成本预测提供的数据和其他有关资料，制定优化成本的各种备选方案，运用定性与定量的方法，对各种备选方案进行比较分析，从中选出最佳成本方案，确定企业目标成本的过程。成本决策可分为宏观成本决策和微观成本决策，它贯穿整个生产经营过程，涉及面广，在每个环节都应选择最优的成本决策方案，才能达到总体最优。

成本决策是成本职能中非常重要的一项。

（三）成本计划

成本计划是根据成本决策所确定的目标成本，具体规定在计划期内为完成生产经营任务所支出的成本、费用，并提出为达到规定的成本、费用水平所采取的各项措施。

成本计划属于成本的事前管理，是企业生产经营管理的重要组成部分，有利于成本控制。

（四）成本控制

成本控制是企业根据一定时期预先建立的成本管理目标，由成本控制主体在其职权范围内，以预先确定的成本标准作为企业生产经营过程中所发生的各项费用的限额，在费用发生时，严格审核各项费用是否符合标准，并计算出实际费用与标准费用之间的差异，同时对产生差异的原因进行分析，采取有效的方法，将各项费用限制在计划之内。

成本控制的过程是对企业在生产经营过程中发生的各种耗费进行计算、调节和监督的过程，同时也是发现薄弱环节，寻找一切可能降低成本的途径的过程。

（五）成本核算

成本核算是对生产经营过程中实际发生的成本、费用进行计算，并进行相应的账务处理，通过成本核算资料，可以反映成本计划的完成情况，为编制下期成本计划，进行成本预测和决策提供依据。

成本核算是成本会计最基本的职能。

（六）成本分析

成本分析是利用成本核算及其他有关资料，根据成本核算和成本考核提供的成本数据及其他有关资料，分析成本水平与构成的变动情况，研究影响成本升降的各种因素及其变动原因，寻找降低成本的分析方法。

成本分析是成本管理的重要组成部分，为以后编制成本计划和制定经营决策提供重要依据。

（七）成本考核

成本考核是指在成本核算的基础上，定期审核成本目标实现情况和成本计划指标的完成结果，全面评价成本管理工作的成绩，成本考核应该与奖惩制度相结合，评价各责任中心，特别是成本中心的业绩，促使各责任中心对所控制的成本承担责任，并借以控制和降低各种产品的生产成本，充分调动企业员工执行成本计划，提高经济效益的积极性。

成本考核是实现成本计划的重要手段。

五、成本会计的任务

成本会计的任务是同成本会计的职能密切联系的，其根本任务是在保证产品质量的前提下，促进企业尽可能节约产品生产经营过程中活劳动和物化劳动的消耗，不断提高经济效益。成本会计的具体任务如下。

（一）正确计算产品成本，及时提供成本信息

只有成本数据正确，才能满足管理的需要。如果成本资料不能反映产品成本的实际水平，不仅难以考核成本计划的完成情况和进行成本决策，而且会影响利润的正确计量和存货的正确计价，歪曲企业的财务状况。

（二）优化成本决策，确立目标成本

优化成本决策，需要在科学的成本预测的基础上收集整理各种成本信息，在现实和可能的条件下，采取各种降低成本的措施，从若干可行方案中选择生产每件合格产品所消耗活劳动和物化劳动最少的方案，将成本最低化作为制定目标成本的基础。为了优化成本决策，需增强企业员工的成本意识，使之在处理每一项业务活动时都能自觉地考虑和重视降低产品成本的要求，把所费与所得进行比较，以提高企业的经济效益。

（三）加强成本控制，防止挤占成本

加强成本控制，首先是进行目标成本控制，主要依靠执行者自主管理，进行自我控制，促使其提高技术、厉行节约、注重效益；其次是遵守各项法规的规定，控制各项费用支出、营业外支出等挤占成本。

（四）建立成本责任制度，加强成本责任考核

成本责任制度是对企业各部门、各层次和执行人在成本方面的职责所作的规定，使职工在降低成本方面，增强责任心，发挥其主动性、积极性和创造力的有效办法。建立成本责任制度，把降低成本任务的责任落实到每个部门、层次和责任人，使职工的责、权、利相结合，职工的劳动所得同劳动成本相结合。实行成本责任制度时，成本会计要以责任者为核算对象，按责任的归属对所发生的可控成本进行记录、汇总、分配、整理、计算、传递和报告，并将各责任单位或个人的实际可控成本与其目标成本相比较，揭示差异，寻找差异产生的原因，据以进行绩效评价。

六、成本会计工作的组织形式

（一）成本会计机构

成本会计机构是处理成本会计工作的职能单位，一般根据企业规模和成本管理要求设置。进行成本核算有两种形式：集中核算和分散核算。集中核算方式，是指企业的成本会计工作主要由厂部成本会计机构负责，即企业的成本预测、决策、计划、控制、核算、分析和考核集中到厂部成本会计机构进行；各生产单位或其他有关部门的成本会计机构或人员只负责原始记录和原始凭证的填制，并对原始记录和原始凭证进行初步的审核、整理和汇总，为厂部成本会计机构开展成本工作提供资料。规模较小的企业通常采取集中核算方式。分散核算方式，是指将企业的成本会计工作分散，由各生产单位和其他有关部门的成本会计机构或人员分别进行，完成主要会计凭证的审核整理和汇总、各种费用的归集和分配、生产费用的核算和产品成本的计算等工作；厂部根据各车间、部门上报的成本计算资料进行全厂成本的汇总核算，并对全厂成本进行综合的计划、控制、分析和考核，同时负责对各车间、部门成本会计机构或人员进行业务上的指导和监督。规模较大的企业通常采取分散核算方式，自上而下设置专门的成本会计机构，实行分级管理，下级向上级汇报成本资料。

（二）成本会计人员

成本会计人员是指会计机构或专设的成本会计机构所配备的成本工作人员，其主要职责是对企业日常的成本工作进行处理。为了保证成本信息质量，对成本会计人员业务素质要求比较高，要求成本会计人员具备良好的会计职业道德，定期进行培训，提高业务素质。同时，要明确岗位责任制，定岗定编，使成本会计人员各司其职。

（三）成本会计制度

与成本会计有关的法律、规章、制度有《会计法》《企业财务通则》《企业会计准则》，以及国家统一的会计制度、企业产品成本核算制度和成本核算办法，简称“一法二则三制”。

知识拓展：成本会计的产生发展史

任务二　成本核算的要求和程序

一、成本核算的基本要求

成本核算不仅是成本会计的基本任务，也是企业经营管理的重要组成部分。为了充分发挥成本核算的重要作用，在成本核算工作中企业应努力贯彻并落实好以下各方面的要求。

（一）成本核算与成本管理相结合

在成本核算过程中，成本核算和成本管理要结合起来，成本管理贯穿于成本核算过程中。成本核算不应只是对企业的生产费用和期间费用进行简单的记录和计算，还应该在成本费用发生之前作好审核和控制，审核其是否应该支出、是否超出计划或定额、是否应该计入产品成本、是否符合成本开支的范围。成本核算要从成本管理的要求出发，提供符合管理者要求的成本信息。

（二）正确划分各种费用界限

为了正确计算产品成本和期间费用，必须正确划分以下 5 个方面费用的界限。

1. 正确划分经营性支出与非经营性支出的界限

工业企业的经济活动是多方面的，其支出的用途不完全相同。例如，企业购建固定资产的支出，应计入固定资产的成本；固定资产清理净损失应计入损益类科目；用于产品生产的支出计入产品成本；用于组织和管理以及销售、筹资而发生的支出计入期间费用。企业成本会计研究的范畴是生产经营费用，非生产经营费用不属于成本会计研究内容。因此，对于每一项支出，都要先确定是否生产经营费用，剔除非生产经营费用。为了正确计算产品成本，企业既不能将不应计入产品成本的支出列入产品成本，导致虚增成本，减少企业利润，少纳税；也不能将应计入产品成本的支出少计或不计入产品成本，虚减成本，导致虚增利润，粉饰财务报告。

2. 正确划分生产费用与期间费用的界限

划分出生产经营费用之后，需要在生产经营费用中分清生产费用和期间费用。生产费用是指在一定会计期间为生产产品而发生的按照规定构成产品成本的支出，最终应由产品成本承担；期间费用是指企业为进行生产经营活动而发生的不能按照成本计算对象进行归集，但可以确定归属期间的各项支出，最终应转入本年利润。正确划分这两项费用的界限，有利于正确计算产品成本，明确各个成本责任主体的责任，与奖惩制度挂钩，调动各部门降低成本的积极性，提高经济效益。

3. 正确划分各个月份费用的界限

划分出生产费用和期间费用后，企业必须按照权责发生制原则，正确划分各个月份费用的界限，以便明确各月份费用的数额，按月结算费用，计入产品成本和期间费用。凡是应该计入本月的生产费用和期间费用，无论是否已经实际发生，都要计入本月的生产费用和期间费用。凡是应该计入以后月份的生产费用和期间费用，即使已经实际发生，也要采取待摊的办法分配计入以后月份的生产费用和期间费用。正确划分各个月份费用的界限，要注意防止采取待摊和预提的办法，任意调剂各月份费用的错误做法。

4. 正确划分各种产品费用的界限

划分出当月的生产费用之后，为了分析和考核各种产品成本计划的完成情况，对于生产两种以上产品的企业，必须将生产费用对象化，从而形成各种产品的成本。因此，由本月产品成本负担的生产费用，应该在各种产品之间进行划分。凡是可以清楚地归属于某种产品成本的生产费用，应直接计入该种产品成本；凡是分不清应由哪种产品负担的费用，应采用适当的分配方法分配计入各项产品的成本。

5. 正确划分完工产品与在产品的界限

划分出各种产品的成本之后，月末将各项生产费用按照成本计算对象进行归集，如果某种产品已经全部完工，那么该种产品所发生的生产费用就是该种产品的完工产品成本；如果全部没有完工，那么该种产品所发生的生产费用就是该种产品的月末在产品成本。如果既有完工产品又有未完工的在产品，就需要采用恰当的方法在完工产品和在产品之间进行成本分配，计算出完工产品成本和月末在产品成本，并结转完工产品成本。

综上所述，企业产品成本计算的过程，就是正确划分以上5个方面费用界限的过程，也就是费用的归集和分配的过程，逐步进行成本费用的细分，最终计算出各种产品的完工成本。

（三）正确确定财产物资的计价和价值结转的方法

产品成本中有一部分是物化劳动转移的价值，因此，为了正确地计算产品成本和期间费用，必须按照合理、简便、合法的原则确定财产物资的计价和价值结转的方法，各种方法一经确定，不得随意变更，如发出材料的计价方法、固定资产的折旧方法、周转材料的摊销期限和方法等。

（四）做好成本核算的基础工作

为了进行成本控制，正确计算产品成本和费用，必须做好以下各项基础工作。

1. 原始记录

原始记录是反映生产经营活动的原始资料，也是成本核算和成本管理的基础。所以，对于在生产过程中材料的领用、工时和动力的耗费、半成品的内部转移、产品质量的检验和产品入库等都要做好真实的原始记录。只有这样，成本核算和成本分析才有据可依。

2. 定额管理

定额是企业在正常的生产条件下，对人力、物力、财力的配备以及利用和消耗等所应遵守的标准或应达到的水平。定额按其反映的内容不同，分为工时定额、产量定额、材料消耗定额等。企业要根据当前的设备条件和技术水平，对定额进行及时的修订，这样才能充分发挥定额的作用，更好地控制和降低成本。

3. 财产物资的计量、收发、领退和盘点

为了正确地进行成本核算，必须建立健全财产物资的计量、收发、领退和盘点制度。在财产物资的计量、收发、领退和盘点过程中，应严格执行这些制度，做到手续齐备、数据准确。

4. 内部结算

计划管理基础较好的企业，应制定厂内计划价格，对原材料、燃料、半成品和厂内各部门相互提供的劳务按计划价格进行内部结算。这样做有利于分析和考核企业内部各单位成本计划的完成情况，消除不可比因素的影响，合理评价各部门的成本管理业绩。

（五）选用适当的成本计算方法

要使产品成本的计算结果接近实际，必须选用适当的成本计算方法。成本计算方法有多种，企业要根据自身产品生产工艺的特点以及管理的要求来选择，一经选定，不得随意变更。

二、费用的分类

费用可以按照不同的分类标准进行分类，其中最基本的是按照费用的经济内容和经济用途进行的分类。

（一）按照经济内容分类

企业生产经营过程中发生的各种费用按照经济内容可以分为劳动手段方面的费用、劳动对象方面的费用和活劳动方面的费用三大类。为了对成本费用进行明细分类核算，满足管理的需要，在此分类的基础上，将企业费用进一步划分为以下几个费用要素。

1. 外购材料

外购材料是指企业为进行生产经营活动而耗用的从外部购入的原料及主要材料、半成品、辅助材料、周转材料、修理用备件等。

2. 外购燃料

外购燃料是指企业为进行生产经营活动而耗用的一切从外部购入的各种燃料，包括固体、液体、气体燃料。

3. 外购动力

外购动力是指企业为进行生产经营活动而耗用的从外部购入的各种动力，如电力、热力等。

4. 薪酬费用

薪酬费用是指企业支付给职工的各项薪酬。

5. 折旧费

折旧费是指企业按照规定计算的固定资产折旧费。

6. 修理费用

修理费用是指企业为修理固定资产而发生的费用。

7. 利息费用

利息费用是指企业应计入财务费用的借款利息等支出减去存款利息收入后的净利息支出。

8. 其他费用

其他费用是指除以上各项费用以外的费用，如邮电费、差旅费、保险费等。

（二）按照经济用途分类

1. 生产费用

计入产品成本的各项生产费用，在生产过程中的用途有所不同，有的直接用于生产，有的间接用于生产。为了具体地反映计入产品成本的生产费用的各种用途，将生产费用进一步划分为若干项目，即产品成本项目或成本项目。工业企业一般应该设立以下成本项目：

1）直接材料

直接材料也称为原材料，是指直接用于产品生产、构成产品实体的原料和主要材料及有助于产品形成的辅助材料。

2）燃料及动力

燃料及动力是指直接用于产品生产的外购和自制的燃料及动力。对于消耗燃料及动力不多的企业，也可以将该项目合并于直接材料项目。

3）直接人工

直接人工也称为生产工人薪酬，是指企业支付给直接从事产品生产的工人的各种薪酬。

4）制造费用

制造费用是指车间为组织和管理产品生产而发生的各项费用，如车间的机物料消耗、厂房和机器设备折旧费、管理人员和技术人员工资、办公费、劳动保护费等。

5）废品损失

废品损失是指在生产过程中产生的不可修复废品的成本和可修复废品发生的修复费用。管理上不要求单独核算废品损失的，可以不设置该项目。

6）停工损失

停工损失是指企业生产车间或车间班组在停工期间发生的各项损失费用。管理上不要求单独核算停工损失的，可以不设置该项目。

2. 期间费用

1）销售费用

销售费用是指企业为销售产品而发生的费用，以及为销售本企业产品而专设的销售机构的经费。

2）管理费用

管理费用是指企业行政部门为组织和管理生产经营活动而发生的各项费用。

3）财务费用

财务费用是指企业为筹集生产经营资金而发生的各项费用。

（三）生产费用的其他分类

1. 生产费用按其与产品生产的关系分类

构成产品成本的各项生产费用，按其与产品生产的关系可以分为直接生产费用和间接生产费用。

（1）直接生产费用。直接生产费用是指直接用于产品生产的费用，如原料费用、工人工资等。

（2）间接生产费用。间接生产费用是指间接用于产品生产的费用，如车间的机物料消耗、车间机器设备（生产车间所属固定资产）折旧费等。

2. 生产费用按其记入产品成本的方式分类

构成产品成本的各项生产费用，按其记入产品成本的方式可以分为直接计入费用和间接计入费用。

（1）直接计入费用。直接计入费用是指对象明确，不需分配就可以直接计入某种产品的费用。在计算产品成本时，该类费用可以根据费用发生的原始凭证直接记入该种产品成本，如直接用于某种产品生产的原材料、某种产品生产工人的计件工资等。

(2) 间接计入费用。间接计入费用是指为生产几种产品共同发生的费用，对象不明，需要分配才可以计入某种产品的费用。这类费用无法根据费用发生的原始凭证直接记入各种产品成本，而需要采用适当的方法先在各种产品之间进行分配，然后分别计入有关产品成本。

直接生产费用多数是直接计入费用，例如原料费用、主要材料费用根据领料单能分清对象的，就能够直接计入某种产品成本；间接生产费用大多是间接计入费用，例如车间的机物料消耗大多只能按照一定标准期末分配计入相关的产品成本。但是上述说法并不绝对，如在只生产一种产品的企业中，为了简化核算，不设制造费用明细账，所有生产费用都可以直接计入该种产品成本，这种情况下全部生产费用均为直接计入费用。但在用同一种原材料同时生产几种产品的联产品生产企业中，直接材料费用必须通过分配才能计入某种产品成本，此外，一个车间的生产工人生产几种产品，生产工人的薪酬需要在几种产品之间进行分配，在这种情况下直接材料费用和直接人工费用虽然是直接生产费用，但却是间接计入费用。

三、成本核算的账户设置

(一)"生产成本"账户

"生产成本"账户用来核算企业进行工业性生产所发生的各项生产费用，计算产品和劳务的实际成本。一般可以在"生产成本"总分类账下分设"基本生产成本"和"辅助生产成本"两个二级账户。

"基本生产成本"账户是用于归集企业进行产品生产或提供劳务等基本生产活动而发生的各项生产费用和计算基本生产成本的账户。其借方登记进行基本生产所发生的各项生产费用；贷方登记完工入库产品的成本。期末如有借方余额，表示月末在产品成本。该账户应按成本项目设立"金额分析"专栏。其明细账格式如表 1－1 所示。

表 1－1　基本生产成本明细账

产品名称：甲产品　　　　单位：元

日期	摘要	借方	贷方	借或贷	余额	金额分析		
						直接材料	直接人工	制造费用

"辅助生产成本"账户是用于归集企业进行供水、供电、供气、机修等辅助生产活动而发生的各项生产费用和计算辅助基本生产成本或劳务成本的账户。其借方登记进行辅助生产所发生的各项生产费用；贷方登记完工入库产品的成本或分配转出的劳务费用。供水、供电、供气等辅助生产因为生产出来的水、电、汽无法验收入库，因此这种情况下的辅助生产成本账户借方有多少发生额，贷方就分配多少，这时该账户是没有余额的。机修的辅助生产分为两种情况：若是纯粹提供维修劳务，则有多少发生额就分配多少，期末账户无余额；若是为别的单位加工生产工具，生产工具是可以验收入库的，这种情况下同商品的结转是一样的，如果期末尚未全部完工，成本不能全部结转，借方余额表示月末辅助生产在加工工具的

成本。该账户应按辅助生产车间或产品、劳务设立明细分类账，按成本项目设置专栏进行明细核算。其明细账格式如表 1 – 2 所示。

表 1 – 2 辅助生产成本明细账

车间：供电车间　　　　单位：元

日期	摘要	借方	贷方	借或贷	余额	金额分析		
						直接材料	直接人工	其他

（二）“**制造费用**”账户

“制造费用”账户用于归集和分配车间发生的各项费用（车间修理费计入管理费用）。该账户借方登记实际发生的制造费用；贷方登记按照适当的分配标准分配转出的费用。除季节性生产企业外，该账户期末全部分配转入“生产成本”账户，应无余额。该账户应按车间、部门设立明细分类账，按费用项目设置专栏进行金额分析。其明细账格式如表 1 – 3 所示。

表 1 – 3 制造费用明细账

车间：第一车间　　　　单位：元

日期	摘要	借方	贷方	借或贷	余额	金额分析				
						机物料	薪酬	折旧费	办公费	其他

（三）“**销售费用**”账户

“销售费用”账户用于归集企业在产品销售过程中发生的各项费用。其借方登记实际发生的各项销售费用；贷方登记月末结转入“本年利润”账户的销售费用，期末无余额。该账户应按费用项目设置专栏，进行金额分析。其明细账格式如表 1 – 4 所示。

表 1 – 4 销售费用明细账　　　　单位：元

日期	摘要	借方	贷方	借或贷	余额	金额分析				
						机物料	薪酬	广告费	展览费	……

（四）“管理费用”账户

“管理费用”账户用于归集企业行政部门为组织和管理生产经营活动而发生的各项费用。其借方登记实际发生的各项管理费用；贷方登记月末结转入“本年利润”账户的管理费用，期末无余额。该账户应按费用项目设置专栏，进行金额分析。其明细账格式如表1－5所示。

表1－5　管理费用明细账　　　　单位：元

日期	摘要	借方	贷方	借或贷	余额	金额分析				
						机物料	薪酬	办公费	差旅费	……

（五）“财务费用”账户

“财务费用”账户用于归集企业为筹集生产经营所需资金而发生的各项费用。其借方登记实际发生的各项财务费用；贷方登记应冲减财务费用的利息收入、汇兑收益及月末结转入“本年利润”账户的财务费用，期末无余额。该账户应按费用项目设置专栏，进行金额分析。其明细账格式如表1－6所示。

表1－6　财务费用明细账　　　　单位：元

日期	摘要	借方	贷方	借或贷	余额	金额分析		
						利息	汇兑损益	其他

四、成本核算的一般程序

产品成本的计算过程，就是将各种生产费用进行归集和分配，最后记入各种产品成本，以成本项目反映完工产品成本和期末在产品成本的过程。企业成本会计的计算程序如下。

（一）确定成本计算对象

成本计算对象是生产费用的归集对象和生产耗费的承担者，确定成本计算对象就是确定将生产费用向“谁”进行归集和分配，通俗地说也就是确定计算的是“谁”的成本。对制造企业而言，一般按产品品种、产品批次或产品生产步骤等确定成本计算对象。

（二）确定成本计算的期间

产品成本的计算一般按月进行，也有以产品的生产周期为计算期的。

（三）审核生产费用

对生产费用进行审核，主要是按照有关的规定，确定各项费用是否应该支付，是否符合法律、法规及财经纪律，然后确定支付的费用是应该记入产品成本还是记入期间费用。

（四）归集、分配生产费用

生产费用的归集和分配，就是将应记入本期产品成本的各种生产费用在各种产品之间进行归集和分配。

1. 归集、分配材料费用、人工费用等要素费用

对生产中产品所耗用的材料，可以根据领料凭证编制材料费用分配表；对发生的人工费用，可根据产量通知单等产量工时记录凭证编制人工费用分配表等。凡是能直接记入产品成本的费用，根据各种费用分配表可直接记入“生产成本——基本生产成本”“生产成本——辅助生产成本”账户等有关明细账户；不能直接记入产品成本的费用，先进行归集，记入“制造费用”账户等有关明细账户。在成本计算中，对于不能直接记入产品成本的费用，其分配计算的方法可能非常多，分配是否合理往往决定成本计算的正确与否，而做到合理分配的关键是找到适当的分配方法。

2. 归集、分配辅助生产费用

归集在“生产成本——辅助生产成本”明细账户的费用，除将完工入库的自制工具等的成本转为存货成本外，其余成本应按受益对象和所耗用的劳务数量进行分配，编制辅助生产费用分配表，据以登记“生产成本——基本生产成本”“制造费用”“管理费用”等相关明细账户。

3. 归集、分配基本生产车间制造费用

各基本生产车间的制造费用归集后，应区分不同车间，在月终编制制造费用分配表，分配到本车间的产品成本中，记入“生产成本——基本生产成本”各明细账户。

（五）分配本期完工产品与期末在产品成本并结转完工产品成本

经过以上生产费用的分配，各种产品应负担的生产费用已全部记入有关的产品成本明细账。如果月末产品全部完工，所归集的生产费用即月末完工产品成本。如果月末全部未完工，则为月末在产品成本。如果产品在月末既有完工产品又有在产品，应将月初在产品成本与本月生产费用汇总出累计生产费用，在完工产品和在产品之间进行分配，计算出本月完工产品成本和月末在产品成本，再用完工产品总成本除以完工产品数量，计算出完工产品的单位成本。

对于本月完工验收入库产品的成本，从“生产成本——基本生产成本”各明细账户结转至“库存商品”明细账户。

职业道德：企业内部会计控制规范——成本费用

项目小结

成本分为理论成本和现实成本。理论成本是在成本经营过程中所消耗的生产资料转移的价值和劳动者为自己所创造价值的货币表现；现实成本是指企业生产经营过程中发生的全部劳动耗费。

成本会计是现代会计的一个重要分支，是运用会计的基本原理和一般原则，采用一定的技术方法，对企业生产经营过程中发生的各项费用和产品或劳务成本进行连续、系统、全

面、综合的核算和监督的一种管理活动。其对象为工业企业生产经营过程中发生的生产费用和期间费用，即生产经营费用。成本会计的职能有：预测、决策、计划、控制、核算、分析、考核。企业应根据生产经营规模的大小、业务的繁简、管理的需要建立健全成本会计工作机构，配备必要的会计人员，采取集中或者分散的工作组织形式，充分发挥成本会计的职能作用。

产品成本是衡量企业生产经营管理的一项重要的综合性指标。产品核算的过程也是监督与控制的过程，监督与控制的目的都是降低成本、提高经济效益。为了实现这一目标，在成本核算过程中，要对要素费用进行科学合理的分类，根据企业经营规模、生产工艺特点和管理要求，确定成本计算对象和成本项目，正确、合理地设置满足成本核算需要的会计科目与账户，为管理当局提供有价值的成本信息资料。

成本核算要与成本管理相结合，算管结合，算为管用。为了正确计算产品成本和期间费用，必须严格划分各种费用的界限，确定财产物资的计价和价值结转的方法，做好成本核算的基础工作，选用适当的成本计算方法。

进行成本核算的一般程序是：确定成本计算对象→确定成本计算期→审核生产费用→归集、分配生产费用→分配本期完工产品与期末在产品成本并结转完工产品成本。

项目一　教、学、做一体化训练

一、单项选择题

1. 正确计算产品成本，应做好的基础工作是（　　）。

A. 正确划分各种费用的界限　　B. 确定成本计算对象
C. 确定成本计算项目　　D. 建立健全原始记录

2. 企业多计成本、费用，会（　　）。

A. 减少企业利润　　B. 减少生产成本
C. 增加国家财政收入　　D. 减少库存商品

3. 凡是由本期产品成本负担的费用，不论其是否支付，都要记入本期产品成本；凡是不应由本期产品成本负担的费用，虽在本期支付，也不应记入本期产品成本，这是（　　）原则。

A. 合法性　　B. 一致性
C. 权责发生制　　D. 实际成本计价

4. 成本会计最基本的任务是（　　）。

A. 加强成本预测，优化成本决策
B. 制定目标成本，强化成本控制
C. 建立成本责任制度，严格成本业绩考核
D. 正确核算产品成本，及时提供真实、有用的成本核算数据资料

5. 成本会计最基本、最重要的职能是（　　）。

A. 成本计划　　B. 成本控制　　C. 成本核算　　D. 成本决策

6. 成本会计工作由各生产单位、有关部门和总部相关人员分别进行，这种工作方式是（　　）。

A. 集中工作方式
B. 分散工作方式
C. 统一工作方式
D. 车间工作方式

7. 成本会计的主要内容取决于（　　）。
A. 企业经营管理的要求
B. 生产经营的特点
C. 成本会计的组织机构
D. 成本会计的法规和制度

8. 下列应记入产品成本的费用是（　　）。
A. 厂部办公楼的修理费
B. 在建工程人员的工资
C. 基本车间设备的折旧费
D. 产品的展览费

9. 构成产品制造成本的项目是（　　）。
A. 管理费用
B. 燃料和动力费用
C. 销售费用
D. 固定资产重置费用

10. 下列各项中属于直接生产成本的是（　　）。
A. 行政人员的工资及福利费
B. 基本生产工人的工资及福利费
C. 车间管理人员的工资及福利费
D. 生产车间的办公费用

二、多项选择题

1. 费用可以按（　　）分类。
A. 经济内容
B. 经济用途
C. 成本管理需要
D. 企业规模

2. 企业的期间费用包括（　　）
A. 管理费用　B. 制造费用　C. 财务费用　D. 销售费用

3. 费用按经济用途可分为（　　）
A. 生产费用　B. 期间费用　C. 产品成本　D. 管理费用

4. 生产费用按照记入产品成本的方式可分为（　　）
A. 直接记入费用
B. 固定费用
C. 成本费用
D. 间接记入费用

5. 正确划分各项费用的界限，应（　　）
A. 正确划分各期费用的界限
B. 正确划分产品成本和期间费用的界限
C. 正确划分各种产品成本的界限
D. 正确划分完工产品成本和期末在产品成本的界限

6. 做好成本核算的基础工作，主要包括（　　）
A. 制定先进合理的消耗定额
B. 建立健全原始记录
C. 做好材料物资的计量验收和盘点工作
D. 制定内部结算价格

7. 成本项目主要包括（　　）
A. 直接材料
B. 直接人工
C. 制造费用
D. 燃料与动力

8. 成本会计工作的组织形式主要有（　　）。

A. 集中工作方式　　B. 分散工作方式
C. 统一工作方式　　D. 车间工作方式

9. 成本会计的职能包括了成本核算和管理的各个环节，主要包括（　　）。
A. 成本预测　　B. 成本控制
C. 成本核算　　D. 成本分析

10. 下列属于成本类账户的是（　　）。
A. 生产成本　　B. 制造费用
C. 财务费用　　D. 管理费用

三、判断题

1. 凡不应记入产品成本的支出，全部作为营业外支出处理。（　　）
2. 生产费用按经济用途所作的分类，又称产品成本项目。（　　）
3. 期间费用不记入成本，但也是成本会计的核算对象。（　　）
4. 在一定的会计期间内，一个企业的生产费用总额与其完工产品成本总额一定相等。（　　）
5. 企业可以根据自己的生产特点和管理要求，对成本项目作适当的增减.（　　）
6. 企业为生产一定种类、一定数量的产品所支出的各种生产费用的总和，就是这些产品的成本。（　　）
7. 成本预测和决策是成本会计的最基本的任务。（　　）
8. 成本核算是成本会计工作的基础，是成本会计的核心内容。（　　）
9. 废品损失可以计入产品成本，但停工损失不能计入产品成本。（　　）
10. 制造费用是企业在生产过程中发生的各项可以直接计入产品成本的费用。（　　）

四、业务题

某企业发生下列支出：
（1）厂房的保险费；
（2）工厂使用的水电费；
（3）生产办公桌使用木材的成本；
（4）工厂机器设备采用直线法计提的折旧；
（5）采购部门经理工资薪酬；
（6）销售人员的佣金；
（7）组装线上工人的工资；
（8）行政部门领导的工资薪酬；
（9）办公打印纸的费用；
（10）机器设备保养使用润滑油的费用。

要求：以上支出应计入何种成本费用项目？为什么？运用费用的概念及相关分类理论回答。

项目二

生产费用的核算

知识目标

（1）了解材料费用、燃料及动力费用、人工费用、辅助生产费用、制造费用、各种损失性费用所包含的内容，了解在产品和完工产品的含义；

（2）掌握材料费用、燃料及动力费用、人工费用、辅助生产费用、制造费用、各种损失性费用的计算与分配方法；

（3）熟悉在产品与完工产品范围的划分，掌握在产品和完工产品分配生产费用的核算。

能力目标

（1）能自行设置成本费用核算所需要的各种账户；

（2）能自行设计各要素费用分配表、产品成本计算单等原始凭证，并准确填制；

（3）能根据各原始凭证填制记账凭证、登记账簿。

素质目标

（1）按照遵纪守法、廉洁自律、不做假账的要求行事，自觉维护国家财经纪律；

（2）具备认真、细致、严谨的工作作风，填写数据规范，字迹工整。

本项目知识结构导图

- 生产费用核算
  - 要素费用（单一性的生产费用）
    - 材料费用
    - 燃料及动力费用
    - 人工费用
    - 其他要素费用
  - 辅助生产费用（综合性的生产费用）
  - 制造费用（综合性的生产费用）
  - 生产损失费用（综合性的生产费用）
    - 废品损失
    - 停工损失
  - 生产费用分配
    - 期末在产品成本
    - 本期完工产品成本

案例导入

大宏有限责任公司是一家专门生产机械产品的企业，有两个基本生产车间——第一车间和第二车间，其中第一车间只生产甲产品，第二车间生产乙产品、丙产品两种产品，另设维修和供水两个辅助车间提供修理服务和冷、热水，以及若干个行政管理等职能部门。该公司按产品品种进行成本核算，并设立“直接材料”“直接人工”“燃料及动力”“制造费用”4个成本项目。该公司材料按实际成本计价，2019 年 8 月，该公司发生了材料费用、人工费用、动力费用、折旧费用、辅助生产费用、制造费用等要素费用。大宏有限责任公司的成本会计应怎样根据企业资料对各项生产费用进行归集、分配核算处理，并完成实务操作？

任务一 要素费用的核算

一、材料费用的核算

（一）材料费用的内容

材料费用包括企业生产经营过程中耗用的各种原料、主要材料、辅助材料、燃料、设备配件、包装材料、外购半成品和修理用备件等物品的货币表现，材料费用的核算主要包括材料费用的归集、材料费用的分配以及具体账务处理等内容。

（二）材料费用的归集

材料费用的归集是指对产品生产过程中发生的材料耗费根据领料凭证归集到有关成本计算对象。材料费用的归集主要是解决企业生产过程中所消耗的原材料费用由谁来承担，以及承担多少的问题。

归集材料费用时用到的原始凭证有：领料单、限额领料单、领用材料汇总表等。需要注意的是，如果余料退库和废料收回，应该根据编制的退料单或者红字的领料单，冲减原来的领料费用。退料单（红字领料单）是由退料单位填制，经退料部门的部门负责人审核签字后用于退料的一次性原始凭证。该单据一式三联，一联是记账联，交给会计部门用作冲销材料费用的依据；一联是退料联，交发料仓库作为记录材料退库的依据；一联为存根联，留退料部门备查。

材料在生产经营活动中有不同的用途，有的用于产品生产，有的用于组织和管理生产等。材料费用的归集需要遵循“谁受益谁负担”的原则，按用途、领用材料的部门或车间进行归集并分配给各受益对象。通常情况下，生产产品耗用的材料费用由基本生产车间的各种产品承担，应计入“生产成本——基本生产成本”账户，并列入“直接材料”成本项目；辅助生产车间耗用的材料费用由辅助生产车间承担，应计入“生产成本——辅助生产成本”账户；基本车间的一般耗用材料由产品或劳务承担，但由于不能直接计入“生产成本——基本生产成本”账户，应先计入“制造费用”账户进行归集，月末再分配计入产品成本；产品销售部门耗用的材料计入“销售费用”账户，管理部门为组织和管理生产而耗用的材料计入“管理费用”账户。总之，材料费用的归集对象，要视企业的生产特点和管理要求而定，不能随意确定。材料费用核算过程一般是根据领料单、限额领料单编制领料凭证汇总表或材料发出汇总表等原始凭证，根据各原始凭证填制记账凭证，根据记账凭证登记成本费用的相关账簿。

（三）材料费用的分配及账务处理

生产中耗用的材料费用，如果是几种产品共同耗用并且不能直接区分由哪一种产品耗用的材料，则共同耗用的材料需要进行分配，需要编制材料费用分配表。材料费用分配标准的选择可依据材料消耗与产品的关系，可以按重量或体积分配，可以采用系数分配法，定额管理工作比较好的单位也可以按定额消耗量比例分配或者按定额费用比例分配。

基本生产车间生产某种产品并构成产品主要实体或有助于产品形成的各种直接耗用的原材料，直接记入基本生产成本明细账；基本生产车间生产几种产品而共同耗用的间接原材料，需要采用适当的方法分配记入各种产品的基本生产成本明细账。基本生产车间一般消耗用的原材料，记入制造费用明细账。辅助生产车间生产产品或提供劳务耗用的原材料，记入辅助生产成本明细账。企业行政部门耗用的原材料，记入管理费用明细账。企业专设销售机构耗用的原材料，记入销售费用明细账。

材料分配的一般计算程序是：选择一定的分配标准，计算分配率，计算分配额。分配的公式可以概括如下：

分配率 = 待分配的对象总额 ÷ 分配标准总量

某受益对象应承担的分配额 = 该对象的分配标准 × 分配率

下面介绍几种常用的材料费用分配方法。

1. 重量或体积比例分配法

对于材料耗用量与产品重量、体积有关的，按其重量或体积分配，如以生铁为原材料生产各种铁铸件，应以生产的铁铸件的重量比例为分配依据。

相应的计算公式为：

材料费用分配率 = 材料费用总额 ÷ 分配标准（如产品总重量或总体积等）

某产品应分摊的材料费用 = 该产品的重量或体积等 × 材料费用分配率

2. 定额费用比例分配法

定额费用比例分配法是将材料费用按照定额消耗费用的比例进行分配的方法。先确定各产品定额费用，再算出分配率，最后计算出各产品应该承担的材料费用分配额。相关计算公式如下：

某产品材料定额费用 = 该产品实际产量 × 单位产品材料定额费用

材料费用分配率 = 材料实际费用 ÷ 各产品材料定额费用总额

某产品应分摊的材料费用 = 该产品材料定额费用 × 分配率

【案例 2-1】 N 公司于 2019 年 6 月根据各领料单汇总材料费用如下：甲产品领用 A 材料85 000 元，乙产品领用 A 材料 88 000 元，丙产品领用 A 材料 50 000 元。供电车间领用 A 材料15 000 元，供水车间领用 A 材料 12 000 元，基本生产车间领用 A 材料 5 000 元，行政部门领用 A 材料 8 000 元。此外，甲、乙、丙 3 种产品共同领用 B 材料 36 300 元。本月生产甲产品 200 件、乙产品 100 件、丙产品 300 件。B 材料定额费用为：甲产品 50 元/件、乙产品 80 元/件、丙产品 50 元/件。

工作任务： 采用定额费用比例分配法对材料费用的分配进行账务处理。

案例分析： 将甲、乙、丙共用的 B 材料费用分配出来。首先计算甲、乙、丙 3 种产品的材料消耗定额费用，按照材料消耗定额费用计算出共用材料的费用分配率，再计算甲、乙、丙 3 种产品应分摊的材料费用，然后设计填制材料费用分配表，编制会计分录。

案例操作：

甲产品材料消耗定额费用 = 200 × 50 = 10 000（元）

乙产品材料消耗定额费用 = 100 × 80 = 8 000（元）

丙产品材料消耗定额费用 = 300 × 50 = 15 000（元）

材料费用分配率 = 36 300 ÷（10 000 + 8 000 + 15 000） = 1.1

甲产品应分摊的共用材料费用 = 10 000 × 1.1 = 11 000（元）

乙产品应分摊的共用材料费用 = 8 000 × 1.1 = 8 800（元）

丙产品应分摊的共用材料费用 = 15 000 × 1.1 = 16 500（元）

甲产品承担的材料总费用 = 85 000 + 11 000 = 96 000（元）

乙产品承担的材料总费用 = 88 000 + 8 800 = 96800（元）

丙产品承担的材料总费用 = 50 000 + 16 500 = 66 500（元）

根据上述数据，编制材料费用分配表，如表 2-1 所示。

表 2-1　材料费用分配表

2019 年 6 月 30 日　　单位：元

领用部门		直接耗用	共同耗用			合计
			定额费用	分配率	分配额	
产品生产	甲产品	85 000	10 000	1.1	11 000	96 000
	乙产品	88 000	8 000		8 800	96 800
	丙产品	50 000	15 000		16 500	66 500
辅助生产	供电车间	15 000				15 000
	供水车间	12 000				12 000
基本生产车间		5 000				5 000

续表

领用部门	直接耗用	共同耗用			合计
		定额费用	分配率	分配额	
行政部门	8 000				8 000
合计	263 000			36 300	299 300

根据材料费用分配表，编制会计分录如下：

借：生产成本——基本生产成本（甲产品） 96 000
　　　　　　——基本生产成本（乙产品） 96 800
　　　　　　——基本生产成本（丙产品） 66 500
　　　　　　——辅助生产成本（供电车间） 15 000
　　　　　　——辅助生产成本（供水车间） 12 000
　　制造费用——基本生产车间 5 000
　　管理费用 8 000
　贷：原材料 299 300

3. 定额消耗量比例分配法

定额消耗量比例分配法是将材料费用按照定额消耗数量的比例进行分配的方法。这种方法的计算步骤是：首先，计算某种产品材料定额消耗量；其次，计算单位原材料定额消耗量应分配的原材料实际消耗量（材料实际消耗量分配率）；再次，计算某种产品应分摊的材料实际数量；最后，计算某种产品应分摊的材料费用。相关计算公式如下：

某产品材料定额消耗量 = 某种产品实际产量 × 单位产品材料消耗定额

材料定额消耗量分配率 = 材料实际消耗总量 ÷ 各种产品材料定额消耗量

某产品应分摊的材料实际数量 = 该产品材料定额消耗量 × 材料实际消耗量分配率

某产品应分摊的材料费用 = 该产品应分摊的实际数量 × 材料单价

【案例 2-2】 M 公司于 2019 年 6 月生产 X、Y 两种产品，共同耗用 A 材料 288 千克，材料单价为 4 元/千克。其中，X 产品实际生产 60 件，Y 产品实际生产 50 件，X 产品单位消耗定额为 2 千克/件，Y 产品单位消耗定额为 4 千克/件。

工作任务： 采用材料定额消耗量比例分配法对 A 材料费用的分配进行账务处理。

案例分析： 本案例中，A 材料费用的分配标准是材料定额消耗量，首先计算 X 产品与 Y 产品材料定额消耗量，按照材料定额消耗量计算材料定额消耗量分配率，根据材料定额消耗量分配率计算出材料实际耗用量，再按照实际耗用量计算 X 产品与 Y 产品应分摊的材料费用，然后设计填制材料费用分配表，编制会计分录。

案例操作：

X 产品材料定额消耗量 = 60 × 2 = 120（千克）

Y 产品材料定额消耗量 = 50 × 4 = 200（千克）

材料实际消耗量分配率 = 288 ÷（120 + 200）= 0.9

X 产品应分摊的材料实际数量 = 120 × 0.9 = 108（千克）

Y 产品应分摊的材料实际数量 = 200 × 0.9 = 180（千克）

X 产品应分摊的材料费用 = 108 × 4 = 432（元）

Y 产品应分摊的材料费用 = 180 × 4 = 720（元）

根据上述数据，编制材料费用分配表，如表 2-2 所示。

表 2-2　材料费用分配表

2019 年 6 月 30 日

产品	材料定额消耗量/千克	材料实际消耗量分配率	应分摊的材料实际数量/千克	单价/元	分配额/元
X 产品	120	0.9	108	4	432
Y 产品	200		180		720
合计	320		288		1 152

根据材料费用分配表，编制会计分录如下：

借：生产成本——基本生产成本（X 产品）　432

　　　　　——基本生产成本（Y 产品）　720

　贷：原材料　1 152

还有一种做法是直接根据材料定额消耗量的比例分配材料费用，先算出要分配的材料费用，然后除以定额总用量算出分配率，再根据各产品的定额用量和分配率计算分配额。这种做法虽然简单，但是无法将每种产品的实际用量算出来，因此无法进行实际用量和定额用量的对比，无法发挥定额在控制成本费用方面的作用，故在实际工作中提倡用案例中的做法，先根据定额用量算出实际用量，再计算各产品应分摊的材料费用。

4. 系数分配法（标准产量分配法）

系数分配法是根据确定的系数将不同产品的实际产量折算为统一标准的产量来分配生产费用或成本的一种方法。采用系数分配法分配材料费用的步骤如下：首先，选定产量最大的产品为标准产品；其次，确定各产品单位系数，其中标准产品系数为 1，其他产品按照比例确定各自的单位系数；第三，确定标准产量，把产品的实际产量折算成标准产量；第四，计算分配率；第五，计算分配额。相关计算公式如下：

各产品单位系数 = 该产品单位定额 ÷ 标准产品单位定额

各产品标准产量 = 该产品实际产量 × 该产品单位系数

材料费用分配率 = 材料费用总额 ÷ 标准总产量

某产品应分摊的材料费用 = 该产品标准产量 × 材料费用分配率

【案例 2-3】　N 公司于 2019 年 8 月生产 01、02、03、04、05 五种产品，共用材料 29 500 元，单件产品耗用定额为 22 千克、18 千克、20 千克、19 千克、21 千克，产量为 2 000件、3 000 件、5 000 件、4 000件、1 000 件。

工作任务：采用系数分配法（标准产量分配法）对材料费用的分配进行账务处理。

案例分析：首先选标准产品（大批量生产），确定各单位系数，即单位产品系数（各产品单位定额/标准产品单位定额），然后计算总系数（标准产量），把实际产量折算成标准产量，再计算材料费用分配率和各产品材料费用分配额，最后设计填制材料费用分配表，编制会计分录。

案例操作：

因为 03 产品为最大批量（5 000 件），因此选定 03 产品为标准产品。

03 产品单位系数 = 1

01 产品单位系数 = 22 ÷ 20 = 1.1

02 产品单位系数 = 18 ÷ 20 = 0.9

04 产品单位系数 = 19 ÷ 20 = 0.95

05 产品单位系数 = 21 ÷ 20 = 1.05

03 产品标准产量 = 5 000 × 1 = 5 000（件）

01 产品标准产量 = 2 000 × 1.1 = 2 200（件）

02 产品标准产量 = 3 000 × 0.9 = 2 700（件）

04 产品标准产量 = 4 000 × 0.95 = 3 800（件）

05 产品标准产量 = 1 000 × 1.05 = 1 050（件）

标准总产量 = 5 000 + 2 200 + 2 700 + 3 800 + 1 050 = 14 750（件）

材料费用分配率 = 29 500 ÷ 14 750 = 2（元/件）

01 产品应分摊的材料费用 = 2 200 × 2 = 4 400（元）

02 产品应分摊的材料费用 = 2 700 × 2 = 5 400（元）

03 产品应分摊的材料费用 = 5 000 × 2 = 10 000（元）

04 产品应分摊的材料费用 = 3 800 × 2 = 7 600（元）

05 产品应分摊的材料费用 = 1 050 × 2 = 2 100（元）

根据上述数据，编制材料费用分配表，如表 2－3 所示。

表 2－3　材料费用分配表

2019 年 8 月 31 日

产品	消耗定额/千克	单位系数	实际产量/件	标准产量/件	分配率	分配额/元
01	22	1.1	2 000	2 200	2	4 400
02	18	0.9	3 000	2 700		5 400
03	20	1	5 000	5 000		10 000
04	19	0.95	4 000	3 800		76 00
05	21	1.05	1 000	1 050		2 100
合计	—	—	—	14 750		29 500

根据材料费用分配表，编制会计分录如下：

借：生产成本——基本生产成本（01 产品）　　4 400

——基本生产成本（02 产品）　　5 400

——基本生产成本（03 产品）　　10 000

——基本生产成本（04 产品）　　7 600

——基本生产成本（05 产品）　　2 100

贷：原材料　　29 500

二、燃料及动力费用的核算

（一）外购燃料及动力费用的内容

外购燃料及动力费用包括企业为进行生产经营活动从外部购入的燃料、电力、蒸汽等的费用，这些费用有的直接用于产品生产，有的用于照明、取暖等，因此是企业的产品成本的组成项目之一。

（二）外购燃料及动力费用的归集

外购燃料及动力费用根据受益对象分别归集到各部门的成本费用中。生产产品耗用的燃料及动力费用由基本生产的各种产品承担，应计入“生产成本——基本生产成本”账户；辅助生产车间耗用的燃料及动力费用由辅助生产车间承担，应计入“生产成本——辅助生产成本”账户；基本车间一般耗用的燃料及动力费用应计入“制造费用”账户；管理部门耗用的燃料及动力费用应计入“管理费用”账户。在计入产品成本时，燃料及动力费用核算有两种处理方法：如果燃料及动力费用占产品成本比重较小，可直接记入“直接材料”成本项目；如果燃料及动力费用占产品成本比重较大，则明细账中单独设置“燃料及动力”成本项目。

（三）外购燃料及动力费用的分配及账务处理

外购燃料及动力费用往往需要采用一定的分配标准在部门和产品之间进行分配，企业一般月末通过编制燃料及动力费用分配表，将燃料及动力费用在各受益部门和产品之间进行分配。

用于生产产品的燃料及动力费用，如果只和一种产品有关，就直接记入基本生产成本明细账；基本生产车间几种产品共同耗用的燃料及动力费用，采用一定的方法分配记入各种产品的基本生产成本明细账。

对外购燃料及动力费用进行分配时，先明确被分配的燃料及动力费用额与分配标准，进而确定燃料及动力费用分配率，再计算确定每一受益对象应负担的燃料及动力费用。在有仪表记录的情况下，燃料及动力费用的分配应根据各车间、各部门安装的计量仪表所记录的实际耗用量以及该燃料及动力的单价进行分配，比如外购电力的分配就可以采用该方法；在没有仪表记录或者同时生产多种产品的情况下，可以按照实际生产工时或定额生产工时、机器工时以及定额耗用量等标准进行分配。比较常见的是按照实际工时或定额工时进行分配。具体的计算公式如下：

燃料及动力费用分配率＝各种产品共同耗用的燃料及动力费用÷各种产品的实际（定额）总工时

某产品应分配的燃料及动力费用＝该产品实际（定额）工时×燃料及动力费用分配率

【案例2－4】　M公司于6月底预付下半年电费55 000元，2019年9月实际消耗外购电力18 000度，每度电的协议价格为0.50元。月末查明各部门耗电度数分别为：基本生产车间生产（甲、乙产品）耗电14 000度，基本生产车间照明耗电1 500度，行政部门耗电1 500度，专设销售机构耗电1 000度。本月甲产品实际生产工时为6 000小时，乙产品实际生产工时为4 000小时。

工作任务：采用生产工时比例分配法对9月份电费的分配进行账务处理。

案例分析：首先应归集基本生产车间生产甲、乙两种产品所需要分配的电费；其次确定电费的分配标准，算出电费的分配率；最后计算甲、乙两种产品各自应分摊的电费。

案例操作：

基本生产车间生产产品耗用的电费＝14 000×0.5＝7 000（元）

产品生产的电费分配率＝7 000÷(6 000＋4 000)＝0.7（元/小时）

甲产品分摊的电费 = 6 000 × 0.7 = 4 200（元）

乙产品分摊的电费 = 4 000 × 0.7 = 2 800（元）

基本生产车间分摊的电费 = 1 500 × 0.5 = 750（元）

行政部门分摊的电费 = 1 500 × 0.5 = 750（元）

专设销售机构分摊的电费 = 1 000 × 0.5 = 500（元）

根据上述数据，编制电费分配表，如表 2 - 4 所示。

表 2 - 4　电费分配表

2019 年 9 月 30 日　　单位：元

受益部门		分配标准	分配率	分配额
产品生产	甲产品	6 000	0.7	4 200
	乙产品	4 000		2 800
	合计	10 000		7 000
基本生产车间		1 500	0.5	750
行政部门		1 500		750
专设销售机构		1 000		500
合计		—	—	9 000

根据电费分配表，编制会计分录如下：

借：生产成本——基本生产成本（甲产品）　4 200

　　　　　——基本生产成本（乙产品）　2 800

　　制造费用——基本生产车间　750

　　管理费用　750

　　销售费用　500

　贷：预付账款　9 000

企业的燃料及动力费用，在付款时，应按燃料及动力的用途，直接借记各成本、费用科目，贷记“银行存款”科目。在实际工作中，通常通过“预付账款”账户核算，即在付款时先作为暂付款处理，借记“预付账款”科目，贷记“银行存款”科目。月末，按照燃料及动力费用的用途分配费用时，再借记各成本、费用科目，贷记“预付账款”科目，冲减原来计入的借方的暂付款。

知识拓展

外购电费的时间归属

因为外购电费的支付时间一般不是在每月末，而是在每月下旬。也就是说，外购电费支付的是从上个月付款日到这个月付款日这一个月的费用，该日计入的电费并不完全是当月电费，而计算成本费用却应该是从月初到月末的这一个月的费用。二者虽然都是计算一个月的费用，但时间段并不完全一致。若要精确地计算当月电费，不仅要计算、扣除上月付款日到上月末的应付未付电费，还要分配、补记当月付款日到当月末的应付未付电费，核算工作量太大。况且，不管是付款还是成本费用的计算，其对象都是一个月的费用，且随着时间的推移，这种误差终究会被抹平，因此通过“预付账款”科目核算，可以免去这些核算工作，直接以冲销的预付账款金额作为当月成本费用的金额，每个月只需在月末分配登记一次电费，大大简化了核算工作。

三、人工费用的核算

（一）人工费用的内容

人工费用，即职工薪酬，是指企业为了获得职工提供的服务而给予各种形式的报酬及其相关的支出，分为短期薪酬、离职后福利、辞退福利和其他长期职工福利四大类。具体包括工资总额，职工福利费，医疗保险费、养老保险费、失业保险费、工伤保险费和生育保险费等社会保险费，住房公积金，工会经费和职工教育经费，非货币性福利辞退福利，其他职工薪酬等。人工费用的会计处理主要是在企业工资结算完成的基础上，将职工薪酬分配给有关成本计算对象。

（二）人工费用的计算

计算人工费用需要的原始凭证有：考勤记录、产量和工时记录、工资结算汇总表等。为了正确地计算和分配工资费用，企业应做好各项工资费用核算的基础工作，各单位应根据本企业生产、管理和工资制度的具体要求，建立和健全所需的工资核算原始凭证，保证各项原始记录准确、真实和完整。各项原始记录包括考勤记录、产量和工时记录。

考勤记录是按月登记职工出勤、缺勤时间和具体原因的原始记录，它是计算计时工资、加班加点工资的依据。一般应按车间、班组分别设置考勤簿，根据在册人员，按姓名分行逐日登记。月末，考勤簿应经车间部门负责人检查和签章，再交会计部门核算，即可作为计算职工工资的依据。除考勤簿外，考勤记录还可以卡片形式按职工分别设立，通常是每人每年或每月一张，在年初，月初或职工录用、调入时设立，在人员发生变动时根据人事部门的通知将卡片在内部单位之间转移或注销。

产量和工时记录是登记工人或生产班组在出勤时间内完成产品的数量、质量和生产这些产品所耗工时数量的原始记录。产量和工时记录不仅登记每个职工的实物产量和实用工时，而且登记每件产品的工时消耗定额和按实物产量与工时消耗定额计算的定额工时。

由于各个企业或车间的生产作业和劳动组织方式不同，所以产量和工时记录的内容和格式也有很大差别。一般应包括的基本内容有产品作业或订单名称、车间班组名称、工人姓名、编号、产品数量、实际工时和定额工时，以及产品质量和废品数量等。产量和工时记录也应由车间、部门主管检查、签字，经会计部门审核后作为计算计件工资的依据。根据产量和工时记录计算每个工人或小组的计件工资，计算各种产品成本中的工资成本。

1. 工资总额

工资是根据职工劳动的数量和质量在一定时期内以货币形式支付给职工的劳动报酬。工资总额是指单位在一定时期内支付给全体职工劳动报酬的总和。为了保证国家对工资进行统一的会计核算工作，加强工资的管理，工资总额的内容是由国家统一规定的。根据国家统计局的规定，工资总额主要包括以下内容：计时工资、计件工资、加班加点工资、奖金、津贴和补贴以及特殊情况下支付的工资。工资的计算是企业直接工资费用归集的基础。由于各类企业实行的工资制度不同，具体的计算方法应根据企业的具体规定进行。

1）计时工资

计时工资是按照计时工资标准和工作时间支付给职工的劳动报酬。计时工资标准是根据每一位职工所从事劳动的技术难度、熟练程度、劳动强度确定的单位时间（如月、日或小时）内应得的工资额。职工工作的时间越长，拿到的计时工资越多。计时工资的计算制度分为两种：月薪制和日薪制。

（1）月薪制下计时工资的计算。

月薪制下的计时工资是根据职工的月标准工资扣除缺勤工资计算的。目前，我国企业职工的工资结算大多是按月进行的，称为月薪制。在月薪制下，不论各月的日历天数有多少，每月的标准工资是相同的，职工只要出满一个月应出勤的天数，就可以得到月标准工资。在月薪制下，虽然职工各自的月标准工资是相同的，但由于职工每月出勤和缺勤的情况不同，故每月的应得计时工资也不尽相同。

在职工有缺勤的情况下，计算有缺勤的职工的计时工资有两种方法：方法一，扣缺勤，按月工资标准扣除缺勤天数应扣工资额计算；方法二，算出勤，根据职工的出勤天数工资加病假应发数额计算。

方法一的具体计算公式如下：

应付计时工资 = 该职工月标准工资 -（事假、旷工天数 × 日工资率）-（病假天数 × 日工资率 × 病假扣款率）

日工资率 = 月标准工资 ÷ 平均每月工作日数

方法二的具体计算公式如下：

应付计时工资 = 该职工出勤天数 × 日工资率 + 病假天数 × 日工资率 ×（1 - 病假扣款率）

上式中的平均每月工作日数有两种算法：一种是按全年平均每月日数 30 天计算，即节假日、双休日有工资，通常按缺勤天数扣工资，缺勤期间的节假日双休日也扣工资；另一种是按平均每月日数 20.83 天计算（全年日历数 365 天减去 104 个双休日和 11 个法定节假日，再除以 12 个月，得到的每月平均工作日数 20.83 日），即双休日、节假日没有工资，缺勤期间的节假日、双休日不扣工资。

综上所述，具体有 4 种方法计算应付的月计时工资：按 30 天采用出勤法计算；按 30 天采用缺勤计算；按 20.83 天采用出勤法计算；按 20.83 天采用缺勤法计算。

具体采用哪一种方法，由企业自行确定，但一经确定，不得随意变动。

【案例 2 - 5】 利民工厂中某职工张某的月标准工资为 3 000 元，9 月份有 30 天，张某出勤 18 天，周末休息 8 天，请事假 2 天、病假 2 天。根据张某的工龄，其病假工资按工资标准的 90% 计算。张某的病假和事假没有涉及节假日。

工作任务： 按照上述 4 种方法分别计算张某 9 月份的应得计时工资。

案例分析： 本案例中，先将张某的月标准工资 3 000 元，分别按照 30 天和 20.83 天计算日工资率；再利用上述 4 种方法分别计算张某 9 月份的出勤工资或者应扣工资，最后得出本月的应付月工资。

案例操作：

按 30 天算的日工资率 = 3 000 ÷ 30 = 100（元/天）

按 20.83 天算的日工资率 = 3 000 ÷ 20.83 = 144.02（元/天）

方法一：按30日计算日工资率，按出勤计算月工资。

出勤工资 = 100 ×（18 + 8）= 2 600（元）

病假应发工资 = 100 × 2 × 90% = 180（元）

应付计时工资 = 2 600 + 180 = 2 780（元）

方法二：按30日计算日工资率，扣缺勤计算月工资。

应扣事假工资 = 100 × 2 = 200（元）

应扣病假工资 = 100 × 2 × 10% = 20（元）

应付计时工资 = 3 000 − 200 − 20 = 2 780（元）

方法三：按20.83日计算日工资率，按出勤计算月工资。

出勤工资 = 144.02 × 18 = 2 592.36（元）

病假应发工资 = 144.02 × 2 × 90% = 259.24（元）

应付计时工资 = 2 592.36 + 259.24 = 2 851.6（元）

方法四：按20.83日计算日工资率，扣缺勤计算月工资。

应扣事假工资 = 144.02 × 2 = 288.04（元）

应扣病假工资 = 144.02 × 2 × 10% = 28.8（元）

应付计时工资 = 3 000 − 288.04 − 28.8 = 2 683.16（元）

（2）日薪制下计时工资的计算。

日薪制下的计时工资是根据职工的出勤天数和日工资率计算的。这里采用的日工资率通常可以月标准工资除以全年法定平均每月工作日计算的日工资率为标准。日薪制下计时工资的计算公式如下：

应付计时工资 = 出勤日数 × 日工资率

日工资率的计算方法同前所述。

2）计件工资

计件工资是按完成的工作量和计件单价计算支付的劳动报酬。计件单价是指完成单位工作量应得的工资额。在实际工作中包括限额计件、累进计件等工资制。

计件工资是根据产量记录的个人或小组完成的产品数量乘以规定的计件单价计算的。

计件工资的计算公式为：

应付计件工资 = 产品数量 × 计件单价

公式中的产品数量应以产量记录为依据，计件单价是根据加工单位产品所需耗用的定额工时乘以该产品的小时计件工资率计算求得的。计件工资按照结算对象的不同，可分为个人计件工资和集体计件工资两种。

知识拓展

计价工资中产品数量的确定

计算计件工资时的产品数量应为合格品数量和料废品数量之和。废品按形成的原因分为工废品和料废品，因为料废品是材料不合格导致的废品，并非由于工人操作不当，这部分计件工资应该发给工人。但是工废品是工人操作不当造成的，这部分的计件工资不应支付给工人。

（1）个人计件工资。

职工的个人计件工资是由每个生产工人完成的工作量乘以计件单价算得的。如果某个工人在月份内生产几种产品，并且各种产品有不同的计件单价，则应按下式计算其应付计件工资：

$$应付个人计件工资 = \sum 产品数量 \times 产品计件单价$$

【案例2-6】 利民工厂的职工张某生产甲、乙两种产品。甲、乙产品的工时定额分别为30分钟、48分钟，张某的小时工资率为24元。6月份张某一共加工了甲产品200件、乙产品150件。

工作任务： 计算张某6月份的计件工资。

案例分析： 计算张某的个人计件工资，应先计算出甲、乙产品的计件单价，再乘以产品数量，最后汇总求出个人计件工资总数。

案例操作：

甲产品计件单价 = 24 ×（30 ÷ 60）= 12（元）

乙产品计件单价 = 24 ×（48 ÷ 60）= 19.2（元）

应付个人计件工资 = 200 × 12 + 150 × 19.2 = 5 280（元）

（2）集体计件工资。

集体计件工资是根据班组集体完成的工作量乘以计件单价计算求得整个集体的应得计件工资后，再采用适当的方法，将其在集体内部进行分配。集体计件工资在集体内部分配时，应考虑各成员的工作时间长短和工作质量高低，工作质量的高低通常可根据各成员的工资等级差别来确定，因此，可将工作时间与各成员的小时工资率的乘积（即计时工资）作为分配标准进行集体内部计件工资的分配。其计算公式如下：

$$应付集体计件工资 = 计件单价 \times 集体生产的产品数量$$

$$计件工资分配率 = 应付集体计件工资 \div 集体计时总工资$$

$$个人应分得的计件工资 = 个人计时工资 \times 计件工资分配率$$

【案例2-7】 某班组2019年6月共生产产品230件，计件单价为50元。张凌本月计时工资为3 000元，王允本月计时工资为3 500元，李潘本月计时工资为2 700元。

工作任务： 计算班组内各职工的本月个人计件工资，班组内个人计件工资按照计时工资标准分配。

案例分析： 首先，根据班组完成的产品数量和计件单价算出班组的集体计件工资；其次，算出集体内部分配的计件工资分配率；最后，求得个人计件工资。

案例操作：

应付集体计件工资 = 230 × 50 = 11 500（元）

计时总工资 = 3 000 + 3 500 + 2 700 = 9 200（元）

计件工资分配率 = 11 500 ÷ 9 200 = 1.25

张凌应分得的计件工资 = 3 000 × 1.25 = 3 750（元）

王允应分得的计件工资 = 3 500 × 1.25 = 4 375（元）

李潘应分得的计件工资 = 2 700 × 1.25 = 3 375（元）

3）奖金

奖金是指在标准工资以外，因职工的超额劳动报酬、增收节支等而给予职工的奖励。奖金包括生产奖、节约奖、竞赛奖、其他经常性奖金等。奖金的发放根据企业自身情况确定。

4）津贴和补贴

津贴和补贴是指为补偿职工特殊或额外劳动消耗和因其他特殊原因支付给职工的津贴，以及为保证职工工资水平不受物价上升影响而支付给职工的物价补贴。津贴和补贴包括：补偿职工特殊或额外劳动消耗的津贴，例如夜班补贴、井下津贴；保健性津贴和技术性津贴；物价补贴等。津贴和补贴由企业根据规定发放。

5）加班加点工资

加班加点工资是指按规定因职工在法定工作时间以外从事劳动而支付给职工的加班加点的劳动报酬。企业职工在普通工作日 8 小时以外的加班加点按平时工资标准计算，节假日加班加点按平时工资标准的双倍计算，节假日加班加点按平时工资标准的 3 倍计算。

【案例 2－8】　职工李某的月标准工资为 4 166 元，5 月 1 日加班加点 4 小时，5 月 2 日、3 日各加班加点 5 小时，5 月份普通工作日加班加点 25 小时。该公司月工作日按 20.83 天计算。

工作任务：计算李某 5 月份的加班加点工资。

案例分析：首先算出小时工资率，其次分别算出普通工作日、节假日、周末的加班加点工资，最后汇总加班加点工资。注意：5 月 1 日属于法定节假日，按 3 倍工资计算，5 月 2 日、3 日属于周末，按双倍工资计算。

案例操作：

小时工资率 $=4\ 166 \div 20.83 \div 8 = 25$（元/小时）

普通工作日的加班加点工资：$25 \times 25 = 625$（元）

5 月 1 日的加班加点工资：$25 \times 4 \times 3 = 300$（元）

5 月 2 日、3 日的加班加点工资：$25 \times 10 \times 2 = 500$（元）

普通工作日的加班加点工资：$625 + 300 + 500 = 1\ 425$（元）

6）在特殊情况下支付的工资

在特殊情况下支付的工资是指按国家规定在某些非工作时间支付给职工的工资，以及按规定支付给职工的附加工资和保留工资等。非工作时间支付的工资包括在职工病假、工伤假、产假、探亲假等期间按标准计算和支付的工资，由企业根据规定发放。

2. 职工福利费

职工福利费是指用于增加职工的物质利益，帮助职工及其家属解决某些特殊困难和兴办集体福利事业所支付的费用。职工福利费不使用时无须计算，先使用后列支，使用时不应超过职工工资总额的 14%，月末按受益对象列支到各部门的成本费用中。

3. 社会保险费

企业需要按规定缴纳社会保险费，社会保险费包括“五险”，即养老保险、医疗保险、失业保险、工伤保险、生育保险。“五险”中，属于企业承担的部分，企业按照职工应付工资总额的规定比例计提；属于个人承担的部分，从个人的应发工资总额中扣除。计算公式为：

$$社会保险费 = 应付工资总额 \times 该保险费计提比例$$

4. 住房公积金

住房公积金是指单位及其在职职工对等缴存的一种长期住房储蓄，企业承担的部分按照规定比例计提，职工个人承担的部分从个人应付工资总额中扣除。计算公式为：

$$住房公积金 = 应付工资总额 \times 住房公积金计提比例$$

5. 工会经费和职工教育经费

工会经费和职工教育经费的处理类似于职工福利费，不使用时无须计算，先使用后列支，使用时不应超过当月职工工资总额的2%和8%，月末按受益对象列支到各部门的成本费用中。

6. 非货币性福利

非货币性福利是指企业以非货币性资产支付给职工的薪酬，主要包括企业以自产产品发放给职工作为福利、将企业拥有的资产无偿提供给职工使用、为职工无偿提供医疗保健服务等。

（三）人工费用的归集

按照权责发生制原则的要求，企业成本核算人员在每月终了，应根据考勤记录、产量和工时记录等原始凭证计算出职工工资，并按车间、部门等受益对象分类汇总编制班组工资结算单（表2－5）及工资结算汇总表（表2－6）归集、分配工资费用。归集工资费用时，工资费用受益对象的确定与材料费用的分配基本相同，即按“谁受益谁负担”的原则进行分配：产品生产工人的工资应由基本生产部门的各产品承担，计入“生产成本——基本生产成本”账户；辅助生产车间工人的工资应由辅助生产部门生产的各产品或劳务承担，计入“生产成本——辅助生产成本”账户；车间的管理人员和技术人员的工资应由各基本车间的制造费用承担，计入“制造费用——某车间”账户；企业行政部门发生的工资，应计入“管理费用”账户。

表2－5　工资结算单

部门：第一车间　　2019年7月31日　　单位：元

姓名	基本工资	奖金	加班加点工资	津贴补贴	病假工资	应发	扣款	实发	签字
张某									
李某									
王某									
赵某									
合计									

表2－6　工资结算汇总表

2019年7月31日　　单位：元

部门		应发工资						代扣款				实发工资
		基本工资	奖金	加班加点工资	津贴补贴	病假工资	合计	社会保险费	住房公积金	个人所得税	小计	
第一车间	生产											
	管理											

续表

部门		应发工资						代扣款				实发工资
		基本工资	奖金	加班加点工资	津贴补贴	病假工资	合计	社会保险费	住房公积金	个人所得税	小计	
第二车间	生产											
	管理											
供电车间												
供水车间												
行政部门												
合计												

工资费用按受益对象归集计入相应成本费用账户，企业还应分别按照应付工资总额的规定比例计提“五险一金”，列支职工福利费、工会经费、职工教育经费等。福利费、两项经费和“五险一金”是工资费用的衍生费用，工资费用计入哪些成本费用账户，则福利费、两项经费和“五险一金”就相应地计入对应的成本费用账户。要注意的是，“五险一金”中属于企业承担的部分，在核算中计入企业的成本费用科目；属于个人承担的部分，通过“其他应付款”科目核算。

（四）人工费用的分配及账务处理

属于直接计入费用的人工费，应直接记入产品成本；属于间接计入费用的人工费，应在各受益产品之间进行分配。分配标准通常采用产品的实际或定额生产工时。

计算公式如下：

工资分配率 = 生产工人工资总额 ÷ 各产品实际（定额）总工时

某产品应分摊的工资费用 = 该产品实际（定额）工时 × 工资分配率

人工费用分配时应编制工资分配表，按用途分别记入有关的成本、费用科目。生产工人工资应记入“生产成本——基本生产成本”科目；辅助生产部门的工资应记入“生产成本——辅助生产成本”科目；车间管理人员的工资应记入“制造费用”科目；行政部门人员的工资应记入“管理费用”科目；销售部门人员的工资应记入“销售费用”科目。

【案例2-9】 利民工厂2019年6月第一车间生产甲、乙两种产品，本月生产工人工资共60 000元，车间管理人员工资共50 000元。第二车间生产丙、丁两种产品，本月生产工人工资共45 000元，车间管理人员工资共40 000元。供电车间人员工资共30 000元，供水车间人员工资共20 000元，行政部门人员工资共80 000元。第一车间甲、乙产品单位工时分别为5小时、10小时，产量分别为400件、100件。第二车间丙、丁产品单位工时分别为5小时、3小时，产量分别为300件、500件。

工作任务： 按照生产工时对人工费用进行分配并进行人工费用分配的账务处理。

案例分析： 首先分配第一、第二车间生产工人的工资，按照两个车间的工时分别计算第

一、第二车间生产工人工资的分配率，再乘以各种产品的工时算出每种产品应承担的人工费用，然后设计并填制工资分配表，编制会计分录。

案例操作：

甲产品的生产工时 =400×5 =2 000（小时）

乙产品的生产工时 =100×10 =1 000（小时）

第一车间生产工人工资分配率 =60 000 ÷（2 000 +1 000）=20（元/时）

甲产品应分摊的人工费用 =2 000×20 =40 000（元）

乙产品应分摊的人工费用 =1 000×20 =20 000（元）

丙产品的生产工时 =300×5 =1 500（小时）

丁产品的生产工时 =500×3 =1 500（小时）

第二车间生产工人工资分配率 =45 000 ÷（1 500 +1 500）=15（元/时）

丙产品应分摊的人工费用 =1 500×15 =22 500（元）

丁产品应分摊的人工费用 =1 500×15 =22 500（元）

根据上述数据，编制工资分配表，如表 2 –7 所示。

表 2 –7　工资分配表

2019 年 6 月 30 日

<table>
<tr><th colspan="2">人员类别</th><th>工时/小时</th><th>分配率</th><th>分配额/元</th><th>工资总额/元</th></tr>
<tr><td rowspan="4">第一车间</td><td>甲产品工人</td><td>2 000</td><td rowspan="3">20</td><td>40 000</td><td>40 000</td></tr>
<tr><td>乙产品工人</td><td>1 000</td><td>20 000</td><td>20 000</td></tr>
<tr><td>小计</td><td>3 000</td><td>60 000</td><td>60 000</td></tr>
<tr><td>车间管理人员</td><td></td><td></td><td></td><td>50 000</td></tr>
<tr><td rowspan="4">第二车间</td><td>丙产品工人</td><td>1 500</td><td rowspan="3">15</td><td>22 500</td><td>22 500</td></tr>
<tr><td>丁产品工人</td><td>1 500</td><td>22 500</td><td>22 500</td></tr>
<tr><td>小计</td><td>3 000</td><td>45 000</td><td>45 000</td></tr>
<tr><td>车间管理人员</td><td></td><td></td><td></td><td>40 000</td></tr>
<tr><td rowspan="2">辅助生产</td><td>供电车间人员</td><td></td><td></td><td></td><td>30 000</td></tr>
<tr><td>供水车间人员</td><td></td><td></td><td></td><td>20 000</td></tr>
<tr><td colspan="2">行政部门人员</td><td></td><td></td><td></td><td>80 000</td></tr>
<tr><td colspan="2">合计</td><td></td><td></td><td></td><td>325 000</td></tr>
</table>

根据工资分配表，编制会计分录如下：

借：生产成本——基本生产成本（甲产品）　40 000

　　　　　　——基本生产成本（乙产品）　20 000

　　　　　　——基本生产成本（丙产品）　22 500

　　　　　　——基本生产成本（丁产品）　22 500

——辅助生产成本（供电车间）　　30 000
——辅助生产成本（供水车间）　　20 000
制造费用——第一车间　　50 000
——第二车间　　40 000
管理费用　　80 000
贷：应付职工薪酬　　325 000

四、其他要素费用的核算

（一）固定资产折旧费用

固定资产在长期使用过程中保持实物形态不变，但其价值随着固定资产的使用和时间的推移而逐渐减少，这部分减少的价值就是固定资产折旧，它应以折旧费用的形式计入制造费用和期间费用。折旧费用按照固定资产的使用部门进行汇总，然后计入制造费用和期间费用。

折旧费用的分配是通过编制折旧费用计提计算表进行的，并据此编制会计分录，登记相关账簿。

【案例 2－10】　M 公司各种设备原值共 1 250 000 元，其中：基本生产车间 500 000 元、供电车间 300 000 元、供水车间 200 000 元、行政部门 100 000 元、专设销售机构 150 000 元。房屋原值共计 2 300 000 元，其中：基本生产车间 500 000 元、供电车间 400 000 元、供水车间 400 000 元、行政部门 1 000 000 元。机器设备的月折旧率为 0.75%，房屋建筑物的月折旧率为 0.15%。

工作任务：进行 2019 年 7 月计提折旧费的账务处理。

案例分析：首先根据固定资产原值和月折旧率计算各部门应计提的折旧额，再设计填制折旧费用计提计算表，编制会计分录。

案例操作：

基本生产车间设备折旧费用＝500 000×0.75%＝3 750（元）

供电车间设备折旧费用＝300 000×0.75%＝2 250（元）

供水车间设备折旧费用＝200 000×0.75%＝1 500（元）

行政部门设备折旧费用＝100 000×0.75%＝750（元）

专设销售机构设备折旧费用＝150 000×0.75%＝1 125（元）

基本生产车间房屋折旧费用＝500 000×0.15%＝750（元）

供电车间房屋折旧费用＝400 000×0.15%＝600（元）

供水车间房屋折旧费用＝400 000×0.15%＝600（元）

行政部门房屋折旧费用＝1 000 000×0.15%＝1 500（元）

根据上述数据，编制折旧费用计提计算表，如表 2－8 所示。

表 2-8 折旧费用计提计算表

2019 年 7 月 31 日

部门		设备原值/元	折旧率/%	折旧额/元	房屋原值/元	折旧率/%	折旧额/元	合计/元
基本生产车间		500 000	0.75	3 750	500 000		750	4 500
辅助生产	供电车间	300 000		2 250	400 000		600	2 850
	供水车间	200 000		1 500	400 000		600	2 100
行政部门		100 000		750	1 000 000		1 500	2 250
专设销售机构		150 000		1 125				1 125
合计		1 250 000		9 375	2 300 000		3450	12 825

根据折旧费用计提计算表，编制会计分录如下：

借：制造费用——基本生产车间　　4 500
　　生产成本——辅助生产成本（供电车间）　　2 850
　　　　　　——辅助生产成本（供水车间）　　2 100
　　管理费用　　2 250
　　销售费用　　1 125
　贷：累计折旧　　12 825

（二）其他费用

要素费用中的其他费用是指上述各项费用以外的费用支出，包括修理费、差旅费、邮电费、保险费、劳动保护费、运输费、办公费、水电费、技术转让费、业务招待费等。这些费用有的是产品成本的组成部分，有的不是。其中属于产品成本组成部分的各种费用，也没有专门设立成本项目进行核算。因此，当发生这些费用时，应该按照发生的车间、部门和用途进行归类，分别借记“制造费用”“生产成本——辅助生产成本”“管理费用”“销售费用”等科目，贷记“银行存款”等科目。

【案例 2-11】 M 公司以银行存款支付本月发生的办公费共计 2 380 元。其中：基本生产车间 460 元、供电车间 320 元、供水车间 240 元、行政部门 1 260 元、专设销售机构 100 元。

工作任务：编制会计分录。

案例分析：基本生产车间办公费应计入“制造费用——基本生产车间”账户，供电车间和供水车间办公费应计入“生产成本——辅助生产成本”账户，行政部门办公费应计入“管理费用”账户，专设销售机构办公费应计入“销售费用”账户。

案例操作：

借：制造费用——基本生产车间　　460
　　生产成本——辅助生产成本（供电车间）　　320
　　　　　　——辅助生产成本（供水车间）　　240
　　管理费用　　1 260
　　销售费用　　100
　贷：银行存款　　2 380

任务二　辅助生产费用的核算

基本生产和辅助生产是两个截然不同的概念，基本生产通常是指产品生产，是为了对外销售赚取利润所进行的生产，而辅助生产却是为企业内部基本生产和管理部门服务而进行的生产和劳务供应。例如，企业生产产品需要用水，可以由自来水公司提供，也就是外购，也可以自己设一个供水车间生产水，来满足企业产品生产和管理部门的需要。也就是说，基本生产车间生产的产品是对外销售的，而辅助生产车间生产的产品或提供的劳务则是为企业内部的基本生产车间和管理部门服务的。

辅助生产是企业生产经营活动的重要组成部分，其主要任务是为企业基本生产车间、管理部门或辅助生产车间提供各种产品或劳务。有的辅助生产只生产一种产品或提供一种劳务，如供电、供水、供气等；有的则生产多种产品或提供多种劳务，如进行工具、模具、刀具、夹具等的制造，以及机器设备的修理等。辅助生产提供的产品和劳务，有时也可以对外销售，但这不是辅助生产的主要任务，辅助生产主要是服务单位内部。

一、辅助生产费用的内容

辅助生产车间在进行辅助生产时也会有耗费，辅助生产车间的耗费就是辅助生产费用，它是指辅助生产车间在为企业内部生产产品或提供劳务时发生的各项耗费，包括料、工、动力等各项费用。

辅助生产车间为生产产品和提供劳务所耗费的各种生产费用之和，构成这些产品和劳务的成本。对耗用这些产品或劳务的基本生产车间、部门来说，这些辅助生产产品和劳务的成本，即辅助生产费用，最终要按照受益原则分配到各成本费用里面去。因此，辅助生产产品和劳务成本的高低，对于基本生产的产品成本和企业的管理费用水平有很大的影响。同时，只有辅助生产产品和劳务成本确定以后，才能计算基本生产的产品成本。所以，企业要正确、及时地进行辅助生产成本的核算，严格控制并正确归集与分配辅助生产费用，以便正确计算产品成本和盈亏。

二、辅助生产费用的归集

辅助生产费用的归集，是通过“生产成本——辅助生产成本”科目进行的。该科目应按车间或产品品种、劳务种类设置明细科目，进行明细核算。辅助生产费用归集的程序与基本生产费用归集的程序类似。辅助生产车间的制造费用一般应先记入“制造费用——辅助生产车间”明细科目的借方，然后期末从其贷方直接或分配转入“生产成本——辅助生产成本”科目的借方。但是如果企业的辅助生产规模不大，所发生的制造费用不多，为简化核算工作，其制造费用也可以直接记入“生产成本——辅助生产成本”科目的借方，而不通过“制造费用——辅助生产车间”科目核算。这样，在计算辅助生产成本时，可以将产品成本项目与制造费用项目结合起来，设立简化项目，在辅助生产明细科目中按照这种简化项目归集计算成本。辅助生产完工的产品或劳务成本应从“生产成本——辅助生产成本”科目的贷方转出。

三、辅助生产费用的分配及账务处理

辅助生产车间主要是为基本生产车间和管理部门提供劳务，但辅助生产车间之间也相互提供劳务。如供电车间为供水车间提供电，供水车间也为供电车间提供水。这时，为了计算供电车间成本，还需要计算供水车间给供电车间提供的水的成本；为了计算供水车间成本，还要确定供电车间给供水车间提供的电的成本。因此，辅助生产费用的核算与成本计算比较复杂。

在实际工作中，通常采用直接分配法、交互分配法、计划成本分配法、代数分配法、顺序分配法对辅助生产费用进行分配。

（一）直接分配法

直接分配法是指将辅助生产费用直接分配给辅助生产车间以外的各受益对象承担，而不考虑辅助生产车间之间相互提供的产品或劳务情况。

首先根据辅助生产车间实际发生的生产费用和对辅助生产车间以外的受益对象提供的产品或劳务总量，算出辅助生产费用的分配率；然后按外部各受益对象的耗用量和辅助生产费用的分配率计算分配额。

辅助生产费用分配率 = 该辅助生产费用总额 ÷ 外部受益对象耗用的劳务量

某外部受益对象应分摊的费用 = 该对象的劳务耗用量 × 辅助生产费用分配率

【案例 2－12】 利民工厂有供电和供水两个辅助生产车间，2019 年 5 月辅助生产费用分别为45 000 元、36 000 元。供电车间供电 73 000 度，其中，供水车间用 1 000 度，甲产品生产用32 000 度，乙产品生产用 30 000 度，第一车间用 4 000 度，第二车间用 3 500 度，行政部门用 2 500 度。供水车间供水 25 000 立方米，其中，供电车间用 1 000 立方米，第一车间用 10 000 立方米，第二车间用11 000 立方米，行政部门用 3 000 立方米。

工作任务：采用直接分配法进行辅助生产费用分配的账务处理。

案例分析：采用直接分配法分配辅助生产费用，无须考虑辅助生产车间相互之间交互提供劳务的情况，直接对外分配，按照对外提供的劳务量计算分配率、分配额，设计并填制辅助生产费用分配表，编制会计分录。

案例操作：

电费分配率 = 45 000 ÷ (73 000 − 1000) = 0.625（元/度）

水费分配率 = 36 000 ÷ (25 000 − 1000) = 1.5（元/立方米）

分配电费：

甲产品分摊电费 = 32 000 × 0.625 = 20 000（元）

乙产品分摊电费 = 30 000 × 0.625 = 18 750（元）

第一车间分摊电费 = 4 000 × 0.625 = 2 500（元）

第二车间分摊电费 = 3 500 × 0.625 = 2 187.5（元）

行政部门分摊电费 = 2 500 × 0.625 = 1 562.5（元）

分配水费：

第一车间分摊水费 = 10 000 × 1.5 = 15 000（元）

第二车间分摊水费 = 11 000 × 1.5 = 16 500（元）

行政部门分摊水费 = 3 000 × 1.5 = 4 500（元）

根据上述数据，采用直接分配法编制辅助生产费用分配表，如表 2－9 所示。

表 2－9　辅助生产费用分配表

2019 年 5 月 31 日

项目		分配电费		分配水费		合计/元
		数量/度	金额/元	数量/立方米	金额/元	
待分配费用			45 000		36 000	81 000
对外劳务供应量		72 000		24 000		
费用分配率			0.625		1.5	
受益部门	甲产品	32 000	20 000			20 000
	乙产品	30 000	18 750			18 750
	第一车间	4 000	2 500	10 000	15 000	17 500
	第二车间	3 500	2 187.5	11 000	16 500	18 687.5
	行政部门	2 500	1 562.5	3 000	4 500	6 062.5
合计		72 000	45 000	24 000	36 000	81 000

根据辅助生产费用分配表，编制会计分录如下：

借：生产成本——基本生产成本（甲产品）　　20 000
　　　　　　——基本生产成本（乙产品）　　18 750
　　制造费用——第一车间　　17 500
　　　　　　——第二车间　　18 687.5
　　管理费用　　6 062.5
　贷：生产成本——辅助生产成本（供电车间）　　45 000
　　　　　　　——辅助生产成本（供水车间）　　36 000

直接分配法属于辅助生产费用的一次性对外分配，只针对外部分配一次，不考虑各辅助生产车间之间相互提供产品或劳务的情况，这是直接分配法最显著的特点。这种方法的计算简便易行，但是辅助生产车间之间相互提供的劳务没有参与分配，不利于考核辅助生产成本费用水平，也影响分配到辅助生产车间以外的其他各车间、部门的劳务费用数额的准确性。因此，这种方法一般只适合用在辅助生产车间内部相互提供产品或劳务不多的情况下。

（二）交互分配法

交互分配法是指辅助生产费用先在辅助生产车间之间进行内部交互分配，再将辅助生产交互分配后的费用对外分配给辅助生产车间以外各受益对象的分配方法。

交互分配法下，辅助生产费用的分配分为两步：

（1）对内交互分配：在各辅助车间之间内部进行交互分配。根据各辅助车间当月发生的生产费用和提供的劳务总量计算“内部”分配率，再根据内部辅助车间耗用的劳务量和交互分配率相互计算自己应分摊的费用。计算公式为：

交互分配率＝辅助生产费用总额÷辅助生产劳务总量

某辅助生产车间应分摊的费用＝该辅助生产车间的劳务耗用量×交互分配率

（2）对外直接分配：原来的辅助生产费用在经过内部交互分配之后发生了变化，将辅助生产经过交互分配调整后的费用按照对外提供的劳务量在辅助生产车间以外的受益对象之间进行分配。计算公式为：

对外分配率 = 辅助生产费用调整后的金额 ÷ 辅助生产车间对外提供的劳务量

辅助生产费用调整后的金额 = 原辅助生产费用 + 交互分配转入的费用 − 交互分配转出的费用

某外部受益对象应分摊的费用 = 该对象的劳务耗用量 × 对外分配率

【案例 2-13】 沿用案例 2-12 的资料。

工作任务：采用交互分配法进行辅助生产费用分配的账务处理（分配率保留至小数点后第四位，分配额保留至小数点后第二位）。

案例分析：采用交互分配法分配辅助生产费用，首先计算交互分配率、分配额，设计并填制辅助生产费用分配表，编制交互分配的会计分录；其次计算对外分配率、分配额，填制辅助生产费用分配表，编制对外分配的会计分录。

案例操作：

（1）交互分配。

电费交互分配率 = 45 000 ÷ 73 000 ≈ 0. 6164（元/度）

水费交互分配率 = 36 000 ÷ 25 000 = 1. 44（元/立方米）

供水车间分摊电费 = 1 000 × 0. 6164 = 616. 4（元）

供电车间分摊水费 = 1 000 × 1. 44 = 1 440（元）

（2）对外分配。

供电车间交互分配后的费用 = 45 000 − 616. 4 + 1 440 = 45 823. 6（元）

供水车间交互分配后的费用 = 36 000 − 1 440 + 616. 4 = 35 176. 4（元）

电费对外分配率 = 45823. 6 ÷（73 000 − 1000）≈ 0. 636 4（元/度）

水费对外分配率 = 35 176. 4 ÷（25 000 − 1000）≈ 1. 465 7（元/立方米）

分配电费：

甲产品分摊电费 = 32 000 × 0. 6364 = 20 364. 8（元）

乙产品分摊电费 = 30 000 × 0. 6364 = 19 092（元）

第一车间分摊电费 = 4 000 × 0. 6364 = 2 545. 6（元）

第二车间分摊电费 = 3 500 × 0. 6364 = 2 227. 4（元）

行政部门分摊电费 = 45 823. 6 − 20 364. 8 − 19 092 − 2 545. 6 − 2 227. 4 = 1 593. 8（元）

分配水费：

第一车间分摊水费 = 10 000 × 1. 4657 = 14 657（元）

第二车间分摊水费 = 11 000 × 1. 4657 = 16 122. 7（元）

行政部门分摊水费 = 35 176. 4 − 14 657 − 16 122. 7 = 4 396. 7（元）

提示：因为分配率是约数，所以存在误差，因此，最后行政部门分摊的费用应该采用倒挤的方法算出来，即用待分配的总费用扣除其他受益部门分摊的费用后求得。如果行政部门仍然用劳务量乘以分配率计算，会导致编制会计分录借、贷不等。

根据上述数据，采用交互分配法编制辅助生产费用分配表，如表 2-10 所示。

表 2－10　辅助生产费用分配表

2019 年 5 月 31 日

项目		交互分配				对外分配				
		分配电费		分配水费		分配电费		分配水费		合计/元
		数量/度	金额/元	数量/立方米	金额/元	数量/度	金额/元	数量/立方米	金额/元	
待分配费用			45 000		36 000		45 823.6		35 176.4	81 000
劳务供应量		73 000		25 000		72 000		24 000		
费用分配率			0.616 4		1.44		0.636 4		1.465 7	
受益部门	供电车间			1 000	1 440					
	供水车间	1 000	616.4							
	甲产品					32 000	20 364.8			20 364.8
	乙产品					30 000	19 092			19 092
	第一车间					4 000	2 545.6	10 000	14 657	17 202.6
	第二车间					3 500	2 227.4	11 000	16 122.7	18 350.1
	行政部门					2 500	1 593.8	3 000	4 396.7	5 990.5
合计		1 000	616.4	1 000	1 440	72 000	45 823.6	24 000	35 176.4	81 000

根据辅助生产费用分配表，编制交互分配的会计分录如下：

借：生产成本——辅助生产成本（供电车间）　1 440
　　　　　　——辅助生产成本（供水车间）　616.4
　贷：生产成本——辅助生产成本（供电车间）　616.4
　　　　　　　——辅助生产成本（供水车间）　1 440

根据辅助生产费用分配表，编制对外分配的会计分录如下：

借：生产成本——基本生产成本（甲产品）　20 364.8
　　　　　　——基本生产成本（乙产品）　19 092
　　制造费用——第一车间　17 202.6
　　　　　　——第二车间　18 350.1
　　管理费用　5 990.5
　贷：生产成本——辅助生产成本（供电车间）　45 823.6
　　　　　　　——辅助生产成本（供水车间）　35 176.4

交互分配法考虑了辅助生产车间内部的交互分配，消除了辅助生产车间相互提供的产品或劳务的影响后，再将辅助生产费用分配给辅助生产车间以外的受益对象，从而弥补了直接分配法的缺点，提高了分配结果的正确性。但由于要进行两次分配，因此计算工作量大，又由于交互分配的费用分配率是根据交互分配以前的待分配费用计算的，不是各辅助生产车间的实际单位成本，因此分配结果不是十分准确。因此，这种方法适用于辅助生产车间不多且辅助生产车间之间相互提供的产品或劳务较多的企业。

（三）计划成本分配法

计划成本分配法是指按照各受益对象所耗用的劳务量和事先制订的计划单价，向各受益对象分配辅助生产费用，并将其调整为实际成本的方法。

计划成本分配法下，辅助生产费用的分配分为两步：

(1) 按计划成本分配：即按计划单价和实际耗用量对包括辅助生产车间在内的所有受益对象进行分配。计算公式为：

某受益对象应分摊的费用 = 该对象的劳务耗用量 × 辅助生产费用计划单价

(2) 调整差异：经过第一步按计划成本分配（分配的费用是计划成本），还需要通过差异调整将计划成本调整成为实际成本。将辅助生产费用经过计划成本分配后的账面余额进行调整，调整的方法有两种：一是采用直接分配法的方式，将差异额直接分配给辅助生产车间以外的受益对象；二是采用直接计入法的方式，将差异额全部直接转入“管理费用”账户。为了及时、快捷地反映辅助费用分配情况，简化核算，企业通常采用第二种方法。计算公式为：

某辅助生产费用待调整的账面差异额 = 该辅助生产费用的原成本 - 该辅助生产车间分配转出的计划总成本 + 从别的辅助生产车间转入的计划成本

若成本差异额采用第一种方法调整，按直接分配法的方式直接分配给辅助生产车间以外的受益对象承担，则差异分配表及差异分配的会计处理同直接分配法，详细过程不再赘述。

【案例 2-14】 沿用案例 2-12 的资料。该工厂供电车间每度电的计划单价为 0.6 元，供水车间每立方米水的计划单价为 1.5 元。为了简化核算，辅助生产的成本差异直接计入管理费用。

工作任务： 采用计划成本分配法进行辅助生产费用分配的账务处理。

案例分析： 采用计划成本分配法分配辅助生产费用，首先计算按照计划单价和各受益对象耗用的劳务量计算各部门分摊的计划成本，设计并填制辅助生产费用分配表，编制计划成本分配的会计分录；其次调整差异，填制辅助生产费用分配表，编制差异调整的会计分录。

案例操作：

(1) 按计划成本分配。

分配电费：

供水车间分摊电费 = 1 000 × 0.6 = 600（元）

甲产品分摊电费 = 32 000 × 0.6 = 19 200（元）

乙产品分摊电费 = 30 000 × 0.6 = 18 000（元）

第一车间分摊电费 = 4 000 × 0.6 = 2 400（元）

第二车间分摊电费 = 3 500 × 0.6 = 2 100（元）

行政部门分摊电费 = 2 500 × 0.6 = 1 500（元）

分配水费：

供电车间分摊水费 = 1 000 × 1.5 = 1 500（元）

第一车间分摊水费 = 10 000 × 1.5 = 15 000（元）

第二车间分摊水费 = 11 000 × 1.5 = 16 500（元）

行政部门分摊水费 = 3 000 × 1.5 = 4 500（元）

(2) 调整差异。

供电车间待调整差异 = 45 000 - 43 800 + 1 500 = 2 700（元）

供水车间待调整差异 = 36 000 - 37 500 + 600 = -900（元）

管理费用应承担差异 = 2 700 - 900 = 1 800（元）

根据上述数据，采用计划成本分配法编制辅助生产费用分配表，如表 2-11 所示。

表 2-11　辅助生产费用分配表

2019 年 5 月 31 日

项目		计划成本分配					差异调整/元	
		分配电费		分配水费		合计/元	电费差异	水费差异
		数量/度	金额/元	数量/立方米	金额/元			
待分配费用			45 000		36 000	81 000		
劳务供应量		73 000		25 000				
计划单价			0.6		1.5			
受益部门	供电车间			1 000	1 500	1 500		
	供水车间	1 000	600			600		
	甲产品	32 000	19 200			19 200		
	乙产品	30 000	18 000			18 000		
	第一车间	4 000	2 400	10 000	15 000	17 400		
	第二车间	3 500	2 100	11 000	16 500	18 600		
	行政部门	2 500	1 500	3 000	4 500	6 000	2700	900
合计		73 000	43 800	25 000	37 500	81 300	2700	900

根据辅助生产费用分配表，编制计划成本分配法的会计分录如下：

借：生产成本——辅助生产成本（供电车间）　1 500
　　　　　　——辅助生产成本（供水车间）　600
　　　　　　——基本生产成本（甲产品）　19 200
　　　　　　——基本生产成本（乙产品）　18 000
　　制造费用——第一车间　17 400
　　　　　　——第二车间　18 600
　　管理费用　6 000
　贷：生产成本——辅助生产成本（供电车间）　43 800
　　　　　　　——辅助生产成本（供水车间）　37 500

根据辅助生产费用分配表，编制调整差异的会计分录如下：

借：管理费用　1 800
　贷：生产成本——辅助生产成本（供电车间）　2 700
　　　　　　　——辅助生产成本（供水车间）　900

调整差异时，不再单设“辅助生产成本差异”账户，而是直接用“生产成本——辅助生产成本”账户来核算差异。调整辅助生产成本差异时，为了简化核算，将辅助生产成本差异直接计入管理费用。借记“管理费用”账户，贷记“生产成本——辅助生产成本”账户，超支差异用蓝字表示，节约差异用红字表示。

采用计划成本分配法，由于预先制定了产品和劳务的计划单位成本，各种辅助生产费用只需要分配一次，故简化和加速了分配的计算工作；同时能反映和考核辅助生产成本计划的执行情况以及各受益单位的成本，有利于分清企业内部各单位的经济责任。如果计划单位成本与实际出入太大，会导致分配结果不准确。该方法适用于实行厂内经济核算、计划成本较为准确、管理水平较高的企业。

（四）代数分配法

代数分配法是指运用辅助生产费用成本与劳务量之间的数量关系，运用代数中解多元方程的基本原理，首先计算各辅助生产车间的单位成本，再向各受益对象分配的方法。

代数分配法下，先根据数学上解联立方程的原理算出辅助生产车间的单位成本，再按照劳务量和单位成本计算各受益对象分配额。

【案例 2－15】 沿用案例 2－12 的资料。

工作任务：采用代数分配法进行辅助生产费用分配的账务处理（分配率保留至小数点后第四位，分配额保留至小数点后第二位）。

案例分析：采用代数分配法，先建立二元一次方程，计算出各辅助生产车间的单位成本，再按照劳务量和单位成本计算各受益对象的分配额，设计并填制辅助生产费用分配表，编制代数分配法的会计分录。

案例操作：

假设供电车间每度电的单位成本（电费分配率）为 x，供水车间每立方米水的单位成本（水费分配率）为 y，则建立二元一次方程：

$45\,000 + 1\,000y = 73\,000x$

$36\,000 + 1\,000x = 25\,000y$

解方程组得：

$x \approx 0.6365$，$y \approx 1.4655$。

分配电费：

待分配总电费：$45\,000 + 1\,000 \times 1.4655 = 46\,465.5$（元）

供水车间分摊电费 $= 1\,000 \times 0.6365 = 636.5$（元）

甲产品分摊电费 $= 32\,000 \times 0.6365 = 20\,368$（元）

乙产品分摊电费 $= 30\,000 \times 0.6365 = 19\,095$（元）

第一车间分摊电费 $= 4\,000 \times 0.6365 = 2\,546$（元）

第二车间分摊电费 $= 3\,500 \times 0.6365 = 2\,227.75$（元）

行政部门分摊电费 $= 46\,465.5 - 636.5 - 20\,368 - 19\,095 - 2\,546 - 2\,227.25 = 1\,592.25$（元）

分配水费：

待分配总水费：$36\,000 + 1\,000 \times 0.6365 = 36\,636.5$（元）

供电车间分摊水费 $= 1\,000 \times 1.4655 = 1\,465.5$（元）

第一车间分摊水费 $= 10\,000 \times 1.4655 = 14\,655$（元）

第二车间分摊水费 $= 11\,000 \times 1.4655 = 16\,120.5$（元）

行政部门分摊水费 $= 36\,636.5 - 1\,465.5 - 14\,655 - 16\,120.5 = 4\,395.5$（元）

提示：在计算待分配供电车间总成本时，用 $45\,000 + 1\,000y$ 来计算。如果用 $73\,000x$ 来计算，分配完毕之后，账面分不干净，会有 1 元的余额。供水车间总成本分配亦如此。

根据上述数据，采用代数分配法编制辅助生产费用分配表，如表 2－12 所示。

表 2－12　辅助生产费用分配表

2019 年 5 月 31 日

项目		分配电费		分配水费		合计/元
		数量/度	金额/元	数量/立方米	金额/元	
待分配费用			45 000		36 000	
劳务供应量		73 000		25 000		
费用分配率			0. 6365		1. 4655	
受益部门	供电车间			1 000	1 465. 5	1 465. 5
	供水车间	1 000	636. 5			636. 5
	甲产品	32 000	20 368			20 368
	乙产品	30 000	19 095			19 095
	第一车间	4 000	2 546	10 000	14 655	17 201
	第二车间	3 500	2 227. 75	11 000	16 120. 5	18 348. 25
	行政部门	2 500	1 592. 25	3 000	4 395. 5	5 987. 75
合计		73 000	46 465. 5	25 000	36 636. 5	83 102

根据辅助生产费用分配表，编制会计分录如下：

借：生产成本——辅助生产成本（供电车间）　1 465. 5
　　　　　　——辅助生产成本（供水车间）　636. 5
　　　　　　——基本生产成本（甲产品）　20 368
　　　　　　——基本生产成本（乙产品）　19 095
　　制造费用——第一车间　17201
　　　　　　——第二车间　18 348. 25
　　管理费用　5 987. 75
　贷：生产成本——辅助生产成本（供电车间）　46 465. 5
　　　　　　　——辅助生产成本（供水车间）　36 636. 5

采用代数分配法，劳务费用分配结果是最为准确的，但在实际工作中，如果辅助生产车间较多，计算工作就会比较复杂，因此这种方法在已经实现电算化的企业中采用比较适宜。

（五）顺序分配法

顺序分配法，是在分配辅助生产费用时，按照各辅助生产车间受益多少的顺序排列，受益少的辅助生产车间先分配，受益多的辅助生产车间后分配，排在后的接受排在前的辅助生产车间分配转入的费用，再将其费用分配给其后的辅助生产车间和其他受益部门，依此类推，直到最后一个辅助生产车间分配结束。

顺序分配法下，按照收益由少到多的顺序，首先分受益最少的辅助生产车间，最后分受益最多的辅助生产车间。每个辅助生产车间的费用只对排在其后的辅助生产车间及其他受益部门进行分配，而不考虑排列在前面的各辅助生产车间相互耗用劳务的因素，后面的辅助生产车间费用不再对前面的辅助生产车间进行分配。后面辅助生产待分配费用的计算公式为：

后面辅助生产待分配费用 = 原辅助生产费用 + 前面辅助生产分配转入的费用

【案例2-16】 沿用案例2-12的资料。

工作任务： 采用顺序分配法进行辅助生产费用分配的账务处理。

案例分析： 采用顺序分配法，因为供水车间受益金额比供电车间受益金额少，因此供水车间先进行分配，分配的对象是所有受益部门。其次，再对供电车间辅助生产费用进行分配，分配的对象是除供水车间以外的外部受益部门。设计并填制辅助生产费用分配表，编制顺序分配法的会计分录。

案例操作：

分配水费：

水费分配率=36 000÷25 000=1.44（元/立方米）

供电车间分摊水费=1 000×1.44=1 440（元）

第一车间分摊水费=10 000×1.44=14 400（元）

第二车间分摊水费=11 000×1.44=15 840（元）

行政部门分摊水费=3 000×1.44=4 320（元）

分配电费：

电费分配率=（45 000+1 440）÷72 000=0.645（元/度）

甲产品分摊电费=32 000×0.645=20 640（元）

乙产品分摊电费=30 000×0.645=19 350（元）

第一车间分摊电费=4 000×0.645=2 580（元）

第二车间分摊电费=3 500×0.645=2 257.5（元）

行政部门分摊电费=2 500×0.645=1 612.5（元）

根据上述数据，采用顺序分配法编制辅助生产费用分配表，如表2-13所示。

表2-13 辅助生产费用分配表

2019年5月31日

项目		分配水费		分配电费		合计/元
		数量/立方米	金额/元	数量/度	金额/元	
待分配费用			36 000		46 440	
劳务供应量		25 000		72 000		
费用分配率			1.44		0.645	
受益部门	供电车间	1 000	1 440			1 440
	供水车间					
	甲产品			32 000	20 640	20 640
	乙产品			30 000	19 350	19 350
	第一车间	10 000	14 400	4 000	2 580	16 980
	第二车间	11 000	15 840	3 500	2 257.5	18 097.5
	行政部门	3 000	4 320	2 500	1 612.5	5 932.5
合计		25 000	36 000	72 000	46 440	82 440

根据辅助生产费用分配表，编制会计分录如下：

借：生产成本——辅助生产成本（供电车间）　　1 440
　　　　　　——基本生产成本（甲产品）　　20 640
　　　　　　——基本生产成本（乙产品）　　19 350
　　制造费用——第一车间　　16 980
　　　　　　——第二车间　　18 097.5
　　管理费用　　5 932.5
　贷：生产成本——辅助生产成本（供电车间）　　46 440
　　　　　　　——辅助生产成本（供水车间）　　36 000

采用顺序分配法，各种辅助生产费用只计算一次费用分配率，计算较为简便，但由于排在后面的辅助生产车间费用不再对前面的辅助生产车间进行分配，排在前面的辅助生产车间不负担排在后面的辅助生产车间的费用，所以，辅助生产车间之间只有部分交互分配，因此其分配结果的准确性会受到一定的影响。因此，顺序分配法一般适用于各辅助生产车间相互之间耗用劳务的多少有明显顺序的情况，而且应注意，按受益多少排列顺序，并不是指受益数量的多少，而是指受益金额的大小。

综上所述，直接分配法分配费用程序简便，但当各个辅助生产车间相互提供劳务量较大时，会影响费用分配的正确性，所以只能在各个辅助生产车间相互提供的劳务量较少的情况下使用；交互分配法的分配结果比直接分配法准确，但是在企业辅助生产车间较多的情况下，分配程序比较复杂，计算工作量也较大适用于辅助生产车间不多且辅助生产车间之间相互提供的产品或劳务较多的企业；计划成本分配法在计划成本比较科学、事前成本管理水平较高的情况下，能大大减少费用分配的工作量，但是如果计划单价制定与实际脱离太多，分配结果也不够准确适用于实行厂内经济核算、计划成本较为准确、管理水平较高的企业；代数分配法，从理论上讲，是分配结果最为准确的一种方法，但是在企业辅助生产车间较多的情况下，手工解多元线性方程组的难度较大，技术推广较难，当然，在计算机技术日益普及的情况下，多元线性方程组求解的速度极大提高，所以这种方法适用于已经实现电算化的企业，具有较广泛的应用前景；顺序分配法下，辅助生产费用只计算一次，计算较为简便，但辅助生产车间之间只有部分交互分配，因此其分配结果的准确性会受到一定的影响，适用于各辅助生产车间相互之间受益金额有明显差异的情况。在实际工作中，应该根据不同情况，在保证会计信息质量的前提下选择合适的分配方法，以减轻会计人员的工作量。

任务三　制造费用的核算

制造费用是产品制造成本的重要组成部分，它是企业各生产单位为制造产品和提供劳务而发生的各项组织和管理费用，包括产品制造成本中除直接材料成本和直接人工成本以外的其他一切制造成本。

一、制造费用的内容

直接材料、燃料及动力、直接人工等费用都是单一性要素费用，而制造费用属于间接费用，它的内容很广泛，大部分是间接用于产品生产的费用，简言之就是生产车间发生的各项费用，例如：车间的机物料消耗，管理及技术人员薪酬，车间固定资产折旧费、租赁费和保险费，车间照明费、取暖费、运输费、劳动保护费以及季节性停工和生产用固定资产修理期间的停工损失等。要注意的是，并不是所有在车间发生的费用都计入制造费用，车间的修理费是不计入制造费用的，而应该计入管理费用。

二、制造费用的归集

制造费用应当按照费用发生的地点开设明细账进行归集，按照费用项目开展金额分析。当生产车间发生一般性的机物料消耗，管理及辅助人员薪酬，车间固定资产折旧费、租赁费和保险费，车间照明费、取暖费、运输费、劳动保护费以及季节性停工和生产用固定资产修理期间的停工损失时，应在“制造费用”账户借方归集和汇总，贷记“原材料”“应付职工薪酬”“银行存款”“预付账款”等科目。

三、制造费用的分配及账务处理

为了正确计算产品成本，在制造费用归集汇总以后，还应该于期末将其分配给各产品成本承担。如果车间只生产一种产品，则归集的制造费用属于直接计入费用，可以直接计入该种产品成本，不存在分配；如果车间生产多种产品，则归集的制造费用属于间接计入费用，这时应采用适当的方法对制造费用进行分配，分别计入各种产品的成本。

制造费用的分配方法有很多，主要包括生产工时（实耗工时或定额工时）比例分配法、生产工人工资比例分配法、机器工时比例分配法、年度计划分配率分配法等。月末，制造费用经过分配之后，账面通常是无余额的。但季节性生产企业因为采用年度计划分配率分配法进行分配，制造费用在月末通常会有余额。

由于各车间的制造费用水平不同，生产的产品可能也不相同，因此各车间的制造费用应该在本车间内部分别进行分配，而不得将各车间的制造费用统一起来在整个企业范围内进行分配。

（一）生产工时比例分配法

生产工时比例分配法是按照各种产品所耗用的生产工时（实耗工时或定额工时）的比例分配制造费用的一种方法。计算公式如下：

制造费用分配率＝制造费用总额÷车间各种产品生产总工时

某产品应分摊的制造费用＝该产品生产工时×制造费用分配率

【案例2－17】 利民工厂2019年7月第一车间的制造费用为1 500元，第二车间的制造费用为1 000元。第一车间生产甲、乙两种产品，实际生产工时分别为260小时、240小时；第二车间只生产丙产品。

工作任务：采用生产工时比例分配法对制造费用分配结转进行账务处理。

案例分析：两个车间的制造费用应该按照各车间分别进行分配：第一车间按照生产工时将本车间的制造费用对甲、乙产品进行分配，设计并填制制造费用分配表，编制会计分录。第二车间因为只生产一种产品，所以无须分配，直接将第二车间的制造费用全部转入丙产品，编制会计分录即可。

案例操作：

第一车间制造费用分配率＝1 500÷（260＋240）＝3（元/小时）

甲产品应分摊的制造费用＝260×3＝780（元）

乙产品应分摊的制造费用 = 240 × 3 = 720（元）

根据上述数据，编制制造费用分配表，如表 2－14 所示。

表 2－14　制造费用分配表

车间：第一车间　　　　　　2019 年 7 月 31 日

产品	生产工时/小时	分配率	分配金额/元
甲产品	260	3	780
乙产品	240		720
合计	500		1 500

根据制造费用分配表，编制会计分录如下：

借：生产成本——基本生产成本（甲产品）　780
　　　　　——基本生产成本（乙产品）　720
　贷：制造费用——第一车间　1 500

第二车间制造费用直接转入丙产品的生产成本，编制会计分录如下：

借：生产成本——基本生产成本（丙产品）　1 000
　贷：制造费用——第二车间　1 000

生产工时比例法是较为常用的一种制造费用分配方法，它能将劳动生产率的高低与产品负担费用的多少联系起来，分配结果比较合理，生产工时较为均衡、机械化生产程度相差不多的企业宜采用这种方法。但是，必须组织好产品生产工时的记录和核算工作，以保证生产工时正确、可靠。

（二）生产工人工资比例分配法

生产工人工资比例分配法是以各种产品的生产工人工资的比例分配制造费用的一种方法。计算公式如下：

制造费用分配率 = 制造费用总额 ÷ 车间各产品生产工人工资总额

某产品应分摊的制造费用 = 该产品生产工人工资 × 制造费用分配率

【案例 2－18】　沿用案例 2－17 的资料，第一车间生产甲产品、乙产品的工人工资分别为 4 500 元、3 000 元。

工作任务：采用生产工人工资比例分配法对第一车间的制造费用分配结转进行账务处理。

案例分析：按照第一车间生产工人工资计算出制造费用分配率，再分别乘以甲、乙两种产品的工人工资计算出各自应分摊的制造费用。设计并填制制造费用分配表，编制会计分录。

案例操作：

制造费用分配率 = 1 500 ÷（4 500 + 3 000） = 0. 20

甲产品应分摊的制造费用 = 4 500 × 0. 20 = 900（元）

乙产品应分摊的制造费用 = 3 000 × 0. 20 = 600（元）

根据上述数据，编制制造费用分配表，如表 2－15 所示。

表 2－15　制造费用分配表

车间：第一车间　　　　　　2019 年 7 月 31 日

产品	生产工人工资/元	分配率	分配金额/元
甲产品	4 500	0.20	900
乙产品	3 000		600
合计	7 500		1 500

根据制造费用分配表，编制会计分录如下：

借：生产成本——基本生产成本（甲产品）　　900

　　　　　——基本生产成本（乙产品）　　600

　贷：制造费用——第一车间　　1 500

采用生产工人工资比例分配法，核算工作很简便，但是这种方法适用于各种产品生产机械化程度大致相同的企业，否则会影响制造费用分配的合理性。机械化程度低的产品，所用工资费用多，分配的制造费用也多；机械化程度高的产品，所用工资费用少，分配的制造费用也少，这就出现了不合理的情况。

（三）机器工时比例分配法

机器工时比例分配法是按照各种产品所用机器设备运转时间的比例分配制造费用的一种方法。计算公式如下：

制造费用分配率＝制造费用总额÷车间各种产品机器总工时

某产品应分摊的制造费用＝该产品机器工时×制造费用分配率

【案例 2－19】　沿用案例 2－17 的资料，甲、乙两种产品的机器工时分别为 350 小时、150 小时。

工作任务：采用机器工时比例分配法对第一车间的制造费用分配结转进行账务处理。

案例分析：按照机器总工时计算出制造费用分配率，再分别乘以甲、乙两种产品各自的机器工时计算出各产品应分摊的制造费用。设计并填制制造费用分配表，编制会计分录。

案例操作：

制造费用分配率＝1 500÷（350＋150）＝3（元/小时）

甲产品应分摊的制造费用＝350×3＝1 050（元）

乙产品应分摊的制造费用＝150×3＝450（元）

根据上述数据，编制制造费用分配表，如表 2－16 所示。

表 2－16　制造费用分配表

车间：第一车间　　　　　　2019 年 7 月 31 日

产品	机器工时/小时	分配率	分配金额/元
甲产品	350	3	1 050
乙产品	150		450
合计	500		1 500

根据制造费用分配表，编制会计分录如下：

借：生产成本——基本生产成本（甲产品）　　1 050

——基本生产成本（乙产品）　　450

贷：制造费用——第一车间　　1 500

该方法的计算程序、原理与生产工人工时比例分配法基本相同，适用于企业生产机械化程度较高的企业。采用这种方法，必须正确组织各种产品所耗用机器工时的记录工作，以保证生产工时的准确性。

（四）年度计划分配率分配法

年度计划分配率分配法是不论各月实际发生的制造费用多少，每月制造费用都按年初确定的年度计划分配率分配的一种方法。年度计划分配率一经确定，年度内不再变动。月末制造费用分配的计算公式如下：

年度计划分配率 = 年度制造费用计划总额 ÷ 年度各产品计划产量定额总工时

某产品当月应分摊的制造费用 = 本月该产品实际产量定额工时 × 年度计划分配率

采用这种分配方法，因为采用年度计划分配率进行分配，与制造费用每月发生的实际费用有差额，所以分配后制造费用月末通常会有借方或者贷方的余额。各月末制造费用的余额不必处理，累计到年底，"制造费用"账户如果有年末余额，就是全年制造费用实际发生额与计划分配额的差额，一般应在年末按照各产品全年按年度计划分配率分配的制造费用比例分配，调整计入12月的各产品成本，借记"生产成本——基本生产成本"科目，贷记"制造费用"科目。如果实际发生额大于计划分配额，用蓝字补记；如果实际发生额小于计划分配额，用红字冲减。调整后，"制造费用"账户年末无余额。年末差异调整的相关计算公式如下：

差异分配率 = 全年累计差异额 ÷ 全年各产品按年度计划分配率分配的制造费用总额

某产品应分摊的差异额 = 该产品全年按计划分配率分配的制造费用 × 差异分配率

【案例2-20】　利民工厂为季节性生产企业，生产甲、乙、丙3种产品，2018年制造费用计划总成本为935 000元，单件产品定额工时分别为20小时、10小时、40小时，年计划产量分别是2 200件、3 800件、2 200件。12月份生产产量分别是200件、300件、200件，本月实际发生制造费用为78 000元，1—11月制造费用借方累计发生858 000元，贷方累计分配860 000元（其中甲、乙、丙产品各自分摊240 000元、190 000元、430 000元），余额为贷方2 000元。

工作任务：采用年度计划分配率分配法对12月份制造费用分配和年终差异调整进行账务处理。

案例分析：首先分配12月份的制造费用：计算出年度计划分配率，分别乘以甲、乙、丙产品12月份各自的定额工时计算出各产品12月份应分摊的制造费用，设计并填制制造费用分配表，编制会计分录。然后进行年末制造费用差异额调整：计算出差异分配率，分别乘以甲、乙、丙产品全年已分配的制造费用计划成本，计算出各产品应分摊的制造费用差异额，设计并填制制造费用差异分配表，编制会计分录。

案例操作：

（1）分配12月份制造费用。

甲产品年度计划产量定额工时 = 2 200 × 20 = 44 000（小时）

乙产品年度计划产量定额工时 = 3 800 × 10 = 38 000（小时）

丙产品年度计划产量定额工时 = 2 200 × 40 = 88 000（小时）

年度计划分配率 = 935 000 ÷（44 000 + 38 000 + 88 000）= 5.5（元/小时）

12 月甲产品的定额工时 = 200 × 20 = 4 000（小时）
12 月乙产品的定额工时 = 300 × 10 = 3 000（小时）
12 月丙产品的定额工时 = 200 × 40 = 8 000（小时）
12 月甲产品分摊的制造费用 = 4 000 × 5.5 = 22 000（元）
12 月乙产品分摊的制造费用 = 3 000 × 5.5 = 16 500（元）
12 月丙产品分摊的制造费用 = 8 000 × 5.5 = 44 000（元）
根据上述数据，编制制造费用分配表，如表 2－17 所示。

表 2－17 制造费用分配表

车间：基本生产车间　　　　2018 年 12 月 31 日

产品	定额工时/小时	分配率	分配金额/元
甲产品	4 000	5.5	22 000
乙产品	3 000		16 500
丙产品	8 000		44 000
合计	15 000		82 500

根据制造费用分配表，编制会计分录如下：
借：生产成本——基本生产成本（甲产品）　　22 000
　　　　　　——基本生产成本（乙产品）　　16 500
　　　　　　——基本生产成本（丙产品）　　44 000
　贷：制造费用——基本生产车间　　　　　　82 500

（2）调整年末制造费用差异。
甲产品年度已分摊的制造费用 = 240 000 + 22 000 = 262 000（元）
乙产品年度已分摊的制造费用 = 190 000 + 16 500 = 206 500（元）
丙产品年度已分摊的制造费用 = 430 000 + 44 000 = 474 000（元）
年度差异额 = －2 000 + 78 000 － 82 500 = －6 500（元）
差异分配率 =（－6 500）÷（262 000 + 206 500 + 474 000）≈ －0.006 9
甲产品应分摊的差异 = 262 000 ×（－0.006 9）= －1 807.8（元）
乙产品应分摊的差异 = 206 500 ×（－0.006 9）= －1 424.85（元）
丙产品应分摊的差异 = －6 500 －（－1 807.8 － 1 424.85）= －3 267.35（元）
根据上述数据，编制制造费用差异分配表，如表 2－18 所示。

表 2－18 制造费用差异分配表

车间：基本生产车间　　　　2018 年 12 月 31 日

产品	年度分摊制造费用/元	分配率	分配金额/元
甲产品	262 000	－0.006 9	1 807.80
乙产品	206 500		1 424.85
丙产品	474 000		3 267.35
合计	942 5000		6 500

根据制造费用差异分配表，编制会计分录如下：

借：生产成本——基本生产成本（甲产品）　　1 807.80

——基本生产成本（乙产品）　　1 424.85

——基本生产成本（丙产品）　　3 267.35

贷：制造费用——基本生产车间　　6 500

按年度计划分配率分配制造费用，核算工作较为简便，也有利于产品成本和制造费用的控制。但是，采用这种分配方法，必须有较高的计划管理工作水平，年度计划分配率的确定必须接近实际。如果年度制造费用计划总额与实际相差较大，会影响成本计算的准确性。季节性生产的企业常用此种方法进行制造费用的分配。因为在这种生产企业中，每月发生的制造费用相差不多，但生产的淡季和旺季产量相差悬殊，如果按实际费用进行分配，各月单位成本中的制造费用就会忽高忽低，不利于成本分析与考核，而按年度计划分配率分配制造费用，有利于均衡各月的产品成本水平。

知识拓展

制造费用与制造成本的区别

制造费用指的是工业企业车间发生的为生产产品和提供劳务而发生的各项间接费用，包括车间发生的水电费、折旧费、机物料消耗、管理人员和技术人员的薪酬、劳保费等。制造费用不是直接用于产品生产的费用，但最终应该计入产品成本。

制造成本又称为生产成本，包括产品生产的直接费用和期末转入的间接费用。

任务四　生产损失费用的核算

生产损失费用是指在生产过程中发生的不能正常产出的各种耗费。通常情况下，可将其归为4类：一是生产损耗，二是生产废料，三是废品损失，四是停工损失。这4类中的前两类在成本计算时已经进行了考虑，有的被计入产品成本，有的变卖或作价入库成为收入。因此，真正属于成本核算中的生产损失主要是指废品损失和停工损失，生产损失产生的原因有原材料和半成品不符合要求、工人操作违规失误、机器设备故障等。

一、废品损失的核算

废品损失是指生产过程中产生的各种废品所形成的报废损失和修复费用。生产过程中产生的废品是指生产操作失误或者材料半成品不合格等原因，造成不符合规定的技术标准、不能按原定用途使用，或需要经加工修理才能使用的在产品、半成品或产成品。废品包括在生产过程中发现的不合格在产品，入库时发现的不合格半成品或完工产品等，按照是否可以修复可分为不可修复废品和可修复废品两种。不可修复废品是指不能修复，或者所花费的修复费用在经济上不合算的废品。可修复废品是指经过修理可以使用，而且所花费的修复费用在经济上合算的废品。

废品的报废损失，是指不可修复废品的生产成本扣除残料价值后的损失；修复费用则指可修复废品在返修过程中所发生的修理费用。要注意：对于无须返修而降价出售的不合格品的降价损失、产品入库后因管理不善而损坏变质的损失以及实行“三包”（包退、包修、包换）制度，在产品出售以后发现的废品所发生的一切损失，均不包括在废品损失内，而应计入管理费用。

为了单独核算废品损失，在会计科目中应设置“废品损失”账户，在成本计算单和生产成本明细账中设置“废品损失”成本项目。“废品损失”账户的借方登记不可修复废品的生产成本和可修复废品的修复费用；贷方登记废品残料回收的价值、有关赔偿的数额和分配转出的废品净损失，结转完毕后该账户月末没有余额。废品损失应按生产车间设置相应明细账，一般情况下，辅助生产车间不单独核算废品损失，不设置废品损失明细账。

（一）不可修复废品损失的核算

确定不可修复废品损失，必须首先确定已经发生的废品的生产成本，先将已发生的废品当时生产所花的成本从生产成本中转出来，再将残值和相关责任人的赔偿从废品成本中扣除，计算出不可修复废品的净损失，再将其转入生产成本。总之，废品损失的处理大致可以分为3步：第一步，转出废品损失；第二步，冲减残料赔款收入；第三步，结转废品损失。

不可修复废品的净损失，应等于当期生产费用中剥离出废品的已耗成本扣除残值和相关责任人赔款后的余额。其中，不可修复废品的已耗成本的常用计算方法有实际成本法和定额成本法两种。

1. 实际成本法

采用这一方法，就是在废品报废时根据废品和合格品发生的全部实际费用，采用一定的分配方法，在合格品与废品之间进行分配，计算出废品的实际成本，从“生产成本——基本生产成本”科目的贷方转入“废品损失”科目的借方。

【案例2－21】 利民工厂2019年7月第一车间生产甲产品200件，完工质检过程中发现其中有20件为不可修复废品。甲产品发生的生产费用为：材料费用8 400元、人工费用3 120元、制造费用1 560元，合计13 080元。原材料是在生产开始时一次投入的，按数量分配；人工费用和制造费用按生产工时分配，生产工时共260小时，其中合格品240小时、废品20小时。废品回收的残料计价250元，应收过失人赔款100元。

工作任务：按实际成本法计算不可修复废品的实际生产成本，并作出废品损失核算的相关账务处理。

案例分析：本案例给出了甲产品的总生产费用，分别采用数量比例分配直接材料费用、生产工时比例分配人工费用和制造费用，计算出废品应承担的实际成本，从生产成本中转出。冲减残料回收和责任人赔偿，剩余的废品净损失重新计入生产成本。设计并填制不可修复废品损失计算表，编制会计分录。

案例操作：

材料费用分配率＝8 400÷200＝42（元/件）

废品分摊的材料费用＝20×42＝840（元）

人工费用分配率＝3 120÷260＝12（元/小时）

废品分摊的人工费用＝20×12＝240（元）

制造费用分配率＝1 560÷260＝6（元/小时）

废品分摊的制造费用＝20×6＝120（元）

废品净损失 = 840 + 240 + 120 - 250 - 100 = 850（元）

根据上述数据，编制不可修复废品损失计算表，如表 2-19 所示。

表 2-19　不可修复废品损失计算表

车间：第一车间　　　　完工数量：200 件　　　　废品数量：20 件

产品名称：甲产品　　　　2019 年 7 月 31 日　　　　单位：元

项目	直接材料	直接人工	制造费用	合计
生产总成本	8 400	3 120	1 560	13 080
分配标准	200	260	260	—
费用分配率	42	12	6	—
废品生产成本	840	240	120	1 200
冲减损失	250	100		350
净损失	590	140	120	850

根据不可修复废品损失计算表，编制会计分录如下：

（1）将废品生产成本从甲产品的生产成本中转出。

借：废品损失——第一车间（甲产品）　　1 200

　　贷：生产成本——基本生产成本（甲产品）　　1 200

（2）冲减残料和赔款收入。

①回收残料价值。

借：原材料　　250

　　贷：废品损失——第一车间（甲产品）　　250

②应收过失人赔款。

借：其他应收款　　100

　　贷：废品损失——第一车间（甲产品）　　100

（3）将废品净损失转入甲产品的生产成本。

借：生产成本——基本生产成本（甲产品）　　850

　　贷：废品损失——第一车间（甲产品）　　850

按废品的实际生产成本计算废品损失，虽然符合实际，但核算工作量较大。为了简化核算，定额比较健全的企业通常按定额成本计算废品损失。

2. 定额成本法

这种方法是将不可修复废品按照定额费用计算其成本，再将废品的定额成本扣除残料的回收价值，即废品损失，不考虑实际发生的费用。

【案例 2-22】　利民工厂 2019 年 7 月对完工产品质检时，发现第一车间生产的 A 产品有 15 件为不可修复废品，残料回收价值为 150 元，A 产品每件定额成本为：直接材料 350 元、直接人工 8 元、制造费用 4 元。

工作任务：按定额成本法计算不可修复废品的实际生产成本，并进行废品损失核算的相关账务处理。

案例分析：先按照定额单价和废品数量计算废品损失，从生产成本中转出。冲减残料回收价值，剩余的废品净损失重新计入生产成本。设计并填制不可修复废品损失计算表，编制会计分录。

案例操作：

废品分摊的材料费用 =350×15 =5 250（元）

废品分摊的人工费用 =8×15 =120（元）

废品分摊的制造费用 =4×15 =60（元）

废品净损失 =5 250 +120 +60 −150 =5 280（元）

根据上述数据，编制不可修复废品损失计算表，如表2－20 所示。

表2－20　不可修复废品损失计算表

车间：第一车间　　　　废品数量：15 件

产品名称：A 产品　　　　2019 年7 月31 日　　　　单位：元

项目	直接材料	直接人工	制造费用	合计
单位定额成本	350	8	4	362
废品总定额成本	5 250	120	60	5 430
冲减损失	150			150
净损失	5 100	120	60	5 280

根据不可修复废品损失计算表，编制会计分录如下：

（1）将废品生产成本从A 产品的生产成本中转出。

借：废品损失——第一车间（A 产品）　　5 430

　贷：生产成本——基本生产成本（A 产品）　　5 430

（2）回收残料价值。

借：原材料　　150

　贷：废品损失——第一车间（A 产品）　　150

（3）将废品净损失转入甲产品的生产成本。

借：生产成本——基本生产成本（A 产品）　　5 280

　贷：废品损失——第一车间（A 产品）　　5 280

采用定额成本法计算废品成本，废品损失只受废品数量的影响，不受实际费用水平的影响，方法简便、计算及时，有利于分析和考核废品损失，也便于产品成本的分析考核。此方法只能用于定额成本资料较完善、准确的企业。

（二）可修复废品损失的核算

可修复废品损失是指在废品修复过程中所发生的修复费用，包括为修复废品所耗用的直接材料、直接人工、制造费用等。可修复废品发生的各种修复费用，应归集在“废品损失”账户的借方。如有残值回收和应收赔偿款，应抵减废品成本，分别根据废料交库单和有关结算凭证，将残料价值由“废品损失”账户的贷方转入“原材料”账户的借方，将应收赔偿款由“废品损失”账户的贷方转入“其他应收款”账户的借方。最后，将废品净损失（即修复费用减去残值和赔偿款的差额）由“废品损失”账户的贷方转入“生产成本——基本生产成本”账户借方的“废品损失”成本项目。

【案例2－23】　2019 年7 月，利民工厂第一车间生产的甲产品中有5 件可修复废品，修复废品共耗用材料费用750元、人工费用350元，应分摊制造费用160元；查明原因后，应由责任人赔偿300元。

工作任务：计算可修复废品的损失，并编制可修复废品损失核算的会计分录。

案例分析：归集可修复废品的材料、人工以及分摊的制造费用，计算可修复废品的损失，再冲减残料回收价值和责任人赔偿，剩余的废品净损失计入生产成本。设计并填制可修复废品损失计算表，编制会计分录。

案例操作：

可修复废品损失 = 750 + 350 + 160 = 1 260（元）

可修复废品净损失 = 1 260 − 300 = 960（元）

根据上述数据，编制可修复废品损失计算表，如表2－21所示。

表2－21　可修复废品损失计算表

车间：第一车间　　　产品名称：甲产品　　　2019年7月31日　　　单位：元

项目	直接材料	直接人工	制造费用	合计
修复费用	750	350	160	1 260
冲减损失		300		300
净损失	750	50	160	960

根据可修复废品损失计算表，编制会计分录如下：

（1）计算可修复废品耗费的修复费用。

借：废品损失——第一车间（甲产品）　　1 260

　贷：原材料　　750

　　应付职工薪酬　　350

　　制造费用——第一车间　　160

（2）冲减应收责任人赔款。

借：其他应收款　　300

　贷：废品损失——第一车间（甲产品）　　300

（3）结转净损失。

借：生产成本——基本生产成本（甲产品）　　960

　贷：废品损失——第一车间（甲产品）　　960

知识拓展

废品损失的审核

结转后的废品净损失会计入产品成本，因此，对废品损失的审核关系到产品成本的计算。在审核过程中应该注意：

（1）审核废品损失的业务是否真实；

（2）审核企业有无任意扩大废品损失范畴。

二、停工损失的核算

停工损失是指企业或生产车间、班组在停工期间（非季节性停工期间）发生的各项费用，包括停工期间支付的直接人工和应分摊的制造费用。为了简化核算，不满一天的停工，一般可以不计算停工损失。停工可分为计划内停工和计划外停工，计划内停工是计划规定的停工，计划外停工则是由各种事故意外造成的。造成企业停工的原因是多种多样的，如机械设备修理、停电、材料半成品供应不到位、生产任务下达不及时、机械故障、发生非常灾害以及计划减产等，都可能引起停工。

企业应当设置“停工损失”账户，进行停工损失的核算。该账户借方登记各项停工损失，贷方登记应索赔的损失和分配结转的净损失。结转时，多数停工损失应由开工生产的产品承担，计入产品生产成本；但自然灾害造成的停工损失应计入营业外支出。结转完毕之后，“停工损失”账户应无余额。需要注意的是，季节性停工、机械设备修理停工属于正常停工费用，应直接计入“制造费用”账户，不通过“停工损失”账户核算。

企业发生停工时，应由生产车间填制停工通知单，注明停工范围、停工时间、停工原因、经济责任单位或个人等事项，并报经有关部门和人员审批。财务部门根据审核签章后的停工通知单核算停工损失。

企业单独核算停工损失的，发生停工损失时，借记“停工损失——某车间”，贷记“原材料”“应付职工薪酬”“制造费用”等账户。查明原因转销损失时，应由相关人员赔偿的部分，借记“其他应收款”，贷记“停工损失——某车间”；属于非常损失引起的停工损失，借记“营业外支出”，贷记“停工损失——某车间”；属于其他原因引起的停工损失，借记“生产成本—基本生产成本（某产品）”，贷记“停工损失——某车间”。

企业不单独核算停工损失的，发生停工损失时，直接借记“制造费用”“营业外支出”“其他应收款”等账户，贷记“原材料”“应付职工薪酬”等账户。

【案例 2－24】 某企业由于外部供电线路原因停工两天，第一车间正在生产的 X 产品发生停工损失 4 000 元，其中材料费用 1 200 元、人工费用 1 800 元，应分摊的制造费用为 1 000 元。查明原因后，应由责任部门赔偿 1 500 元。

工作任务：编制停工损失核算的会计分录。

案例分析：先将停工期间的损失计入“停工损失”账户，然后冲减责任部门赔偿金，将计算出的净损失转入“生产成本”账户。

案例操作：

（1）发生损失时，记入“停工损失”账户。

借：停工损失——第一车间（X 产品）	4 000	
贷：原材料		1 200
应付职工薪酬		1 800
制造费用		1 000

（2）冲减责任部门赔偿。

借：其他应收款	1 500	
贷：停工损失——第一车间（X 产品）		1 500

（3）结转停工净损失。

停工净损失 =4 000 - 1 500 =2 500（元）

借：生产成本——基本生产成本（X 产品）　　2 500

　贷：停工损失——第一车间（X 产品）　　2 500

任务五　生产费用在完工产品和在产品之间的分配

到期末，加工完成的产品要验收入库、结转成本，这就需要把之前累计的生产费用在完工产品和在产品之间进行分配，分别计算出在产品成本和完工产品成本，并将完工产品的成本结转到库存商品中。在计算完工产品和在产品成本时，通常先计算出在产品成本，完工产品的成本用累计的生产费用扣除期末在产品成本即可。由此可见，生产费用在完工产品和在产品之间的分配过程，主要是在产品成本的计算过程。

一、在产品与完工产品的关系

要进行在产品成本的核算，首先要明确哪些属于在产品，哪些属于完工产品。企业的在产品是指企业已经投入生产，但没有完成全部生产过程，不能作为商品销售的产品。在产品有广义和狭义之分。广义的在产品是就整个生产流程来说的，指产品生产从投料开始，到最终制成产成品验收入库前的一切产品，包括正在车间加工的在产品；已经完成一个或几个加工步骤，但还需要继续加工的半成品；未经装配和未经验收入库的产品；返修的废品等。但应注意，不可修复废品应当及时报废，已领未用的原材料应当办理退料手续，这些都不应列入在产品。对外销售的自制半成品属于商品产品，验收入库后也不应列入在产品，应单独作为自制半成品管理。此时，与之相对应的完工产品应该是狭义的，是完成了所有加工步骤，并且完成了验收手续的产成品。狭义的在产品是就某一个生产步骤或某一车间来说，仅包括尚在本步骤加工中的那部分在制品和车间已完工但尚未转出的产品。而此时与之相对应的完工产品就应该是广义的，是除了狭义的在产品以外的产品，既包括完成了所有加工步骤并且完成了验收手续的产成品，又包括完成了一个或几个步骤的半成品等。本项目所讨论的是狭义的在产品。任何产品的生产，都要经历在产品的过程。除了简单的单步骤生产以外，企业在连续生产产品的每一个时点上，都会存在正处于加工过程中的在产品。在产品同样消耗了一定的材料费用、人工费用，同样要承担相应的制造费用。因此，某种产品累计的生产费用应当在本期完工产品与期末在产品之间进行分配。两者之间的关系如下：

期初在产品成本 + 本期生产费用 = 累计生产费用 = 本期完工产品成本 + 期末在产品成本

本期完工产品成本 = 期初在产品成本 + 本期生产费用 - 期末在产品成本

上述关系式中的期初在产品成本就是上一期期末的在产品成本，是已知的；本期生产费用通过之前费用的分配与归集也可以得到确定，也是已知的，因此，只要确定期末在产品成本，就能计算出本期完工产品成本。由于产品成本通常在月末进行计算，因此，期末在产品通常指月末在产品，期初在产品通常指月初在产品。

二、在产品数量的核算

要确定期末在产品成本，必须先确定期末在产品的数量。对在产品数量进行核算的方法一般有两种：一是账面数量，通过设置在产品台账，进行台账记录，反映在产品的账面结存数量；二是实物数量，通过实地盘点方式确定月末在产品实际结存数量。在实际工作中，往往将两种方法结合使用，通过在产品台账反映在产品的账面结存数量，通过实地盘点确定在产品的实际结存数量，两者进行核对，其差额表现为在产品的盘盈或盘亏的数量。在产品台账应分单位、步骤（或工序），按品种或零部件名称设置，根据领料单、入库单等原始凭证进行登记，其格式如表2－22所示。

表2－22　在产品台账

车间：　　工序：　　在产品名称：　　单位：

日期	凭证号	摘要	收入数量	转出数量		结存数量			备注
				合格品	废品	已完工	未完工	废品	

为了核实在产品的数量，必须做好在产品的清查工作。对于清查的结果应编制在产品盘点盈亏报告表，并将清查结果与在产品台账核对，理应账实相符。如果账实不符，应查明原因并及时进行处理。

在产品盘盈时，按计划成本或定额成本借记“生产成本——基本生产成本”科目，贷记“待处理财产损溢”科目。按照规定核销时，则借记“待处理财产损溢”科目，贷记“管理费用”科目，冲减管理费用。

在产品盘亏和毁损时，应借记“待处理财产损溢”科目，贷记“生产成本——基本生产成本”科目。按规定核销时，应根据不同情况分别将损失从“待处理财产损溢”科目转出，记入有关科目的借方。其中，残料入库，借记“原材料”科目，应收保险公司或责任人赔款部分转入“其他应收款”科目，剩余的如果是正常情况的损失，转入“管理费用”科目；如果是非常原因如自然灾害造成的损失，转入“营业外支出”科目。如果在产品的盘亏是由于没有及时办理领用手续，或某种产品的零部件为另一种产品挪用，则应补办手续，及时转账更正。为了正确归集和分配制造费用，在产品盘亏、盘盈的账务处理应在制造费用分配前进行。

三、在产品成本的核算

在产品成本计算的过程，就是生产费用在本期完工产品与期末在产品之间进行分配的过程。企业在生产过程中发生的应计入本期各种产品成本的生产费用，在各种产品之间进行归集和分配后，都已经集中在“生产成本——基本生产成本”账户中。将期初在产品成本加上本期生产费用汇总，然后将其在本期完工产品与期末在产品之间进行分配，计算出本期产成品成本。如果期末没有在产品，计入该种产品成本的全部生产费用，就全部是本期完工产品成本；如果期末没有完工产品，计入该种产品成本的全部生产费用，就全部是期末在产品成本；如果既有完工产品，又有在产品，就需要采用适当的分配方法，在本期完工产品和期末在产品之间进行分配，分别计算出本期完工产品成本和期末在产品成本。计算公式如下：

期初在产品成本＋本期生产费用＝累计生产费用

＝本期完工产品成本＋期末在产品成本

本期完工产品成本＝期初在产品成本＋本期生产费用－期末在产品成本

本期完工产品单位成本 = 本期完工产品成本 ÷ 本期完工产品数量

如何合理、简便地在完工产品和期末在产品之间分配费用，是成本计算工作中一个既重要又复杂的问题。企业应根据在产品数量的多少、各月在产品数量变化的大小、各项费用比重的大小以及定额管理基础的好坏等具体情况区别处理，选择既合理又简便的计算在产品成本的方法。由于各个制造业企业的生产规模、工艺流程、成本构成、管理水平、核算要求各不相同，期末在产品的数量也有多有少，因此，在产品成本的确定方法也比较多。目前常用的在产品成本计算方法有：不计在产品成本法、在产品按年初固定数计算法、在产品按原材料费用计价法、在产品按完工产品计价法、约当产量法、按定额成本计算在产品成本法和定额比例法。企业可以根据实际情况选择使用，在产品成本计算方法一经确定，不得随意变更，以保证产品成本资料的可比性。

1. *不计在产品成本法*

不计在产品成本法，又称在产品不计价法，是指虽然月末有结存在产品，但因为月末在产品数量少、价值低，因此对月末在产品成本忽略不计的一种分配方法。也就是说，在这种方法下，月初和月末在产品成本都按零计算。

它的特点是有月末在产品，但不计算其应负担的生产费用。这种方法适用于月末在产品数量很少，且各月在产品数量比较稳定的情况，即使不计算其成本，对完工产品成本的影响也可忽略不计。因为期初和期末的在产品成本都是零，所以可以得到下列公式：

本期完工产品成本 = 本期生产费用。

2. *在产品按年初数固定计算法*

在产品按年初固定数计算法，是指对各月末在产品均按年初在产品成本计价的一种方法。也就是说，在这种方法下，月初和月末在产品成本都按固定的常数计算。采用这种方法是因为各月月初、月末在产品成本差额不大，算不算各月在产品成本，对计算完工产品成本的影响不大，基于简化核算的考虑，同时为了反映在产品占用的资金，各月在产品成本按年初数固定计算。

它的特点是每年只在年末重新核算 12 月末的在产品成本，不论之后的一年在产品的数量是否发生变化，都将之作为次年的 1—11 月月初和月末在产品的成本。这种方法适用于各月月末在产品结存数量少，或者虽然在产品结存数量较多，但各月月末在产品数量稳定、起伏不大的产品。采用这种方法的条件是各月的在产品数量是基本均衡的，单位产品成本变化较小，按固定成本作为月末在产品成本对完工产品成本计算的正确性影响不大。因为月初和月末的在产品成本相等，所以可以得到下列公式：

本期完工产品成本 = 本期生产费用。

需要注意的是，12 月份的月初和月末在产品成本不一致，12 月初在产品成本沿用的是去年年末计算的在产品成本，而 12 月末需要重新计算在产品成本，所以 12 月份的计算公式仍然采用：

本期完工产品成本 = 期初在产品成本 + 本期生产费用 − 期末在产品成本

3. *在产品按原材料费用计价法*

在产品按原材料费用计价法，是指月末在产品只计算所耗用的原材料费用，不计算人工费用和制造费用等加工费用，产品的加工费用全部由完工产品负担的一种方法。也就是说，在这种方法下，在产品成本只有材料费用，人工费用和制造费用都是零。

这种方法适用于在产品的成本构成中，材料费用占绝大比重，不计算在产品应负担的人工费用与制造费用，对正确计算完工产品成本影响不大的情况。计算公式为：

期初在产品材料费用 + 本期生产费用 = 本期完工产品成本 + 期末在产品材料费用

【案例 2-25】 某企业月初在产品原材料费用为 3 000 元，本月发生材料费用为 7 800 元，人工费用为 2 100 元，制造费用为 580 元，本月完工产品为 500 件，月末在产品为 220 件，原材料在生产开始时一次投入。

工作任务：采用在产品成本按原材料费用计价法计算在产品成本和完工产品成本。

案例分析：在产品成本只计算材料费用，因此将本月所耗用的材料费用在完工产品和在产品之间进行分配即可，人工费用和制造费用全部计入完工产品成本。

案例操作：

材料费用分配率 =（3 000 +7 800）÷（500 +220）=15（元/件）

月末在产品成本 =220 ×15 =3 300（元）

本月完工产品成本 =3 000 +7 800 −3 300 +2 100 +580 =10 180（元）

本月完工产品单位成本 =10 180 ÷500 =20.36（元）

4. 在产品按完工产品计价法

在产品按完工产品计价法是指将在产品视同完工产品，同样计价，按在产品数量和完工产品数量平分同样的生产费用。

该方法的特点是将在产品视同完工产品分配生产费用。它适用于在产品已接近完工，只是尚未包装或尚未验收入库的产品。因为这种情况下的在产品已基本加工完毕或已加工完毕，在产品成本也就已经接近或等于完工产品成本，为了简化产品成本计算工作，可以把在产品视同完工产品，按两者的数量比例分配各项费用。

【案例 2-26】 某企业产品期初在产品材料费用为 6 000 元，人工费用为 3 600 元，制造费用为3 000 元，本月生产耗费材料费用 15 000 元、人工费用 6 000 元、制造费用 2 400 元。本月完工产品为 1 000 件，月末在产品 500 件接近完工或已完工但未验收入库。

工作任务：采用在产品按完工产品计价法计算在产品成本和完工产品成本。

案例分析：因为在产品接近完工，故为了简化核算，直接把在产品数量和完工产品数量相加，按产品总量平摊生产费用即可。先算出各成本项目的分配率，再计算分配额。

案例操作：

材料费用分配率 =（6 000 +15 000）÷（1 000 +500）=14（元/件）

人工费用分配率 =（3 600 +6 000）÷（1 000 +500）=6.4（元/件）

制造费用分配率 =（3 000 +2 400）÷（1 000 +500）=3.6（元/件）

月末在产品材料费用 =500 ×14 =7 000（元）

月末在产品人工费用 =500 ×6.4 =3 200（元）

月末在产品制造费用 =500 ×3.6 =1 800（元）

月末在产品成本 =7 000 +3 200 +1 800 =12 000（元）

月末完工产品材料费用 =1 000 ×14 =14 000（元）

月末完工产品人工费用 =1 000 ×6.4 =6 400（元）

月末完工产品制造费用 =1 000 ×3.6 =3 600（元）

本月完工产品成本 =14 000 +6 400 +3 600 =24 000（元）

5. 约当产量法

约当产量法，是指在产品数量按其完工程度折算为相当于完工产品数量，然后与完工产品共同分摊费用的一种方法。

它的特点是先把月末在产品数量按材料消耗比例或完工程度折合成完工产品数量，再将归集的生产费用在月末在产品约当产量和完工产品产量之间进行分配，分别确定其成本。这种方法适用于期末在产品数量较多，各月月末的在产品数量变化较大，产品中各个成本项目所占比重相差不大的产品。

在多数情况下，企业产品加工情况不确定，完工程度不均匀，为了使完工产品和在产品之间的费用分配更加公平合理，采用约当产量法。约当产量法的本质就是将在产品折算为相当于完工产品的数量，从而和完工产品以平等的身份进行分配。

1）约当产量的计算

在折算约当产量的过程中，材料的投入和产品的加工情况千差万别，大多数情况下人工费用和制造费用的发生与产品的生产加工进度同步，而原材料的投料方式不一定与产品的完工程度同步，因此采用约当产量法计算约当产量时，要对材料费用与其他生产费用分别加以计算。

（1）材料费用项目的约当产量计算。

材料费用的完工程度，即投料程度，也称投料率。月末在产品应负担的材料费用与投料程度密切相关。在产品的投料程度，是指在产品已投入的直接材料费用（或数量）占完工产品应投入的直接材料费用（或数量）的比重。由于各种产品的生产工艺过程不同，直接材料投入的情况主要有 3 种：一是生产开始时一次性投入全部所需材料；二是材料分次在各个工序生产开始时投入；三是材料于每道工序中陆续投入。针对不同的投料方式，月末在产品约当产量的计算方式也有所区别。相关计算公式如下：

$$\text{某工序期末在产品约当产量} = \text{该工序在产品数量} \times \text{截止到该工序的投料率}$$

$$\text{某工序期末在产品投料率} = \text{在产品迄今为止累计已投材料数量} \div \text{应投材料总数量} \times 100\%$$

$$\text{期末在产品约当产量} = \sum \text{各工序期末在产品约当产量}$$

上面投料率的公式也可以用投料额计算确定，与根据投料数量计算投料率的公式同理。

①生产开始时一次性投入全部所需材料。

生产开始时一次性投入全部所需材料，在这种投料方式下不论是完工产品还是在产品，全部材料都已投放完毕，投料率开始时即达到 100%，所以在产品应负担的材料费用与完工产品应负担的材料费用完全相同。此时，月末在产品约当产量等于月末在产品实际数量。

【案例 2-27】 利民工厂某车间生产甲产品，单件材料定额为 1 000 元，材料在生产开始时一次性投入。月末第一道工序在产品为 25 件，第二道工序在产品为 22 件，第三道工序在产品为 23 件。

工作任务：计算月末在产品约当产量。

案例分析：因为材料在生产开始时一次性投放，因此每道工序的在产品投料率都是 100%。

案例操作：

在产品约当产量 = (25 + 22 + 23) × 100% = 70(件)

②材料分次在各个工序生产开始时投入

材料按工序数量分次投入，在每道工序开始时投入本工序所需的全部材料，在这种情况下，每道工序的月末在产品应负担的材料费用为截止到该工序的累计投料额，月末在产品可按投料比例折合为约当产量。投料率计算公式如下：

某工序期末在产品投料率 =（前面工序累计投料额 + 本工序投料额）÷该产品应投料额 ×100%

【案例 2－28】 利民工厂某车间生产乙产品需经过3道工序，每道工序所需材料均在工序生产开始时投入，单位产品材料定额为500元，在每道工序的投料定额分别为第一道工序300元、第二道工序150元、第三道工序50元。各工序的月末在产品数量分别是200件、160件和100件。

工作任务：计算月末在产品约当产量。

案例分析：每道工序所需材料在生产开始时投入，则在计算约当产量时需要分工序计算。先算出每道工序在产品的投料率，然后根据本工序的投料率和本工序的在产品实际数量算出本工序在产品的约当产量，最后把3道工序在产品的约当产量汇总即可。

案例操作：

第一道工序投料率 = 300 ÷ 500 = 60%

第二道工序投料率 =（300 + 150）÷ 500 = 90%

第三道工序投料率 = 500 ÷ 500 = 100%

第一道工序在产品约当产量 = 200 × 60% = 120（件）

第二道工序在产品约当产量 = 160 × 90% = 144（件）

第三道工序在产品约当产量 = 100 × 100% = 100（件）

在产品约当产量 = 120 + 144 + 100 = 364（件）

需要注意的是，在计算投料率的时候，计算的是迄今为止累计已投的材料占应投总材料的比重，而不是本工序投入的材料占应投总材料的比重。各工序的投料率是不断增长的，第二道工序的投料率比第一道工序的投料率高，第三道工序的投料率比第二道工序的投料率高。

③材料于每道工序生产开始以后陆续投入

在生产过程中按生产进度陆续投入材料，各道工序所需的材料不是一次投入，而是在本工序内陆续分次投入。在计算某工序在产品时，因为材料在本工序内是陆续投入的，可能有的在产品本工序所需要的材料已投入完，而有的在产品材料可能没有投入完，如果没有特殊说明，假设投料是均衡的，取平均值，在计算本工序在产品投料的时候，本工序的材料都按投入50%计算。因此，各工序在产品的材料耗用额（数量）应由前面各工序累计材料定额加本道工序材料定额的50%构成，并据以计算各工序月末在产品的约当产量。投料率计算公式如下：

某工序期末在产品投料率 =（前面工序累计投料额 + 本工序投料额 ×50%）÷该产品应投料总额 ×100%

【案例 2－29】 沿用案例2－28，假定乙产品所耗材料是在每道工序中陆续均衡投入的。

工作任务：计算月末在产品约当产量。

案例分析：本案例中，原材料是在每道工序中均衡投入的，所以某工序月末在产品投料率应该用“（前面工序累计投料额 + 本工序投料额 ×50%）÷该产品应投料额 ×100%”来计算，再依次用各工序的投料率和本工序的在产品实际数量算出本工序在产品的约当产量，最后把 3 道工序在产品的约当产量汇总。

案例操作：

第一道工序投料率 =（300 ×50%）÷500 =30%

第二道工序投料率 =（300 +150 ×50%）÷500 =75%

第三道工序投料率 =（300 +150 +50 ×50%）÷500 =95%

第一道工序在产品约当产量 =200 ×30% =60（件）

第二道工序在产品约当产量 =160 ×75% =120（件）

第三道工序在产品约当产量 =100 ×95% =95（件）

在产品约当产量 =60 +120 +95 =275（件）

（2）加工费用项目（人工费用、制造费用）的约当产量计算。

在产品的加工费用，主要是指月末在产品应负担的人工费用与制造费用，其与产品的完工程度相关。完工程度，是指在产品已完成的工时占生产该产品所需全部工时的比重。对于加工费用来说，在产品只要本工序没有完工，本工序的加工工时就没有完成。在计算某工序在产品时，可能有的在产品完成的工时多，而有的在产品完成的工时少，倘若本工序加工程度不均，则按测定的程度计算。如果没有特殊说明，假设加工程度是均衡的，取平均值，在计算本工序在产品加工程度的时候，本工序的工时都按完成 50% 计算。因此，各工序在产品完成的工时，应由前面各工序累计工时加本道工序工时定额的 50% 构成，并据以计算各工序月末在产品的约当产量。相关计算公式如下：

某工序期末在产品约当产量 = 该工序在产品数量 × 截止到该工序的完工程度

某工序期末在产品完工程度 =（前面工序的累计定额工时 + 本工序定额工时 ×50%）÷ 该产品总定额工时 ×100%

期末在产品约当产量 = ∑各工序期末在产品约当产量

【案例 2 -30】 某企业生产的 X 产品定额工时为 80 小时，各工序分别为 30 小时、20 小时和 30 小时，2019 年 6 月末盘点确定的在产品数量为 300 件，其中，各工序分别为 120 件、100 件和 80 件。

工作任务：计算月末在产品约当产量。

案例分析：某工序月末在产品完工程度应该用“（前面工序的累计工时 + 本工序工时 ×50%）÷该产品总工时 ×100%”来计算，再依次用各工序的完工程度和本工序的在产品实际数量算出本工序在产品的约当产量，最后把 3 道工序在产品的约当产量汇总。

案例操作：

第一道工序完工程度 =（30 ×50%）÷80 =18.75%

第二道工序完工程度 =（30 +20 ×50%）÷80 =50%

第三道工序完工程度 =（30 +20 +30 ×50%）÷80 =81.25%

第一道工序在产品约当产量 =120 ×18.75% =22.5（件）

第二道工序在产品约当产量 =100 ×50% =50（件）

第三道工序在产品约当产量 =80 ×81.25% =65（件）

在产品约当产量 =22.5 +50 +65 =137.5（件）

2）约当产量法的核算

确定了在产品的约当产量后，再以月末在产品约当产量和完工产品产量为分配依据，计算出分配率分配生产费用。相关计算公式如下：

某项目费用分配率 = 该项目费用总金额 ÷ 约当总产量

约当总产量 = 完工产品数量 + 在产品约当产量

期末在产品成本 = 在产品约当产量 × 费用分配率

完工产品成本 = 期初在产品成本 + 本期生产费用 − 期末在产品成本

【案例 2 − 31】 某企业生产的甲产品经 3 道工序连续加工制成，2019 年 5 月甲产品的材料消耗定额、工时定额、在产品数量如表 2 − 23 所示。

表 2 − 23 生产数量资料

工序	材料消耗定额/千克	工时定额/小时	在产品数量/件
1	40	5	40
2	20	7	80
3	20	8	100
合计	80	20	220

本期完工产品 500 件，材料于生产开始一次性投入，各工序期末在产品在本工序加工程度均衡。期初在产品成本及生产费用资料如表 2 − 24 所示。

表 2 − 24 期初在产品成本及生产费用资料

产品：甲产品　　2019 年 5 月　　单位：元

项目	直接材料	直接人工	制造费用
期初在产品成本	71 950	16 660	15 710
本期生产费用	200 000	70 000	40 000
累计生产费用	271 950	86 660	55 710

工作任务：采用约当产量法进行生产费用分配的账务处理。

案例分析：将累计生产费用在完工产品和在产品之间进行分配，需要按照直接材料以及直接人工和制造费用 3 种成本项目分别进行分配。因为材料是生产开始时一次性投入，因此，材料费用项目 3 个工序在产品的投料率都是 100%。人工费用项目和制造费用项目在计算某工序月末在产品的完工程度时应该用“（前面工序的累计工时 + 本工序工时 × 50%）÷ 该产品总工时 × 100%”来计算。根据在产品数量和完工程度，计算出在产品的约当产量，再加上完工产品的数量，算出分配率，最后计算月末在产品成本和本月完工产品成本，设计并填制产品成本计算单，编制会计分录。

案例操作：

（1）材料费用项目：

每道工序投料率 = 100%

在产品约当产量 = 220 × 100% = 220（件）

分配率 = 271 950 ÷（500 + 220）= 377. 708 3

期末在产品材料费用＝377.708 3×220＝83 095.83（元）

本期完工产品材料费用＝271 950－83 095.83＝188 854.17（元）

（2）人工费用、制造费用项目：

第一道工序完工程度＝（5×50%）÷20＝12.5%

第二道工序完工程度＝（5＋7×50%）÷20＝42.5%

第三道工序完工程度＝（5＋7＋8×50%）÷20＝80%

第一道工序在产品约当产量＝40×12.5%＝5（件）

第二道工序在产品约当产量＝80×42.5%＝34（件）

第三道工序在产品约当产量＝100×80%＝80（件）

在产品约当产量＝5＋34＋80＝119（件）

人工费用分配率＝86 660÷（500＋119）＝140

期末在产品人工费用＝119×140＝16 660（元）

本期完工产品人工费用＝86 660－16 660＝70 000（元）

制造费用分配率＝55 710÷（500＋119）＝90

期末在产品制造费用＝119×90＝10 710（元）

本期完工产品制造费用＝55 710－10 710＝45 000（元）

根据上述数据，编制产品成本计算单，如表2－25所示。

表2－25　产品成本计算单

2019年5月31日

生产单位：基本生产车间　　　　产品名称：甲产品　　　　单位：元

摘要	直接材料	直接人工	制造费用	合计
期初在产品成本	71 950	16 660	15 710	104 320
本期生产费用	200 000	70 000	40 000	310 000
累计生产费用	271 950	86 660	55 710	414 320
完工产品数量	500	500	500	—
在产品约当产量	220	119	119	—
约当总产量	720	619	619	—
分配率	377.708 3	140	90	607.708 3
本期完工总成本	188 854.17	70 000	45 000	303 854.17
期末在产品成本	83 095.83	16 660	10 710	110 465.83

根据产品成本计算单，编制会计分录如下：

借：库存商品——甲产品　　303 854.17

　贷：生产成本——基本生产成本（甲产品）　　303 854.17

【案例2－32】　沿用案例2－31的资料，假设材料于各工序生产开始时投入。

工作任务：采用约当产量法进行生产费用分配的账务处理。

案例分析：因为材料是在各工序生产开始时投入，因此，在这种情况下，每道工序的月末在产品应负担的材料费用为截止到该工序的累计投料额，材料费用项目在计算某工序月末在产品的投料率时应该用“（前面工序累计投料额＋本工序投料额）÷该产品应投料额×100%”来计算。而人工费用项目和制造费用项目在计算某工序月末在产品的完工程度时应该用“（前面工序的累计工时＋本工序工时×50%）÷该产品总工时×100%”来计算。根据在产品数量和完工程度，计算出在产品的约当产量，再加上完工产品的数量，算出分配率，最后计算月末在产品成本和本月完工产品成本，设计并填制产品成本计算单，编制会计分录。

案例操作：

（1）材料费用项目：

第一道工序投料率＝40÷80＝50%

第二道工序投料率＝(40＋20）÷80＝75%

第三道工序投料率＝(40＋20＋20）÷80＝100%

第一道工序在产品约当产量＝40×50%＝20（件）

第二道工序在产品约当产量＝80×75%＝60（件）

第三道工序在产品约当产量＝100×100%＝100（件）

在产品约当产量＝20＋60＋100＝180（件）

分配率＝271 950÷(500＋180)＝399.926 5

期末在产品材料费用＝399.926 5×180＝71 986.77（元）

本期完工产品材料费用＝271 950－71 986.77＝199 963.23（元）

（2）人工费用、制造费用项目：

第一道工序完工程度＝(5×50%）÷20＝12.5%

第二道工序完工程度＝(5＋7×50%）÷20＝42.5%

第三道工序完工程度＝(5＋7＋8×50%）÷20＝80%

第一道工序在产品约当产量＝40×12.5%＝5（件）

第二道工序在产品约当产量＝80×42.5%＝34（件）

第三道工序在产品约当产量＝100×80%＝80（件）

在产品约当产量＝5＋34＋80＝119（件）

人工费用分配率＝86 660÷(500＋119)＝140

期末在产品人工费用＝119×140＝16 660（元）

本期完工产品人工费用＝86 660－16 660＝70 000（元）

制造费用分配率＝55 710÷(500＋119)＝90

期末在产品制造费用＝119×90＝10 710（元）

本期完工产品制造费用＝55 710－10 710＝45 000（元）

根据上述数据，编制产品成本计算单，如表2－26所示。

表2－26　产品成本计算单

2019年5月31日

生产单位：基本生产车间　　　　产品名称：甲产品　　　　单位：元

摘要	直接材料	直接人工	制造费用	合计
期初在产品成本	71 950	16 660	15 710	104 320
本期生产费用	200 000	70 000	40 000	310 000

续表

摘要	直接材料	直接人工	制造费用	合计
累计生产费用	271 950	86 660	55 710	414 320
完工产品数量	500	500	500	—
在产品约当产量	180	119	119	—
约当总产量	680	619	619	—
分配率	399.926 5	140	90	629.926 5
本期完工总成本	199 963.23	70 000	45 000	314 963.23
期末在产品成本	71 986.77	16 660	10 710	99 356.77

根据产品成本计算单，编制会计分录如下：

借：库存商品——甲产品　　314 963.23

　贷：生产成本——基本生产成本（甲产品）　　314 963.23

【案例 2-33】　沿用案例 2-31 的资料，假设材料于各工序陆续投入。

工作任务：采用约当产量法进行生产费用分配的账务处理。

案例分析：因为材料是在各工序陆续投入，因此，在这种情况下，材料费用项目在计算某工序月末在产品的投料率时应该用“（前面工序累计投料额＋本工序投料额×50%）÷该产品应投料额×100%”来计算，人工费用项目和制造费用项目在计算某工序月末在产品的完工程度时应该用“（前面工序的累计工时＋本工序工时×50%）÷该产品总工时×100%”来计算。根据在产品数量和完工程度，计算出在产品的约当产量，再加上完工产品的数量，算出分配率，最后计算月末在产品成本和本月完工产品成本，设计并填制产品成本计算单，编制会计分录。

案例操作：

(1) 材料费用项目：

第一道工序投料率＝(40×50%)÷80＝25%

第二道工序投料率＝(40＋20×50%)÷80＝62.5%

第三道工序投料率＝(40＋20＋20×50%)÷80＝87.5%

第一道工序在产品约当产量＝40×25%＝10（件）

第二道工序在产品约当产量＝80×62.5%＝50（件）

第三道工序在产品约当产量＝100×87.5%＝87.5（件）

在产品约当产量＝10＋50＋87.5＝147.5（件）

分配率＝271 950÷(500＋147.5)＝420

期末在产品材料费用＝420×147.5＝61 950（元）

本期完工产品材料费用＝271 950－61 950＝210 000（元）

(2) 人工费用、制造费用项目：

第一道工序完工程度＝(5×50%)÷20＝12.5%

第二道工序完工程度＝(5＋7×50%)÷20＝42.5%

第三道工序完工程度＝(5＋7＋8×50%)÷20＝80%

第一道工序在产品约当产量 = 40 × 12.5% = 5（件）

第二道工序在产品约当产量 = 80 × 42.5% = 34（件）

第三道工序在产品约当产量 = 100 × 80% = 80（件）

在产品约当产量 = 5 + 34 + 80 = 119（件）

人工费用分配率 = 86 660 ÷ (500 + 119) = 140

期末在产品人工费用 = 119 × 140 = 16 660（元）

本期完工产品人工费用 = 86 660 − 16 660 = 70 000（元）

制造费用分配率 = 55 710 ÷ (500 + 119) = 90

期末在产品制造费用 = 119 × 90 = 10 710（元）

本期完工产品制造费用 = 55 710 − 10 710 = 45 000（元）

根据上述数据，编制产品成本计算单，如表 2 − 27 所示。

表 2 − 27　产品成本计算单

2019 年 5 月 31 日

生产单位：基本生产车间　　　　产品名称：甲产品　　　　单位：元

摘要	直接材料	直接人工	制造费用	合计
期初在产品成本	71 950	16 660	15 710	104 320
本期生产费用	200 000	70 000	40 000	310 000
累计生产费用	271 950	86 660	55 710	414 320
完工产品数量	500	500	500	—
在产品约当产量	147.5	119	119	—
约当总产量	647.5	619	619	—
分配率	420	140	90	650
本期完工总成本	210 000	70 000	45 000	325 000
期末在产品成本	61 950	16 660	10 710	89 320

根据产品成本计算单，编制会计分录如下：

借：库存商品——甲产品　　　　325 000

　贷：生产成本——基本生产成本（甲产品）　　　　325 000

6. 按定额成本计算在产品成本法

按定额成本计算在产品成本法，简称定额成本法，是指期末按照在产品数量和定额单位成本计算期末在产品成本的一种方法。在这种方法下，期末在产品成本根据期末在产品数量乘以单位定额成本算得，累计的实际生产费用扣除期末在产品定额成本后所剩的余额全部由本期完工产品承担。

这种方法适用于各项消耗定额或费用定额比较准确、稳定，各月末在产品数量变化不大的产品。如果产品各项定额准确，月初和月末单位在产品实际费用脱离定额的差异就不会大；各月末在产品数量变化不大，月初在产品费用总额与月末在产品定额费用的总额差异也就不会大。所以，月末在产品成本不计算成本差异，对完工产品成本影响也不大。如果消耗定额不稳定，那么修订消耗定额的月份，月末在产品成本就按新的定额计算，这样完工产品成本中就包括月末在产品按新的定额成本计算所发生的差额，从而不利于完工产品的成本分析和考核。相关计算公式如下：

（1）月末在产品直接材料定额成本：

月末在产品直接材料定额成本 = 在产品数量 × 单件定额材料费用

（2）月末在产品直接人工定额成本：

月末在产品直接人工定额成本 = 在产品定额工时 × 单位工时定额人工费用

= 在产品数量 × 单件定额人工费用

单件定额人工费用 = 单件在产品定额工时 × 单位工时定额人工费用

（3）月末在产品制造费用定额成本：

月末在产品制造费用定额成本 = 在产品定额工时 × 单位工时定额制造费用

= 在产品数量 × 单件定额制造费用

单件定额制造费用 = 单件在产品定额工时 × 单位工时定额制造费

（4）月末在产品定额成本：

月末在产品定额成本 = 月末在产品定额材料费用 + 月末在产品定额人工费用 + 月末在产品定额制造费用

（5）本月完工产品成本：

本月完工产品总成本 = 累计生产费用 − 月末在产品定额成本

本月完工产品单位成本 = 本月完工产品成本 ÷ 本期完工产品数量

【案例 2 − 34】　某企业于 2019 年 6 月生产 A 产品，分两道工序制成，本期完工产品 100 件，各定额及在产品数量如表 2 − 28 所示。

表 2 − 28　生产数量资料

工序	材料消耗定额/千克	工时定额/小时	在产品数量/件
1	25	8	500
2	15	5	200
合计	40	13	700

直接材料每千克 1.5 元，直接人工每小时 2 元，制造费用每小时 2.5 元。材料在各道工序生产开始时一次性投入，各工序期末在产品在本工序加工程度均衡。生产费用资料如表 2 − 29 所示。

表 2 − 29　生产费用资料

产品：A 产品　　　　2019 年 6 月　　　　单位：元

项目	直接材料	直接人工	制造费用
期初在产品成本	6 000	5 480	6 875
本期生产费用	40 000	15 000	15 000
累计生产费用	46 000	20 480	21 875

工作任务：采用定额成本法进行生产费用分配的账务处理。

案例分析：在产品成本按照定额成本计价，则在产品的直接材料按照材料定额数量和单价计算；在产品的直接人工以及制造费用按照工时定额和单位人工费用、单位制造费用计算，然后汇总出在产品成本，最后将累计生产费用减去在产品的定额成本计算出完工产品成本，设计并填制产品成本计算单，编制会计分录。

案例操作：

第一道工序在产品直接材料定额成本 = 25 × 500 × 1.5 = 18 750（元）

第二道工序在产品直接材料定额成本 = 40 × 200 × 1.5 = 12 000（元）

期末在产品直接材料定额成本 = 18 750 + 12 000 = 30 750（元）

第一道工序在产品直接人工定额成本 = (8 × 50%) × 500 × 2 = 4 000（元）

第二道工序在产品直接人工定额成本 = (8 + 5 × 50%) × 200 × 2 = 4 200（元）

期末在产品直接人工定额成本 = 4 000 + 4 200 = 8 200（元）

第一道工序在产品制造费用定额成本 = (8 × 50%) × 500 × 2.5 = 5 000（元）

第二道工序在产品制造费用定额成本 = (8 + 5 × 50%) × 200 × 2.5 = 5 250（元）

期末在产品制造费用定额成本 = 5 000 + 5 250 = 10 250（元）

期末在产品定额总成本 = 30 750 + 8 200 + 10 250 = 49 200（元）

本期完工产品材料费用 = 46 000 − 30 750 = 15 250（元）

本期完工产品人工费用 = 20 480 − 8 200 = 12 280（元）

本期完工产品制造费用 = 21 875 − 10 250 = 11 625（元）

本期完工产品总成本 = 15 250 + 12 280 + 11 625 = 39 155（元）

根据上述数据，编制月末在产品定额成本计算表和产品成本计算单，如表 2 − 30、表 2 − 31 所示。

表 2 − 30　月末在产品定额成本计算表

产品：A 产品　　　　2019 年 6 月 30 日

工序	在产品数量/件	直接材料/元	定额工时/小时	直接人工/元	制造费用/元	定额成本/元
1	500	18 750	2 000	4 000	5 000	27 750
2	200	12 000	2 100	4 200	5 250	21 450
合计	700	30 750	4 100	8 200	10 250	49 200

表 2 − 31　产品成本计算单

2019 年 6 月 30 日

生产单位：基本生产车间　　　　产品名称：A 产品　　　　单位：元

摘要	直接材料	直接人工	制造费用	合计
期初在产品成本	6 000	5 480	6 875	18 355
本期生产费用	40 000	15 000	15 000	70 000
累计生产费用	46 000	20 480	21 875	88 355
本期完工总成本	15 250	12 280	11 625	39 155
本期完工单位成本	152.5	122.8	116.25	391.55
期末在产品成本	30 750	8 200	10 250	49 200

根据产品成本计算单，编制会计分录如下：

借：库存商品——A 产品　　39 155

　贷：生产成本——基本生产成本（A 产品）　　39 155

7. 定额比例法

定额比例法，是将累计发生的实际生产费用按照本期完工产品和期末在产品的定额消耗量或定额费用的比例进行分配，计算出本期完工产品成本和期末在产品成本的方法。在这种方法下，先算出本期完工产品和期末在产品各自的定额消耗量（或定额费用），汇总出总定额，再按定额比例分配生产费用。其中，直接材料费用按原材料定额消耗量比例或原材料定额费用比例分配，其他成本项目按定额工时比例分配。

这种方法适用于定额管理水平较高、基础较好、有比较准确的各种产品成本定额标准、各项消耗定额比较稳定、各月月末在产品数量变动较大的产品。该方法克服了定额成本法中将实际成本与定额成本之间的差额全部由完工产品成本承担的缺点。相关计算公式如下：

（1）月末在产品与本期完工产品的定额成本：

月末在产品材料（人工、制造）费用定额成本 = 月末在产品数量 × 单位在产品定额材料（人工、制造）费用

本月完工产品材料（人工、制造）费用定额成本 = 本月完工产品数量 × 单位完工产品定额材料（人工、制造）费用

（2）定额成本分配率：

材料（人工、制造）费用定额分配率 = [月初在产品材料（人工、制造）费用 + 本月发生的材料（人工、制造）费用] ÷ [月末在产品材料（人工、制造）费用定额成本 + 本月完工产品材料（人工、制造）费用定额成本]

（3）月末在产品实际成本：

月末在产品材料（人工、制造）费用成本 = 月末在产品材料（人工、制造）费用定额成本 × 材料（人工、制造）费用定额分配率

月末在产品成本 = 月末在产品材料费用 + 月末在产品人工费用 + 月末在产品制造费用

（4）本月完工产品成本：

本月完工产品材料（人工、制造）费用成本 = 本月完工产品材料（人工、制造）费用定额成本 × 材料（人工、制造）费用定额分配率

本月完工产品总成本 = 本月完工产品材料费用 + 本月完工产品人工费用 + 本月完工产品制造费用

本月完工产品单位成本 = 本月完工产品总成本 ÷ 本期完工产品数量

【案例 2 – 35】　某企业于 2019 年 6 月生产 B 产品，单位产品直接材料定额消耗量为 280 千克，单位产品工时消耗定额为 60 小时，材料在生产开始时一次性投入，月末在产品加工程度均衡。本月完工产品 2 000 件，月末在产品 500 件。生产费用资料如表 2 – 32 所示。

表 2-32 生产费用资料

产品：B 产品　　2019 年 6 月　　单位：元

项目	直接材料	直接人工	制造费用
期初在产品成本	75 000	62 000	21 000
本期生产费用	100 000	140 500	60 000
累计生产费用	175 000	202 500	81 000

工作任务：采用定额比例法进行生产费用分配的账务处理。

案例分析：按定额比例分配生产费用，首先按照成本项目分别算出各项目的在产品和完工产品的定额，再根据累计生产费用和定额计算出分配率，根据分配率计算期末在产品成本和本期完工产品成本，设计并填制产品成本计算单，编制会计分录。

案例操作：

期末在产品材料定额消耗量 = 280 × 500 = 140 000（千克）

本期完工产品材料定额消耗量 = 280 × 2 000 = 560 000（千克）

材料费用分配率 = 175 000 ÷ (560 000 + 140 000) = 0.25（元/千克）

期末在产品材料费用 = 140 000 × 0.25 = 35 000（元）

本期完工产品材料费用 = 560 000 × 0.25 = 140 000（元）

期末在产品定额工时 = 60 × 50% × 500 = 15 000（小时）

本期完工产品定额工时 = 60 × 2 000 = 120 000（小时）

人工费用分配率 = 202 500 ÷ (120 000 + 15 000) = 1.5（元/小时）

期末在产品人工费用 = 15 000 × 1.5 = 22 500（元）

本期完工产品人工费用 = 120 000 × 1.5 = 180 000（元）

制造费用分配率 = 81 000 ÷ (120 000 + 15 000) = 0.6（元/小时）

期末在产品制造费用 = 15 000 × 0.6 = 9 000（元）

本期完工产品制造费用 = 120 000 × 0.6 = 72 000（元）

期末在产品成本 = 35 000 + 22 500 + 9 000 = 66 500（元）

本期完工产品总成本 = 140 000 + 180 000 + 72 000 = 392 000（元）

根据上述数据，编制产品成本计算单，如表 2-33 所示。

案例操作：

表 2-33 产品成本计算单

2019 年 6 月 30 日

生产单位：基本生产车间　　产品名称：B 产品　　单位：元

摘要	直接材料	直接人工	制造费用	合计
期初在产品成本	75 000	62 000	21 000	158 000
本期生产费用	100 000	140 500	60 000	300 500
累计生产费用	175 000	202 500	81 000	458 500
完工产品定额	560 000	120 000	120 000	—
在产品定额	140 000	15 000	15 000	—

续表

摘要	直接材料	直接人工	制造费用	合计
总定额	700 000	135 000	135 000	—
分配率	0. 25	1. 5	0. 6	—
本期完工总成本	140 000	180 000	72 000	392 000
本期完工单位成本	70	90	36	196
期末在产品成本	35 000	22 500	9 000	66 500

根据产品成本计算单，编制会计分录如下：

借：库存商品——B 产品　　392 000

　贷：生产成本——基本生产成本（B 产品）　　392 000

综上所述，生产费用在完工产品与期末在产品之间分配，可以根据在产品数量及其稳定程度、费用发生情况等因素，相应地采用既合理又简单的方法，来计算确定月末在产品和完工产品的实际成本，并在月末将完工产品验收入库。

知识拓展

在产品资金占用

在产品资金占用指的是正在制造加工的未完工产品的积存量所占用的资金。在生产过程中，企业应当检查在产品资金占用的情况，避免出现在产品积压的情况。

项目小结

企业要对生产费用，包括要素费用（材料费用、燃料及动力费用、人工费用、其他费用）、辅助生产费用、制造费用等进行归集和分配，期末生产费用也要在完工产品和在产品之间进行分配。

要素费用是单一性质的费用，它的归集主要是解决企业生产过程中所消耗的要素费用由谁来承担，以及承担多少的问题。如果多个部门共用一笔费用，则需要在各部门之间进行费用分配，遵循“谁受益谁负担”的原则，按部门或车间计入相关成本费用账户。各要素费用的分配一般遵循的计算程序是：选择一定的分配标准，计算分配率，计算分配额。分配要素费用时应当设计并填制各要素费用分配表，编制要素费用分配的记账凭证并据以登账。其中，产品生产耗用的各项费用应借记“生产成本——基本生产成本”账户；基本生产车间发生的费用借记“制造费用”账户；辅助生产车间发生的各项费用借记“生产成本——辅助生产成本（某辅助车间）”账户；管理部门发生的费用借记“管理费用”账户；销售部门发生的费用借记“销售费用”账户；同时，贷记“原材料”“应付职工薪酬”“累计折旧”等账户。

辅助生产费用、制造费用和生产损失费用都属于综合性质的费用。辅助生产费用、制造费用需要在费用发生时先按照辅助生产车间和基本生产车间归集费用，再按照规定的方法分配费用给各受益对象。辅助生产费用常用的分配方法有5种：直接分配法、交互分配法、计划成本分配法、代数分配法和顺序分配法。制造费用的分配方法有工时比例法、生产工人工资比例法、年度计划分配率分配法等，需要注意的是，季节性生产企业制造费用分配采用年度计划分配率分配法，它的月末采用计划分配率分配实际成本，账面分不干净，会有余额，但是所有的余额在年底统一调整，因此，季节性生产企业制造费用月末有余额，但是年末无余额。生产损失费用包括废品损失和停工损失，其中废品损失又分为可修复废品损失和不可修复废品损失，生产损失费用扣除回收残值、赔偿和自然灾害部分之后，其余应计入生产成本。

期末生产费用要在完工产品和在产品之间进行分配，在产品是企业已经投入生产，但尚未最后完工，不能作为商品销售的产品。本项目中的在产品采用狭义在产品的概念。在计算产成品成本时，必须要确定月末在产品的数量，明确月末在产品和月末完工产品之间的关系。可以通过公式“期初在产品成本 + 本期生产费用 = 期末在产品成本 + 本期完工产品成本”来解决生产费用的分配问题。生产费用的分配方法主要有7种：不计在产品成本法、在产品按年初固定数计算法、在产品按原材料费用计价法、在产品按完工产品计价法、约当产量法、定额成本法、定额比例法。其中，约当产量法适用于月末在产品数量较大，在产品数量变化也较大的产品，是应用最广泛的一种方法。它是通过完工程度将在产品实际数量折算成约当产量，再与完工产品分摊生产费用的一种方法。在计算完工程度时，需要将材料费用的完工程度和加工费用的完工程度区分开来计算。材料费用的完工程度即投料率，需要根据不同的投料方式确定，投料方式不同，计算出的投料率就不同。如果企业的定额管理工作较好，定额较为准确，也可以采用定额比例法或定额成本法。定额成本法是月末在产品成本根据月末在产品数量和单位定额成本计算出的一种定额成本，而非实际成本，然后把在产品的定额成本从累计生产费用中扣除，剩余的全部计入完工产品成本。它适用于企业各项定额或费用定额比较稳定、准确，各月末在产品数量变化比较小的产品。定额比例法是将产品的实际生产成本按照完工产品和月末在产品的定额消耗量或定额费用的比例进行分配，计算出完工产品成本和月末在产品成本的方法。它适用于各项定额管理基础较好、各项消耗定额或费用定额比较准确稳定（生产工艺已定型）、月末在产品数量变动较大的产品。

项目二　教、学、做一体化训练

一、单项选择题

1. 某企业本月生产甲产品、乙产品，共领用原材料 15 000 千克，单价为 0.8 元，合计金额为 12 000 元。本月甲、乙产品定额耗用量分别为 19 500 千克和 10 500 千克，则材料消耗费用分配率为（　　）元/千克。

A. 0.40　　B. 0.55　　C. 0.50　　D. 0.60

2. 厂部行政管理部门水、电费应计入（　　）。

A. 制造费用　　B. 基本生产成本

C. 管理费用　　D. 财务费用

3. 基本生产车间固定资产折旧费应列入（　　）。

A. 管理费用　　B. 辅助生产成本

C. 制造费用　　D. 基本生产成本

4. “生产成本——辅助生产成本”账户根据（　　）设置明细账户。

A. 费用项目　　B. 辅助车间名称

C. 基本车间名称　　D. 车间负责人

5. 企业设置（　　）账户，用来核算生产中出现各种废品而产生的损失，包括可修复废品的修复费用和不可修复废品的净损失。

A. 制造费用　　B. 管理费用

C. 停工损失　　D. 废品损失

6. 下列属于辅助生产费用分配方法的是（　　）。

A. 生产工时比例分配法　　B. 计划成本分配法

C. 定额成本法　　D. 机器工时比例分配法

7. 直接分配法是将辅助生产费用（　　）。

A. 直接分配给辅助生产车间以外的各受益单位的方法

B. 直接计入辅助生产成本的方法

C. 直接计入基本生产成本的方法

D. 直接分配给所有受益单位的方法

8. 假设某企业某产品工时定额为40小时，经过两道工序，各工序的工时定额分别为30小时和10小时，则第二道工序的完工程度为（　　）。

A. 37.5%　　B. 50%

C. 87.5%　　D. 90%

9. 材料在生产开工时一次性投入，月末在产品的投料程度应按（　　）计算。

A. 100%　　B. 50%

C. 定额耗用量比例　　D. 定额工时的比例

10. 采用在产品按年固定初数计算法计算完工产品与在产品成本，适用于（　　）的产品。

A. 各月末在产品数量变化较大

B. 月末在产品数量较大，但各月之间变化很小

C. 各月成本水平相差较大

D. 各月在产品数量较大

二、多项选择题

1. 发生下列各项费用时，可以直接借记“生产成本——基本生产成本”账户的有(　　)。

A. 车间照明用电费　　B. 构成产品实体的原材料费用

C. 车间管理人员工资　　D. 车间生产工人工资

2. 材料费用的分配标准有（　　）。

A. 产品体积　　B. 产品重量

C. 材料定额消耗量　　D. 材料定额费用

3. 成本核算中，设置的主要账户（或二级账户）有（　　）。

A. 基本生产成本　　B. 辅助生产成本

C. 制造费用　　D. 固定资产

4. 下列属于辅助生产费用分配方法的是（　　）。

A. 直接分配法

B. 交互分配法

C. 计划成本分配法

D. 代数分配法

5. 下列说法中正确的是（　　）。

A. 直接分配法是对各辅助生产车间的成本费用进行交互分配和直接分配两次分配

B. 计划成本法便于考核和分析各受益单位的经济责任

C. 直接分配法的优点是计算简便，各种辅助生产费用只计算一次

D. 交互分配法是对个辅助生产车间的成本费用进行交互分配和对外分配（两次分配）

6. 制造费用的分配方法有（　　）。

A. 直接分配法　　B. 交互分配法

C. 机器工时比例法　　D. 生产工人工资比例分配法

7. 采用约当产量法计算月末在产品成本，在产品的约当产量应按（　　）计算。

A. 投料程度　　B. 完工程度

C. 预计废品率　　D. 完工入库程度

8. 采用定额比例法分配完工产品和在产品成本，应具备（　　）的条件。

A. 消耗定额比较准确　　B. 消耗定额比较稳定

C. 各月末在产品数量变化不大　　D. 各月末在产品数量变化较大

9. 计算本月完工产品成本时，依据的成本资料主要有（　　）。

A. 月初在产品成本　　B. 本月发生生产费用

C. 月末在产品成本　　D. 上月完工产品成本

10. 生产费用在完工产品和在产品之间进行分配的下列方法中，使本月生产费用全部由本月完工产品负担的有（　　）。

A. 不计算在产品成本　　B. 在产品按其消耗的原材料费用计算

C. 在产品按定额成本计算　　D. 在产品成本按年初固定数计算

三、判断题

1. “生产成本——辅助生产成本”账户期末应无余额。（　　）

2. “生产成本——基本生产成本”账户在月末要全部分配转出，因此该账户月末没有余额。（　　）

3. “制造费用”账户按车间名称设置明细账，并按费用项目设置专栏反映。（　　）

4. 车间领用的材料费用不一定都计入产品成本的直接材料成本项目中．（　　）

5. 直接分配法适用于辅助生产车间之间提供劳务较多的企业。（　　）

6. 生产人员、车间管理人员的薪酬，根据人工费用分配表，应直接记入产品生产成本。（　　）

7. 定额成本法是按照完工产品和月末在产品定额比例计算产品成本的方法。（　　）

8. 为了反映完工产品成本构成情况，分配生产费用时，应按成本项目分别计算。（　　）

9. 在产品数量的日常核算，可以通过设置在产品台账进行。（　　）

10. 材料在生产过程中分次投入时，应当根据该工序在产品累计已投入的材料费用占完工产品应投入的材料费用的比重来计算在产品的投料程度。（　　）

四、业务题

1. 鸿运工厂本月份生产甲、乙两种产品，共同耗用A材料3 500千克，A材料的价格为

每千克 4 元，共计 14 000 元。生产甲产品 100 件，单位消耗定额为 68 千克；生产乙产品 80 件，单位消耗定额为 40 千克。

要求：按定额耗用量比例法分配 A 材料费用，并编写相应的会计分录。

2. M 公司 2018 年 6 月共发生工资费用 49 300 元，其中基本生产车间工人工资 35 000 元、基本生产车间管理人员工资 3 600 元、辅助生产车间人员工资 4 000 元、行政管理人员工资 2 400 元、销售人员工资 4 300 元，该企业基本生产车间生产甲、乙两种产品，甲产品实际生产工时为 4 500 小时，乙产品实际生产工时为 5 500 小时。

要求：按照生产工时比例分配甲、乙产品应分配的人工费用，并编写相应的会计分录。

3. M 公司 2018 年 8 月共发生制造费用 44 100 元。当月甲产品生产工时为 12 000 小时，乙产品生产工时为 9 000 小时。请按甲、乙产品生产工时分配制造费用，并编制相应的会计分录。

4. 鸿运工厂设有供水、供电两个辅助生产车间，主要为基本生产车间和厂行政管理部门服务。根据辅助生产成本明细账，供水车间本月发生费用为 24 800 元，供电车间本月发生费用为 43 000 元。该工厂辅助生产的制造费用不通过“制造费用”科目核算。根据辅助生产车间劳务供应通知单，各车间和部门耗用劳务情况如表 2－34 所示。

表 2－34　辅助生产车间劳务供应通知单

受益单位		用水数量/吨	用电数量/度
辅助生产车间	供水		3 200
	供电	350	
基本生产车间	甲产品		35 000
	乙产品		7 000
	一般耗用	6 200	1 000
厂行政管理部门		2 150	5 000
合计		8 700	51 200

要求：根据上述资料，采用直接分配法分配辅助生产费用，将计算结果直接填入表 2－35，并根据计算的结果编制相应的会计分录。

表 2－35　辅助生产费用分配表

辅助生产车间名称			供水车间	供电车间	金额合计
待分配辅助生产费用					
辅助生产车间以外部门劳务供应量					
费用分配率					
基本生产成本	甲产品	耗用数量			
		分配金额			
	乙产品	耗用数量			
		分配金额			

续表

辅助生产车间名称		供水车间	供电车间	金额合计
制造费用	耗用数量			
	分配金额			
管理费用	耗用数量			
	分配金额			
分配金额合计				

5. 嘉源工厂设有供电和机修两个辅助生产车间，6 月份在分配结转前“生产成本——辅助生产成本”账户归集的本月辅助生产费用，供电车间为 168 000 元，机修车间为 170 100元。该厂本月辅助生产车间提供的产品和劳务数量如表 2－36 所示。

表 2－36　嘉源工厂辅助生产车间劳务供应量汇总表

受益对象（生产单位和部门）	供电数量/度	修理工作量/小时
供电车间耗用		800
机修车间耗用	24 000	
产品生产直接耗用	160 000	
车间一般耗用	20 000	2 500
专设销售机构耗用	4 000	3 500
厂部管理部门耗用	16 000	4 000
合计	224 000	10 800

要求：采用交互分配法进行分配，填写表 2－37，并编制会计分录。

表 2－37　辅助生产费用分配表

2018 年 6 月

项目	交互分配				对外分配			
	分配电费		分配修理费		分配电费		分配修理费	
	数量/度	金额/元	数量/小时	金额/元	数量/度	金额/元	数量/小时	金额/元
待分配费用								
劳务供应总量								

续表

项目	交互分配				对外分配			
	分配电费		分配修理费		分配电费		分配修理费	
	数量/度	金额/元	数量/小时	金额/元	数量/度	金额/元	数量/小时	金额/元
费用分配率(单位成本)								
受益对象								
供电车间								
机修车间								
基本生产车间								
产品生产								
一般耗用								
专设销售机构								
厂部管理部门								
合计								

6. 青衣工厂设有供电和机修两个辅助生产车间，供电车间受益的修理费比机修车间受益的电费少，6 月份在分配结转前“生产成本——辅助生产成本”账户归集的本月辅助生产费用中，供电车间为 67 200 元，机修车间为 68 040 元。该厂本月辅助生产车间提供的产品和劳务数量如表 2－38 所示。

表 2－38　辅助生产车间劳务供应量汇总表

受益对象（生产单位和部门）	供电数量/度	修理工作量/小时
辅助生产车间耗用		
供电车间耗用		800
机修车间耗用	12 000	
基本生产车间耗用		
产品生产直接耗用	80 000	

续表

受益对象（生产单位和部门）	供电数量/度	修理工作量/小时
车间一般耗用	10 000	2 500
专设销售机构耗用	2 000	3 500
厂部管理部门耗用	8 000	4 000
合计	112 000	10 800

要求：采用顺序分配法进行分配，填写表 2－39 填列完整，并编制会计分录。

表 2－39　辅助生产费用分配表

2018 年 6 月

项目	分配电费		分配修理费	
	数量/度	金额/元	数量/小时	金额/元
待分配费用				
负担费用的劳务供应总量				
费用分配率（单位成本）				
受益对象				
供电车间				
机修车间				
产品生产				
基本车间一般消耗				
专设销售机构				
厂部管理部门				
合计				

7. 甲产品经过两道工序加工完成，材料在每道工序生产开始时投入。采用约当产量法分配各项生产费用。5 月份甲产品的完工产品为 800 件；月末在产品数量为：第一道工序 400 件、第二道工序 150 件。其他有关资料如下：

（1）第一道工序的消耗定额为 70 千克，第二道工序的消耗定额为 30 千克。甲产品月初在产品和本月发生的材料费用共计 221 400 元。

（2）甲产品的工时定额为 100 小时，其中第一道工序为 60 小时，第二道工序为 40 小时。每道工序内在产品的加工程度均衡。甲产品月初在产品和本月发生的工资福利费共计 26 000 元，制造费用共计 36 400 元。

要求：采用约当产量法计算完工产品与月末在产品成本。填写表 2－40，并编制会计分录。

8. 某企业生产甲产品，5 月初在产品成本：直接材料 4 100 元、直接人工 800 元、制造费用 1 500 元。本月发生费用：直接材料 9 900 元、直接人工 7 600 元、制造费用 4 500 元。本月完工产品为 500 件，单件产品原材料消耗定额为 2 千克，单件工时定额为 2 小时。月末在产品为 200 件，材料于生产开始时一次性投入。

要求：采用定额比例法计算完工产品成本和月末在产品成本。填写表 2 – 41，并编制会计分录。

表 2 – 40　产品成本计算单

2019 年 5 月 31 日

生产单位：基本生产车间　　　　产品名称：甲产品　　　　单位：元

摘要	直接材料	直接人工	制造费用	合计
累计生产费用				
完工产品数量				
在产品约当产量				
约当总产量				
分配率				
本期完工总成本				
期末在产品成本				

表 2 – 41　产品成本计算单

2019 年 5 月 31 日

生产单位：基本生产车间　　　　产品名称：乙产品　　　　单位：元

摘要	直接材料	直接人工	制造费用	合计
期初在产品成本				
本期生产费用				
累计生产费用				
完工产品定额				
在产品定额				
总定额				
分配率				
本期完工总成本				
本期完工单位成本				
期末在产品成本				

项目三

选择成本计算方法

知识目标

（1）了解企业的生产类型；

（2）熟悉并掌握企业的生产经营特点和成本管理要求对成本计算方法的影响；

（3）掌握3种基本的成本计算方法的适用范围和特点。

能力目标

能够判断企业的生产类型和成本管理要求，并据此选用适合本企业的产品成本计算方法。

素质目标

遵纪守法，廉洁自律，爱岗敬业，养成良好的会计职业素养。

本项目知识结构导图

- 成本计算方法的选择
  - 影响因素
    - 生产经营特点
    - 成本管理要求
  - 计算方法
    - 基本方法
      - 品种法
      - 分批法
      - 分步法
    - 辅助方法
      - 分类法
      - 定额法

案例导入

小王到新成立的一家纺织公司担任成本会计，在进行成本计算时犹豫不决：到底应该选取哪种方法进行成本计算？选择成本计算方法的依据是什么？

任务一　成本计算方法的影响因素

一、企业的生产类型

产品成本是由产品生产过程中企业各个生产单位（如车间、分厂）所发生的生产费用形成的。因此，产品成本计算方法与企业生产单位的工艺过程和生产组织有紧密的联系。同时，成本计算是成本会计的重要组成部分，而成本会计又是会计这一管理活动的一个重要分支，因此，产品成本计算必须满足企业管理方面的要求。这就是说，确定产品成本计算方法的原则是：必须从企业（或企业生产单位）的具体情况出发，充分考虑企业生产经营特点和成本管理的要求。

成本计算对象、成本项目及成本计算方法一经确定，一般不得随便变更。若需变更，应当根据管理权限，经股东大会、董事会、经理（厂长）会议或类似机构批准，并在会计报表附注中予以说明。

工业企业生产根据生产工艺流程和生产组织的特点，可以分为不同的类型。

（一）按照生产工艺流程分类

按照生产工艺流程，工业企业生产可分为单步骤生产和多步骤生产。

单步骤生产，是指生产工艺流程不能间断、不可能或不需要划分为几个生产步骤，或者不便于分散在不同的地点进行的产品生产。其特点为：生产周期比较短，产品品种单一，通常没有在产品、半成品或其他中间产品，如供水、发电、采掘、燃气燃料生产、化肥生产等。

多步骤生产，是指生产流程在工艺上可以间断，由若干个生产步骤组成，可以分散在不同地点、不同时间进行的产品生产，可以由一个企业单独生产，也可以由几个企业协作生产。多步骤生产有两种形式，即连续式生产和装配式生产。

连续式生产，是指原材料投入后按照一定的顺序，经过若干步骤的逐步加工最终制成产成品的生产，前一个步骤生产出来的半成品是下一个步骤的加工对象，一直到最后一个步骤生产出产成品，例如纺织，冶金，造纸，服装、钢铁、搪瓷等的生产。该种生产方式在各个步骤（除最后一步）加工完成后多数为企业的自制半成品，这些半成品主要用于下一步骤继续加工，也可以半成品的形式对外出售。例如，棉纺企业在生产过程中，先将皮棉进行清花、梳棉、并条、粗纺、细纺和落桶加工成棉纱，然后对棉纱进行整经、浆纱、穿经、织造和整理等步骤制成坯布。棉条、粗纱、细纱都是企业的自制半成品，既可以自用，也可以对外出售。

装配式生产又称为平行式生产，是指各种原材料投入不同的加工部门（不同的车间、分厂或不同的企业）制成完工产品所需的各种零部件，再将零部件组装成完工产品的生产，例如自行车、钟表、机床、客车等的生产。机械、仪表、汽车等制造业大多数属于这种多步骤生产类型企业，例如，自行车生产企业就是将原材料分别加工制成车架、车把、前叉、钢圈、轮胎和车链等部件，然后组装成自行车，汽车制造业企业也是如此。

（二）按照生产组织方式分类

按照生产组织方式，工业企业生产可以分为大量生产、成批生产和单件生产。

大量生产，是指不断地大量重复生产相同产品的生产。它的特点是：陆续投入，陆续产出，产品品种少且量大稳定，一般专业化程度高，生产节奏性较强，例如供水、发电、纺织、采掘、冶金、造纸、酿造、面粉加工等生产。

成批生产，是指按照事先规定的产品批次和数量进行的生产。它的特点是：产品品种多，每种产品产量不等，生产具有重复性，如药品、卷烟、服装、鞋、电机等的生产。在成批生产的企业中，其生产组织比较稳定，只有一批产品全部完工，更换投产另一批产品时，生产组织才会发生相应的变化。成批生产按照产量的大小，还可以分为大批生产和小批生产。大批生产，产品批量较大，往往重复生产，性质上接近大量生产；小批生产，产品批量较小，一批产品一般可同时完工，性质上接近单件生产。

单件生产，是指根据订货单位订单所要求的特定规格、型号、性能而组织的个别、性质特殊的产品的生产。它的特点是：产品产量少（一件或几件），一般很少重复生产，例如船舶、飞机、精密仪器、专用设备、重型机械、新产品等的生产。在单件生产中，产品经常变动，生产组织也相应发生变化。

综上所述，将生产工艺流程与生产组织方式结合起来，可以形成4种基本的生产类型。其中，单步骤生产和连续式生产，一般都是大量大批生产；装配式生产，可以是大量大批生产，也可以是单件生产，如表3-1所示。

表3-1　工业企业生产类型

<table>
<tr><th colspan="3">生产类型</th><th colspan="2" rowspan="2">工业企业基本生产类型</th><th rowspan="2">典型企业</th></tr>
<tr><th>按生产工艺流程分类</th><th colspan="2">按生产组织方式分类</th></tr>
<tr><td rowspan="4">单步骤生产</td><td colspan="2">大量生产</td><td colspan="2" rowspan="2">大量大批单步骤生产</td><td rowspan="2">供水、发电、采掘</td></tr>
<tr><td rowspan="2">成批生产</td><td>大批生产</td></tr>
<tr><td>小批生产</td><td colspan="3" rowspan="2">不存在</td></tr>
<tr><td colspan="2">单件生产</td></tr>
<tr><td rowspan="4">多步骤生产</td><td colspan="2">大量生产</td><td rowspan="2">大量大批多步骤生产</td><td>大量大批连续式多步骤生产</td><td>纺织、造纸、冶金</td></tr>
<tr><td rowspan="2">成批生产</td><td>大批生产</td><td>大量大批装配式多步骤生产</td><td>家电、一般机械</td></tr>
<tr><td>小批生产</td><td colspan="2" rowspan="2">单件小批装配式多步骤生产</td><td rowspan="2">重型机械、专用设备</td></tr>
<tr><td colspan="2">单件生产</td></tr>
</table>

二、生产经营特点和成本管理要求对成本计算方法的影响

生产经营特点和成本管理要求对成本计算方法的影响具体表现在3个方面：成本计算对

象、成本计算期、生产费用在完工产品和在产品之间的分配。

（一）对成本计算对象的影响

工业企业的生产经营特点和成本管理要求对产品成本计算的影响，最主要表现在成本计算对象的确定上。计算产品成本，首先要确定成本计算对象。成本计算对象，是指为计算产品成本而确定的归集和分配生产费用的各个对象，也就是成本的承担者。成本计算对象可以是一个品种、一个批次，也可以是一个生产步骤。

大量大批单步骤生产的企业，由于单步骤生产的生产工艺流程不可间断，不可能划分为几个步骤生产，又由于不断重复某种或几种产品的生产，也无法分批，只能以产品的品种为成本计算对象，归集生产费用，计算产品成本。

大量大批连续式多步骤生产的企业，由于不断大量重复生产品种相同的产品而无法分批，但工艺流程可划分为若干可以间断的生产步骤。因此，既可以以各种产成品为成本计算对象，也可以以其所经过的各种步骤的半成品为成本计算对象，既计算最终完工产成品成本，又计算各步骤的半成品成本。但如果各步骤半成品无独立的经济意义，管理上也不要求计算其成本，则只需计算最终完工产成品成本，而不需要计算各步骤半成品成本。

装配式多步骤生产的企业，一般是先制造零件、部件，再装配为产品，因此对成本计算对象的影响主要是在生产组织方面。如果生产组织是单件小批生产，是按订单或企业生产计划部门下达的生产批号来组织生产，则以订单或生产批号为成本计算对象来计算产品成本；如果生产组织是大量大批生产，则一般是以最终产品为成本计算对象。

（二）对成本计算期的影响

成本计算期是指生产费用计入产品成本的起止时期。计算产品成本的期间不一定与产品的生产周期一致，成本计算期有时与生产周期一致，有时与会计期间一致，这取决于生产组织方式。对于大量大批生产，生产周期较短，生产连续不断地进行，每月都有大量的完工产品，因此产品成本计算要定期在每月末进行，与生产周期不一致，与会计报告期一致。对于单件小批生产，产品成本需要在某批或某件产品完工后计算，故成本计算不定期，与生产周期一致，而与会计报告期不一致。

（三）对生产费用在完工产品和在产品之间的分配的影响

企业生产产品过程中发生的全部生产费用，最终都集中在“生产成本——基本生产成本”账户中。如果这种产品月末在产品数量很少或没有在产品，则归集在“生产成本——基本生产成本”账户中的生产费用就是完工产品的总成本，无须在完工产品和在产品之间分配生产费用。如果这种产品月末在产品数量很多，金额较大，则需要采用一定的方法将累计的生产费用在完工产品和在产品之间进行分配。

大量大批单步骤生产的企业，由于生产不能间断、产品生产周期非常短，月末一般没有在产品，或者在产品数量很少，因此在计算产品成本时，不必计算在产品成本，生产费用不需要在完工产品和在产品之间进行分配。

大量大批多步骤生产的企业，由于不间断地进行生产，不断地投入和产出，因此月末既有完工产品，也有正在加工中的在产品，在计算产品成本时，必须将生产费用在完工产品和在产品之间进行分配。

单件小批多步骤生产的企业，其成本计算期通常与生产周期一致，同批产品往往同时投产，同时完工，因此在未完工前，所归集的生产费用都是在产品成本，同批产品全部完工后，所归集的生产费用即该批完工产品的成本，一般不需要在完工产品和在产品之间分配生产费用。

任务二　产品成本计算方法

一、产品成本计算的基本方法

产品成本计算方法受企业生产经营特点和成本管理要求的影响，具体而言，生产经营的不同特点和不同的成本管理要求决定了产品成本计算对象、成本计算期和生产费用在完工产品与在产品之间的分配。成本计算对象是区别不同产品成本计算方法的主要标志，一般分为产品品种、产品批次及生产步骤3种，相对应的，产品成本计算的基本方法包括品种法、分批法和分步法3种（表3－2）。

表3－2　3种基本成本计算方法的对比

对比项目	品种法	分批法	分步法
适用范围	大量大批的单步骤生产、大量大批的不计算分步成本的多步骤生产	单件小批的多步骤生产	大量大批的需要计算分步成本的多步骤生产
特点1：成本计算对象	品种	批次	品种及步骤
特点2：成本计算期	定期按月	生产周期	定期按月
特点3：生产费用在完工产品和在产品之间的分配	有在产品时需要分配	一般不需要	通常需要

品种法是以产品品种为成本计算对象，归集、分配生产费用，计算各种产品成本的一种方法。该方法一般适用于大量大批的单步骤生产，例如供水、发电、采掘等；也可用于大量大批的管理上不需分步骤计算成本的多步骤生产，例如水泥生产、酿造、造纸等。品种法定期按月计算成本，成本计算期与会计报告期一致，但与生产周期不一致。采用品种法计算成本时，如果是大量大批的单步骤生产，月末一般没有在产品，则不需要在完工产品和月末在产品之间分配生产费用；如果是大量大批的管理上不需分步骤计算成本的多步骤生产，月末在产品数量多，则需要在完工产品和在产品之间分配生产费用。

分批法是以产品批次为成本计算对象，归集、分配生产费用，计算各批产品成本的一种方法。该方法一般适用于单件小批的多步骤生产，如重型机械制造、船舶制造等。在分批法下，该批产品全部完工以后才计算其实际总成本和单位成本，因此不定期进行成本计算，成本计算期与产品的生产周期一致，与会计报告期不一致。采用分批法计算成本时，同批产品往往同时投产，同时完工，一般不需要将生产费用在完工产品和在产品之间进行分配。

分步法是以产品品种及其生产步骤为成本计算对象，归集、分配生产费用，计算产品成本的一种方法。该方法一般适用于大量大批的管理上要求分步骤计算成本的生产，例如纺织、冶金、一般机械制造等。分步法定期按月计算成本，成本计算期与会计报告期一致，但与生产周期不一致。因为月末在产品数量多，所以分步法通常需要将生产费用在完工产品和在产品之间进行分配。

知识拓展

最基本的成本计算方法

成本计算的3种基本方法是由成本计算对象确定的，受企业生产经营特点和成本管理要求的影响，但不论采用何种成本计算方法，企业最终都必须按照产品品种计算出生产成本，因此，品种法是最基本的成本计算方法。

二、产品成本计算的辅助方法

在产品成本计算的实际工作中，产品的生产情况多种多样，为了减少产品成本计算的工作量，更好地利用企业的管理条件和管理经验，在产品成本计算上还有一些其他方法，如分类法、定额法等。

分类法是以产品类别归集生产费用，再按一定标准在类内各产品之间进行分配，计算产品成本的一种方法。该方法一般适用于产品品种、规格繁多，但每类产品的结构、所用原材料、生产工艺流程都基本相同的企业，如灯泡厂、钉厂、鞋厂等，可以简化成本计算。

定额法是以产品的定额成本为基础，加、减脱离定额差异和定额变动差异，进而计算出产品实际成本的一种方法。该方法适用于管理制度比较健全、定额管理基础工作较好、产品生产定型和消耗定额合理且稳定的企业，目的在于加强成本管理，进行成本控制。

知识拓展

辅助生产方法的应用

分类法和定额法是产品成本计算的辅助方法，需要结合基本方法使用。

三、产品成本计算方法的应用

在实际工作中，一个企业总是将几种方法同时应用或者结合应用。

（一）几种方法同时应用

尽管产品成本计算的方法都有其适用范围，但在实际工作中，企业的产品较多，各种产品的生产特点也不一样，企业实际采用的产品成本计算方法往往不是其中的某一种方法，而是分别采用几种不同的方法或者把几种不同的方法综合应用。例如，某企业生产A、B两种产品，其中A产品是大量大批的多步骤生产，每一步骤的半成品都可以对外销售，则A产品成本计算应该采用分步法，而B产品是大量大批的单步骤生产，应该采用品种法，这样，同一个企业的不同产品就需要采用不同的产品成本计算方法。

此外，有的企业既设有基本生产车间，又设有辅助生产车间。基本生产车间和辅助生产车间的生产特点和管理要求是不一样的，应该采用不同的方法进行成本计算。例如，在钢铁企业中，钢铁生产是大量大批的需要分步骤计算成本的多步骤生产，炼铁车间、炼钢车间、轧钢车间是基本生产车间，应该采用分步法计算成本；供水、发电是大量大批的单步骤生产，供水车间、供电车间是辅助生产车间，应该采用品种法计算成本。

（二）几种方法结合应用

除了同时应用几种方法外，计算某种产品时还可能出现以一种成本计算方法为主，结合采用几种成本计算方法的情况。

例如，单件小批量生产的机械制造企业，一般采用分批法计算产品成本。但产品生产过程由铸造、加工、装配等步骤组成，铸造车间的铸件按品种法计算成本，加工车间、装配车间各自采用分批法计算成本，而铸造车间将铸件转入加工车间和装配车间的结转过程中应采用分步法进行结转。这样，产品成本计算就是以分批法为主，结合品种法和分步法。

项目小结

企业应该根据自身的生产经营特点和管理要求来选用适合本企业的成本计算方法。工业企业生产按照生产工艺流程分为单步骤生产和多步骤生产，按照生产组织方式分为大量生产、成批生产和单件生产。各种成本计算方法的区别主要表现在三方面：成本计算对象、成本计算期和生产费用在完工产品与在产品之间的分配。

产品成本计算的基本方法有 3 种——品种法、分批法、分步法，其中，品种法是成本计算方法中最基本的方法。为了解决某些特定的问题，产生了分类法、定额法等辅助方法。在实际工作中，企业总是将几种成本计算方法同时应用或结合应用。

项目三 教、学、做一体化训练

一、单项选择题

1. 区分产品成本计算方法的主要标志是（　　）。

A. 成本计算期

B. 是否需要在完工产品与在产品之间分配费用

C. 成本计算对象

D. 完工产品与在产品的费用分配方法

2. 决定成本计算对象的因素是生产特点和（　　）。

A. 成本计算实体　　B. 成本计算时期

C. 成本管理要求　　D. 成本计算方法

3. 下列选项中，（　　）属于单步骤生产。

A. 冶金　　B. 服装　　C. 采掘　　D. 家电

4. （　　）是成本计算方法中最基本的方法。

A. 品种法　　B. 分步法

C. 典型分批法　　D. 简化分批法

5. 下列方法中，属于成本计算的辅助方法的是（　　）。

A. 品种法　　B. 分步法

C. 分批法　　D. 分类法

6. 管理上不要求分步骤计算成本的大量大批多步骤生产，适合采用的成本计算方法是（　　）。

A. 分批法　　B. 分步法

C. 品种法　　D. 分类法

7. 企业的辅助生产车间在核算成本时通常采用（　　）。

A. 品种法　　B. 分步法

C. 分批法　　D. 分类法

8. 下列选项中，（　　）属于大量大批生产。

A. 精密仪器　　B. 重型机械

C. 大型船舶　　D. 电

9. 某家大型船舶制造厂在进行成本核算时，总体上应该采用（　　）。

A. 品种法　　B. 分步法

C. 分批法　　D. 分类法

10.（　　）的成本计算期与生产周期一致，与会计报告期不一致。

A. 品种法　　B. 分批法

C. 分步法　　D. 定额法

二、多项选择题

1. 下列属于成本计算基本方法的是（　　）。

A. 品种法　　B. 分批法

C. 分步法　　D. 定额法

2. 工业企业生产按照生产组织可以分为：大量生产、（　　）和（　　）。

A. 单步骤生产　　B. 多步骤生产

C. 成批生产　　D. 单件生产

3. 下列选项中，（　　）属于多步骤生产。

A. 采掘　　B. 冶金

C. 纺织　　D. 家电

4. 下列说法中正确的是（　　）。

A. 大量大批生产通常按月计算成本

B. 单件小批生产的成本计算期与会计报告期一致

C. 单件小批生产一般不需要在完工产品和在产品之间分配费用

D. 大量大批生产月末一定要在完工产品和在产品之间分配费用

5. 企业在确定成本计算对象时必须考虑的因素有（　　）。

A. 企业性质类型　　B. 成本管理的要求

C. 企业生产工艺过程　　D. 生产组织的特点

6. 成本计算的辅助方法有（　　）。

A. 品种法　　B. 分批法

C. 定额法　　D. 分类法

7. 采掘、发电、自来水供应等生产属于（　　）。

A. 单步骤生产　　B. 多步骤生产

C. 大量大批生产　　D. 单件小批生产

8. 下列关于企业成本计算方法的说法中正确的是（　　）。

A. 多种成本计算方法可以同时应用

B. 多种成本计算方法可以结合应用

C. 企业只能根据自己的情况选择一种适用的成本计算方法

D. 成本计算方法一经确定，不得随意变更

9. 下列选项中，（　　）的生产属于单件小批生产。

A. 大型船舶　　B. 重型机械

C. 服装　　D. 新产品试制

10. 下列关于分步法的说法中正确的是（　　）。

A. 分步法以品种及步骤为成本计算对象

B. 分步法的成本计算期与会计报告期一致，与生产周期不一致

C. 分步法的成本计算期与生产周期一致，与会计报告期不一致

D. 应用分步法时月末需要在完工产品和在产品之间分配费用

三、判断题

1. 划分产品成本计算基本方法的主要标志是成本计算对象。（　　）

2. 几种成本计算方法同时应用，是指在计算一种产品成本时，同时采用几种成本计算方法。（　　）

3. 产品成本计算方法只有3种：品种法、分批法和分步法。（　　）

4. 企业产品成本计算方法一经确定，不得变更。（　　）

5. 多步骤生产的企业应该采用分步法计算产品成本。（　　）

6. 计算产品成本时，首先要确定产品成本的计算对象。（　　）

7. 试制新产品时应当采用分批法计算成本。（　　）

8. 分类法是以成本项目为成本计算对象，归集生产费用，计算产品成本的一种方法。（　　）

9. 定额法适用于管理制度比较健全、定额管理基础工作较好、产品生产定型和消耗定额合理且稳定的企业使用。（　　）

10. 采用各种成本计算方法计算产品成本，各月末都要在完工产品和月末在产品之间分配费用。（　　）

四、业务题

李明大学毕业后进入某可乐公司担任成本会计，该可乐公司的业务主要是大量生产罐装可乐。其生产过程是：第一步，生产糖浆；第二步，将糖浆和碳酸水混合制成可乐；第三步，将可乐装入易拉罐包装好。其中，第一步完工的糖浆可以销售别的饮料公司。问：李明应该采用哪种成本计算方法？依据是什么？

项目四

成本计算之品种法

知识目标

（1）掌握品种法的含义、适用范围、特点；
（2）熟悉品种法的成本计算程序。

能力目标

熟练、正确地运用品种法进行成本计算和实务操作。

素质目标

（1）具备维护国家、集体利益的职业意识，遵守财经法规，客观真实地反映每一项经济业务，以诚信为本，坚持准则，恪守会计职业道德；

（2）具有吃苦耐劳、扎实肯干的工作作风和敬业精神，经济业务记录全面，手续齐备，数据规范，字迹工整；

（3）具有较强的岗位适应能力和一定的协调沟通能力，与其他岗位会计团结协作。

本项目知识结构导图

- 品种法
  - 认识品种法
    - 含义
    - 适用范围
    - 特点
    - 成本计算程序
  - 品种法的应用

案例导入

某发电厂只生产电力一种产品。该产品属于大量生产，工艺过程以煤为燃料，对锅炉中的水加热，使其变成高温高压的蒸汽，推动汽轮机迅速旋转，借以带动发电机转动发电。该厂生产的电力产品除供本厂使用外，全部对外供应。该厂应采用什么方法计算电力产品的成本？为什么？如何计算电力产品的成本？

任务一　品种法概述

一、品种法的含义

品种法是以产品品种为成本计算对象，归集分配生产费用，计算各种产品成本的一种方法。采用这种方法，既不要求计算产品批次的成本，也不要求计算生产步骤的成本，只需要计算产品品种的成本即可。

二、品种法的适用范围

品种法一般适用于大量大批的单步骤生产，例如发电、供水、采掘等；也可用于大量大批的成本管理上不要求计算分步成本的多步骤生产，例如小型水泥厂生产、酿造等。企业的辅助生产车间，如供水车间、供电车间、供气车间等，也可以采用品种法计算其产品或劳务的成本。

知识拓展：
品种法的命名

三、品种法的特点

（一）以产品品种作为成本计算对象

在品种法下，以产品品种作为成本计算对象，开设基本生产成本的明细账，归集分配生产过程中发生的费用。如果企业只生产一种产品，则只需设置一个产品成本明细账，账内按成本项目设置专栏，这种品种法称为单一品种的品种法。这时，发生的所有生产费用都可直接归集计入该产品明细账的有关成本项目中，不存在将生产费用在各种产品之间进行分配的问题。如果企业生产多种产品，就需要按每种产品分别设置产品成本明细账，这种品种法称为多品种的品种法。对于生产过程中所发生的费用，凡对象明确能分清应由哪种产品负担的，则直接计入该种产品成本明细账的有关成本项目；凡是几种产品共同耗用而不能分清由哪种产品负担多少数额的费用，则应采用适当的方法，在各种产品之间进行分配，再计入各种产品成本明细账的有关成本项目。

（二）成本计算定期按月进行

采用成本法计算成本的企业，从工艺流程上看，有的是单步骤生产，有的是多步骤生产，但是从生产组织形式上看，都是大量大批生产，不断地重复生产一种或几种产品，因此，不可能等到产品完工时才计算其实际成本，只能定期地在月末计算。因此，品种法定期按月计算成本，成本计算期与会计报告期一致，但与生产周期不一致。

（三）如有在产品、月末生产费用需要在完工产品与在产品之间分配

采用品种法计算产品成本，如果月末没有在产品或只有少量在产品，则不需要在完工产品和月末在产品之间分配生产费用，生产成本明细账上登记的全部生产费用就是该产品的完工成本；如果在产品数量较多，则需要对累计生产费用采用适当的分配方法，将其在完工产品与月末在产品之间进行分配。

四、品种法的成本计算程序

采用品种法计算产品成本时，其基本成本计算程序如下。

（一）按照品种开设产品成本明细账

按产品品种设置产品成本明细账、辅助生产成本明细账、制造费用明细账等，有期初余额的登记期初余额，并按成本项目或费用项目设置专栏。

（二）归集和分配各种要素费用

根据生产过程中各种费用的原始凭证和其他相关资料（如需要分配，编制相关的费用分配表），填制记账凭证，并登记相关明细账。

（三）分配辅助生产费用

将辅助生产成本明细账上归集的辅助生产费用按照各受益部门的耗用量采用适当的方法进行分配，编制辅助生产费用分配表，填制记账凭证，并登记相关明细账。如果辅助生产车间开设了制造费用明细账，需要先将辅助生产车间制造费用明细账上的金额结转到辅助生产成本明细账户，填制记账凭证，并登记相关账簿，再进行辅助生产成本的分配。

（四）分配基本生产车间制造费用

采用一定的方法将基本生产车间制造费用明细账上归集的费用在各种产品之间进行分配，编制制造费用分配表，填制记账凭证，并登记相关明细账。

（五）分配各种完工产品成本和在产品成本

月末，采用适当的方法将产品成本明细账上归集的全部生产费用进行分配，编制产品成本计算单，计算出完工产品总成本、完工产品单位成本和月末在产品成本。

（六）结转产成品生产成本

根据各产品成本计算单中计算出来的本月完工产品成本，填制入库单，结转完工产品成本，编制会计分录，填制记账凭证，并登记相关账簿。

知识拓展

品种法的种类

品种法分为单一品种的品种法和多品种的品种法。单一品种的品种法下，企业生产的是单一品种的产品；多品种的品种法下，企业生产的是多品种的产品。

任务二 品种法的应用

【案例4-1】 兴盛公司设有一个基本生产车间和供电、供水两个辅助生产车间，大量生产R、K两种产品，其中：R产品为多步骤生产，历经两道工序；K产品为单步骤生产。两种产品均采用品种法计算成本，2019年5月份资料如下：

（1）期初资料。

期初在产品成本：R产品52 000元，其中：直接材料22 000元、直接人工22 000元、制造费用8 000元；K产品没有期初余额。

（2）本月生产记录。

①生产数量资料。

R产品本月完工700件，月末在产品200件，其中第一道、第二道工序各100件，单件产品工时定额为5小时，其中：第一道、第二道工序工时定额均为2.5小时。K产品本月1 000件全部完工。R产品本月实际生产工时为4 000小时，材料定额耗用总量为1 800千克，K产品本月实际生产工时为3 000小时，材料定额耗用总量为1 000千克。供电车间、供水车间提供的电量和水量如表4-1所示。

表4-1 辅助生产车间劳务量统计表

2019年5月

受益部门	供电量/度	供水量/立方米
供电车间		1 400
供水车间	4 000	
产品生产	45 000	10 000
基本生产车间	5 000	3 000
行政部门	6 000	3 600
合计	60 000	18 000

②生产费用资料。

a. 根据本月领料单，R产品领用50 000元A材料，K产品领用40 000元A材料，R、K共用A材料28 000元，供电车间领用A材料5 000元。基本生产车间领用B材料4 000元，供水车间领用B材料8 000元，行政部门领用B材料3 000元。

b. 计提本月工资，产品生产工人91 000元、基本车间管理人员25 000元、供电车间23 600元、供水车间24 400元、行政部门50 000元。

c. 计提本月折旧，基本生产车间机器设备原值为500 000元，供电车间机器设备原值为300 000元，供水车间机器设备原值为200 000元，月折旧率均为0.8%。行政部门车辆原值为500 000元，月折旧率为0.75%。

d. 本月摊销一次性预付给新兴公司的经营性租赁固定资产的租金7 000元，其中，基本车间3 000元、供电车间2 000元、供水车间2 000元。

工作任务：

（1）开设R、K两种产品的基本生产成本明细账，供电车间、供水车间两个辅助生产成本明细账，基本车间制造费用以及管理费用的明细账。供电车间、供水车间发生的间接费用直接计入辅助生产成本明细账，不再单独设制造费用账户。

（2）进行本月要素费用的归集分配。产品生产共用A材料的费用按照R、K两种产品材料定额耗用总量比例分配；产品生产工人薪酬按照生产工时分配。

（3）采用交互分配法分配辅助生产费用。产品生产共用水、电费按照生产工时进行分配。

（4）采用工时分配法分配制造费用。

（5）采用约当产量法分配完工产品和在产品成本（材料于生产开始时全部投入，整个生产过程加工程度均衡）。

（6）结转完工产品成本。

案例分析：

运用品种法进行成本计算时，按生产企业成本核算的业务流程，采取以下步骤进行成本计算：第一步，做好成本计算的准备工作，设置成本计算所需要的各种明细账，成本计算所需要设置的明细账一般采用多栏式账页。注意设置产品成本明细账时应按产品品种设置，并按成本项目开设专栏进行金额分析。第二步，平时需要归集分配本月发生的各种要素费用，包括本月发生的各种材料费用、人工费用、折旧费用、摊销租金等，取得或填制相关原始凭证，编制记账凭证，登记相关明细账。第三步，期末按照交互法分配辅助生产费用，编制辅助生产费用分配表，据以编制记账凭证，再登记相关明细账。第四步，分配制造费用，编制制造费用分配表，据以编制记账凭证，再登记相关明细账。第五步，将月初在产品成本与本期发生的生产费用的合计金额，采用约当产量法在完工产品与月末在产品之间进行分配，填制产品成本计算单。第六步，产成品验收入库，填制入库单，结转完工产品成本，编制记账凭证并登记相关明细账。最后，损益类账户管理费用明细账余额进行结转。

产品成本计算实际上就是会计核算中各项成本费用科目的明细核算。为了正确计算各种产品成本，必须正确编制各种费用分配表、记账凭证，并且据以登账。

案例操作：

（1）建账。

兴盛公司设有一个基本生产车间和供电、供水两个辅助生产车间，大量生产R、K两种产品。因此，生产成本下要开设基本生产成本和辅助生产成本两个二级科目，基本生产成本二级科目下开设R、K两个三级明细科目，辅助生产成本二级科目下开设供电、供水两个三级科目，因此，生产成本下的明细账总共有4个。制造费用根据车间开设，兴盛公司有一个基本生产车间和两个辅助生产车间，为了简化核算，供电车间、供水车间发生的间接费用直接计入辅助生产成本明细账，不再单独设制造费用账户，因此制造费用只需要开设一个基本生产车间的明细账就可以。此外，行政部门发生的费用需要开设管理费用明细账。各明细账如表4－9、表4－10、表4－12、表4－17、表4－18、表4－19所示。

（2）归集分配要素费用。

兴盛公司本月共发生了在4笔要素费用：材料费用、人工费用、折旧费、固定资产租赁费摊销。每笔业务处理时的账务流程为：取得填制相关分配表（或计算表），编制会计分录，填制记账凭证，登记相关明细账。

①材料费用：

材料费用的情况如表4－2、表4－3所示。

表4－2 生产用材料费用分配表

2019年5月31日 单位：元

产品	定额耗用量	分配率	分配共用A材料	单独领用A材料	材料费用合计
R产品	1 800	10	18 000	50 000	68 000
K产品	1 000		10 000	40 000	50 000
合计	2 800		28 000	90 000	118 000

表4－3 领用材料汇总表

2019年5月31日 单位：元

领用部门		A材料	B材料
产品生产	R产品	68 000	
	K产品	50 000	
辅助生产	供电车间	5 000	
	供水车间		8 000
基本生产车间			4 000
行政部门			3 000
合计		123 000	15 000

根据领用材料汇总表和生产用材料费用分配表，编制会计分录如下：

借：生产成本——基本生产成本（R产品） 68 000
　　　　　　——基本生产成本（K产品） 50 000
　　　　　　——辅助生产成本（供电车间） 5 000
　　　　　　——辅助生产成本（供水车间） 8 000
　　制造费用——基本生产车间 4 000
　　管理费用 3 000
　贷：原材料——A材料 123 000
　　　　　　——B材料 15 000

②人工费用：

人工费用的情况如表4－4所示。

表4－4 工资分配表

2019年5月31日

人员类别		生产工时/小时	分配率	分配额/元	工资总额/元
产品生产	R产品工人	4 000	13	52 000	52 000
	K产品工人	3 000		39 000	39 000
	小计	7 000		91 000	91 000

续表

人员类别		生产工时/小时	分配率	分配额/元	工资总额/元
基本生产车间管理人员					25 000
辅助生产	供电车间人员				23 600
	供水车间人员				24 400
行政部门人员					50 000
合计					214 000

根据工资分配表，编制会计分录如下：

借：生产成本——基本生产成本（R 产品）　52 000
　　　　　　——基本生产成本（K 产品）　39 000
　　　　　　——辅助生产成本（供电车间）　23 600
　　　　　　——辅助生产成本（供水车间）　24 400
　　制造费用——基本生产车间　25 000
　　管理费用　50 000
　贷：应付职工薪酬　214 000

③折旧费用：

折旧费情况如表 4－5 所示。

表 4－5　折旧费计提计算表

2019 年 5 月 31 日

部门		固定资产原值/元	月折旧率/%	计提金额/元
辅助生产	供电车间	300 000	0. 8	2 400
	供水车间	200 000		1600
基本生产车间		500 000		4 000
行政部门		500 000	0. 75	3 750
合计		1 500 000	—	11 750

根据折旧费计提计算表，编制会计分录如下：

借：生产成本——辅助生产成本（供电车间）　2 400
　　　　　　——辅助生产成本（供水车间）　1 600
　　制造费用——基本生产车间　4 000
　　管理费用　3 750
　贷：应付职工薪酬　11 750

④固定资产租赁情况：

固定资产租赁费情况如表 4－6 所示。

表 4-6 固定资产租赁费摊销计算表

2019 年 5 月 31 日　　　　单位：元

部门	摊销额
供电车间	2 000
供水车间	2 000
基本生产车间	3 000
合计	7 000

根据固定资产租赁费摊销计算表，编制会计分录如下：

借：生产成本——辅助生产成本（供电车间）　　2 000

　　　　　——辅助生产成本（供水车间）　　2 000

　　制造费用——基本生产车间　　3 000

　贷：预付账款——新星公司　　7 000

(3) 分配辅助生产费用。

相关表格见表 4-7～表 4-10。

兴盛公司辅助生产费用分配采用交互分配法，交互分配法分为两步：第一步，内部交互分配；第二步，对外分配。每个步骤的业务都需要填制分配表，编制会计分录，填制记账凭证，登记相关明细账。辅助生产费用分配完毕之后，供电和供水两个辅助生产费用的明细账账面余额应该为零。

表 4-7 辅助生产费用分配表

2019 年 5 月 31 日

项目		交互分配				对外分配				
		分配电费		分配水费		分配电费		分配水费		合计
		数量/度	金额/元	数量/立方米	金额/元	数量/度	金额/元	数量/立方米	金额/元	
待分配费用			33 000		36 000		33 600		35 400	69 000
劳务供应量		60 000		18 000		56 000		16 600		
费用分配率			0.55		2		0.6		2.132 5	
受益部门	供电车间			1 400	2 800					
	供水车间	4 000	2 200							
	产品生产					45 000	27 000	10 000	21 325	48 325
	基本生产车间					5 000	3 000	3 000	6 397.5	9 397.5
	行政部门					6 000	3 600	3 600	7 677.5	11 277.5
合计		4 000	2 200	1 400	2 800	56 000	33 600	16 600	35 400	69 000

根据辅助生产费用分配表，编制交互分配的会计分录如下：

借：生产成本——辅助生产成本（供电车间）　　2 800

——辅助生产成本（供水车间）　　2 200
贷：生产成本——辅助生产成本（供电车间）　　2 200
——辅助生产成本（供水车间）　　2 800

表 4-8　产品生产用水、电费分配表

2019 年 5 月 31 日

产品	生产工时/小时	分配率	分配金额/元
R 产品	4 000	6.9036	27 614.4
K 产品	3 000		20 710.6
合计	7 000		48 325

根据辅助生产费用分配表和产品生产用水、电费分配表，编制对外分配的会计分录如下：

借：生产成本——基本生产成本（R 产品）　　27 614.4
——基本生产成本（K 产品）　　20 710.6
制造费用——基本生产车间　　9 397.5
管理费用　　11 277.5
贷：生产成本——辅助生产成本（供电车间）　　33 600
——辅助生产成本（供水车间）　　35 400

表 4-9　辅助生产费用明细账

车间：供电车间　　单位：元

日期	摘要	借方	贷方	余额	直接材料	直接人工	其他
5.31	领用材料	5 000		5 000	5 000		
5.31	计提工资	23 600		28 600		23 600	
5.31	计提折旧	2 400		31 000			2 400
5.31	摊销租金	2 000		33 000			2 000
5.31	交互分配辅助生产费用（分进）	2 800		35 800	2 800		
5.31	交互分配辅助生产费用（分出）		2 200	33 600	2 200		
5.31	对外分配辅助生产		33 600	0	5 600	23 600	4 400
5.31	本月合计	35 800	35 800	0			

表 4-10　辅助生产费用明细账

车间：供水车间　　单位：元

日期	摘要	借方	贷方	余额	直接材料	直接人工	其他
5.31	领用材料	8 000		8 000	8 000		
5.31	计提工资	24 400		32 400		24 400	
5.31	计提折旧	1 600		34 000			1 600

续表

日期	摘要	借方	贷方	余额	直接材料	直接人工	其他
5.31	摊销租金	2 000		36 000			2 000
5.31	交互分配辅助生产费用（分进）	2 200		38 200	2 200		
5.31	交互分配辅助生产费用（分出）		2 800	35 400	2 800		
5.31	对外分配辅助生产		35 400	0	7 400	24 400	3 600
5.31	本月合计	38 200	38 200	0			

（4）分配制造费用。

相关表格见表4－11、表4－12。

制造费用分配采用工时分配法，填制制造费用分配表，编制会计分录，填制记账凭证，登记相关明细账。制造费用分配完毕之后，全部制造费用都分给了生产成本，因此，制造费用的明细账账面余额也应该为零。

表4－11　制造费用分配表

2019年5月31日

产品	生产工时/小时	分配率	分配金额/元
R产品	4 000	6.485 4	25 941.6
K产品	3 000		19 455.9
合计	7 000		45 397.5

根据制造费用分配表，编制会计分录如下：

借：生产成本——基本生产成本（R产品）　　25 941.6

　　　　　　——基本生产成本（K产品）　　19 455.9

　贷：制造费用——基本生产车间　　45 397.5

表4－12　制造费用明细账

车间：基本生产车间　　单位：元

日期	摘要	借方	贷方	余额	机物料消耗	管理人员薪酬	其他
5.31	领用材料	4 000		4 000	4 000		
5.31	计提工资	25 000		29 000		25 000	
5.31	计提折旧	4 000		33 000			4 000
5.31	摊销租金	3 000		36 000			3 000
5.31	分配辅助生产费用	9 397.5		45 397.5	9 397.5		
5.31	分配制造费用		45 397.5	0	13 397.5	25 000	7 000
5.31	本月合计	45 397.5	45 397.5	0			

（5）分配完工产品和在产品成本。

相关表格见表4－13、表4－14。

完工产品和在产品之间成本的分配需要编制产品成本计算单来计算。因为有两种产品，因此，产品成本计算单应该有两张。因为K产品全部完工，期末没有余额，所以K产品不需要在完工和在产品之间分配生产费用，本月发生的所有的生产费用都是完工产品的成本。R产品需要在完工产品和在产品之间按照约当产量法进行分配，期末有余额。

表4－13　产品成本计算单

2019年5月31日

生产单位：基本生产车间　　　　产品名称：R产品　　　　单位：元

摘要	直接材料	直接人工	制造费用	合计
期初在产品成本	22 000	22 000	8 000	52 000
本期生产费用	95 614.4	52 000	25 941.6	173 556
累计生产费用	117 614.4	74 000	33 941.6	225 556
完工产品数量	700	700	700	—
在产品约当产量	200	100	100	—
约当总产量	900	800	800	—
分配率	130.682 7	92.5	42.427	265.609 7
本期完工总成本	91 477.86	64 750	29 698.9	185 926.76
期末在产品成本	26 136.54	9 250	4 242.7	39 629.24

表4－14　产品成本计算单

2019年5月31日

生产单位：基本生产车间　　　　产品名称：K产品　　　　单位：元

摘要	直接材料	直接人工	制造费用	合计
本期生产费用	70 710.6	39 000	19 455.9	129 166.5
累计生产费用	70 710.6	39 000	19 455.9	129 166.5
本期完工总成本	70 710.6	39 000	19 455.9	129 166.5
完工单位成本	70.71	29	19.46	129.17

（6）结转完工产品成本。

相关表格见表4－15～表4－18。

根据上面的产品成本计算单算出的完工产品成本，把完工产品验收入库，填写入库单，编制会计分录，填制记账凭证，登记相关明细账。

表 4－15　入库单

生产单位：基本生产车间　　　　　　2019 年 5 月 31 日

产品名称	单位	数量	单价	金额
R 产品	件	700	265. 61	185 926. 76
合计				185 926. 76

表 4－16　入库单

生产单位：基本生产车间　　　　　　2019 年 5 月 31 日

产品名称	单位	数量	单价/元	金额/元
K 产品	件	1 000	129. 17	129 166. 5
合计				129 166. 5

根据产品成本计算单和入库单，编制会计分录如下：

借：库存商品——R 产品　　　　185 926. 76

　　　　　　——K 产品　　　　129 166. 50

　贷：生产成本——基本生产成本（R 产品）　　　　185 926. 76

　　　　　　　——基本生产成本（K 产品）　　　　129 166. 50

表 4－17　生产成本明细账

产品名称：R 产品　　　　　　　　　　　　　　　　单位：元

日期	摘要	借方	贷方	余额	直接材料	直接人工	制造费用
5. 1	期初余额			52 000	22 000	22 000	8 000
5. 31	领用材料	68 000		120 000	68 000		
5. 31	计提工资	52 000		172 000		52 000	
5. 31	分配辅助生产费用	27 614. 4		199 614. 4	27 614. 4		
5. 31	分配制造费用	25 941. 6		225 556			25 941. 6
5. 31	结转完工成本		185 926. 76	39 629. 24	91 477. 86	64 750	29 698. 9
5. 31	本月合计	175 556	185 926. 76	39 629. 24	26 136. 54	9 250	4 242. 7

表 4－18 生产成本明细账

产品名称：K 产品　　　　单位：元

日期	摘要	借方	贷方	余额	直接材料	直接人工	制造费用
5.31	领用材料	50 000		50 000	50 000		
5.31	计提工资	39 000		89 000		39 000	
5.31	分配辅助生产费用	20 710.6		109 710.6	20 710.6		
5.31	分配制造费用	19 455.9		129 166.5			19 455.9
5.31	结转完工成本		129 166.5	0	70 710.6	39 000	19 455.9
5.31	本月合计	129 166.5	129 166.5	0			

（7）结转管理费用。

管理费用明细账见表 4－19。

管理费用属于损益类账户，损益类账户的期末余额要结转到本年利润账户中去，结转完毕之后，管理费用的账面余额应该为零。

结转管理费用，编制会计分录如下：

借：本年利润　　68 027.5

　贷：管理费用　　68 027.5

表 4－19 管理费用明细账　　单位：元

日期	摘要	借方	贷方	余额	机物料消耗	行政人员薪酬	其他
5.31	领用材料	3 000		3 000	3 000		
5.31	计提工资	50 000		53 000		50 000	
5.31	计提折旧	3 750		56 750			3 750
5.31	分配辅助生产费用	11 277.5		68 027.5	11 277.5		
5.31	结转管理费用		68 027.5	0	14 277.5	50 000	3 750
5.31	本月合计	68 027.5	68 027.5	0			

知识拓展

成本核算的岗位设置

运用品种法进行成本计算是一种综合性的岗位实训，其成本会计核算岗位，如果进行细分可以分解为材料岗位、工资岗位、固定资产岗位、辅助生产费用岗位、制造费用岗位、管理费用岗位、成本分配岗位、成本会计主管岗位等。每个岗位的工作任务均可以分解为以下4个细分任务：根据原始凭证计算整理各项费用数据；编制各项费用分配表；根据各项费用分配表编制记账凭证；根据记账凭证登记相应的成本费用明细账。同学们可以分岗模拟后，在各岗位间进行混岗模拟实训，综合掌握品种法的业务处理，还可以分组依次在各岗位之间轮岗模拟。

项目小结

产品成本计算的品种法是以产品品种为成本计算对象，归集分配生产费用，计算各种产品成本的一种方法。品种法是产品成本计算方法中最基本的计算方法。该方法一般适用于大量大批的单步骤生产，大量大批的管理上不需分步骤计算成本的多步骤生产，供水、供电等辅助生产车间。品种法定期按月计算成本，成本计算期与会计报告期一致，但与生产周期不一致。在采用品种法计算成本时，如果月末有在产品，则需要在完工产品和月末在产品之间分配生产费用。

采用品种法进行成本计算，按照工业企业成本核算的业务流程，一般分为以下几个步骤：按产品品种设置产品成本明细账；归集分配各种要素费用；分配辅助生产费用；分配基本生产车间制造费用；在完工产品与月末在产品之间进行成本分配并结转完工产品成本。

项目四　教、学、做一体化训练

一、单项选择题

1. （　　）可以采用品种法。
A. 大量大批连续式多步骤生产，管理要求提供半成品成本资料
B. 大量大批装配式多步骤生产，管理要求提供半成品成本资料
C. 单件小批生产
D. 大量大批单步骤生产

2. 成本计算最基本的方法是（　　）。
A. 品种法　　B. 分批法
C. 分步法　　D. 定额法

3. 品种法的成本计算期是（　　）。
A. 会计报告期　　B. 生产周期
C. 存货周转期　　D. 企业生命周期

4. 品种法的生产成本明细账和生产成本计算单是按照（　　）开设的。
A. 批次　　B. 成本项目　　C. 步骤　　D. 品种

5. 品种法的生产组织形式是（　　）。
A. 大量大批　　B. 单件小批　　C. 分散　　D. 集中

6. 品种法的成本计算程序（　　）。
A. 最具代表性　　B. 最具特殊性
C. 最不完善　　D. 与其他方法的程序完全不同

7. 品种法适用于（　　）。
A. 大型船舶工厂　　B. 自来水公司
C. 飞机制造厂　　D. 纺织工厂

8. 发电、自来水生产、采掘等行业的生产组织形式属于（　　）。
A. 规模不确定的生产　　B. 单件小批生产

C. 大量大批生产　　D. 多步骤生产

9. 某车间采用品种法计算产品成本，车间生产两种产品——甲产品和乙产品，则在开设产品成本明细账时（　　）。

A. 甲、乙各开设一个生产成本明细账　　B. 甲、乙合并开设一个生产成本明细账

C. 视生产情况而定　　D. 不能确定

10. 某水泥厂属于多步骤生产，但是成本管理上不要求计算每一步的成本，则可以采用的成本计算方法是（　　）。

A. 分步法　　B. 品种法　　C. 分类法　　D. 分批法

二、多项选择题

1. 品种法的适用范围包括（　　）。

A. 大量大批单步骤生产

B. 大量大批不需要计算分步成本的多步骤生产

C. 大量大批需要计算分步成本的多步骤生产

D. 供水、供电等辅助生产部门

2. （　　）可以采用品种法计算成本。

A. 电力公司　　B. 自来水公司　　C. 采掘业　　D. 服装厂

3. 下列属于品种法的特点的是（　　）。

A. 以品种为对象

B. 产品成本计算与会计报告期一致

C. 产品成本计算与生产周期一致

D. 期末如果有在产品，需要在完工产品和在产品之间分配生产费用

4. 发电、自来水生产属于（　　）。

A. 大量大批生产　　B. 单件小批生产

C. 单步骤生产　　D. 多步骤生产

5. 品种法是成本计算最基本的方法是因为（　　）。

A. 各种方法最终都要计算出产品的品种成本

B. 品种法的成本计算程序是成本计算的基本程序

C. 品种法定期按月计算成本

D. 应用品种法时月末需要在完工产品和在产品之间分配生产费用

6. 品种法的计算程序包括（　　）。

A. 按照品种开设生产成本明细账

B. 平时归集分配要素费用

C. 期末分配辅助生产费用和制造费用

D. 月末在完工产品和在产品之间分配生产费用，并结转完工成本

7. 品种法下，只生产一种产品的企业（　　）。

A. 为了简化核算，可以把成本计算单和产品成本明细账合二为一

B. 只设置一张成本计算单

C. 按生产步骤开设生产成本明细账

D. 按生产步骤开设产品成本计算单

8. 下列说法中正确的是（　　）。

A. 品种法按照产品的品种开设产品成本明细账

B. 大量大批的多步骤生产除了计算品种成本还得计算步骤成本

C. 品种法下月末必须在完工产品和在产品之间分配生产费用

D. 品种法的成本计算期与会计报告期一致

9. 产品成本包括（　　）。

A. 产品生产使用的材料费　　B. 生产工人工资

C. 车间维修费　　D. 销售部门人员工资

10. 计算产品成本时，各部门人员工资可以借记（　　）。

A. 基本生产成本　　B. 辅助生产成本

C. 制造费用　　D. 管理费用

三、判断题

1. 品种法下，月末需要在完工产品和在产品之间分配生产费用。（　　）

2. 品种法只适用于大量大批单步骤生产的企业。（　　）

3. 品种法下，产品成本计算与生产周期一致，与会计报告期不一致。（　　）

4. 用品种法计算产品成本，不存在生产费用在各种产品之间的分配。（　　）

5. 品种法是产品成本计算最基本的方法。（　　）

6. 任何企业都能用品种法计算成本。（　　）

7. 产品成本计算程序中，辅助生产部门发生的间接费用可以开设“制造费用——辅助生产车间”明细账，也可以直接计入“生产成本——辅助生产成本”明细账（　　）

8. 品种法下，产品成本明细账中成本项目通常有 3 个：直接材料、直接人工、制造费用。（　　）

9. 如果生产一种产品，可以简化核算，将所发生的全部生产费用都直接计入生产成本，不需要再分配生产费用。（　　）

10. 车间维修费应计入产品成本。（　　）

四、业务题

1. 实训目的

掌握品种法的运用，能熟练地运用品种法进行账务处理。

2. 实训资料

新兴公司设有一个基本生产车间，大量生产 G 产品，采用品种法计算产品成本。G 产品 2019 年 5 月份生产成本明细账期初余额为：直接材料 40 000 元、直接人工 8 000 元、制造费用 8 000 元。根据领料单，本月领用材料共计 22 000 元，其中：G 产品生产共领用 20 000 元、车间领用 2 000 元。本月薪酬共计 20 000 元，其中：G 产品生产工人薪酬 12 000 元、车间管理人员薪酬 8 000 元。本月计提折旧的机器设备原值为 600 000 元，月折旧率为 0.75%。月末完工产品为 100 件，在产品为 50 件。材料于生产开始时全部投入，在产品加工程度均衡，月末完工产品和在产品采用约当产量法分配生产费用。

3. 实训要求

（1）开设产品成本计算单、制造费用明细账。

（2）填制领用材料汇总表、职工薪酬汇总表、折旧费计提计算表，编制会计分录，登记明细账。

（3）填制制造费用分配表，编制会计分录，登记明细账。

（4）分配完工产品和在产品成本，填制产品成本计算单，编制会计分录，结转完工成本。

4. 实训过程

具体如表 4－20～表 4－24 所示。

表 4－20　领用材料汇总表

年　月　　　　　　　　单位：元

领用部门	金额
G 产品生产	
车间	
合计	

表 4－21　职工薪酬汇总表

年　月　　　　　　　　单位：元

人员类别	合计
生产工人	
车间管理人员	
合计	

表 4－22　折旧费计提计算表

年　月　　　　　　　　单位：元

固定资产	原值	折旧率	折旧额
机器设备			

表 4－23　制造费用明细账

车间：　　　　　　　　单位：元

日期	摘要	借方	贷方	余额	机物料消耗	管理人员薪酬	其他
5.31	领用材料						
5.31	计提工资						
5.31	计提折旧						
5.31	结转制造费用						
5.31	本月合计						

表 4－24　新兴公司产品成本计算单

品名：　　　　　　　　　　　　　　年　月　　　　　　　　　　　　　　单位：元

日期	项目	直接材料	直接人工	制造费用	合计
5.1	期初在产品成本				
5.31	本期生产费用				
5.31	累计生产费用				
5.31	完工产品数量				
5.31	在产品约当产量				
5.31	约当总产量				
5.31	费用分配率				
5.31	本期完工产品成本				
5.31	期末在产品成本				

项目五

成本计算之分批法

知识目标

（1）掌握分批法的含义、特点、适用范围、种类；

（2）熟悉典型分批法和简化分批法的成本计算程序，掌握简化分批法的特点。

能力目标

能够熟练、正确地运用典型分批法和简化分批法进行成本计算和实务操作。

素质目标

（1）具备维护国家、集体利益的职业意识，遵守财经法规，客观真实地反映每一项经济业务，以诚信为本，坚持准则，恪守会计职业道德；

（2）具有吃苦耐劳、扎实肯干的工作作风和敬业精神，经济业务记录全面，手续齐备，数据规范，字迹工整；

（3）具有较强的岗位适应能力和一定的协调沟通能力，与其他岗位会计团结协作。

本项目知识结构导图

- 分批法
  - 认识分批法
    - 含义
    - 适用范围
    - 特点
    - 成本计算程序
    - 种类
  - 典型分批法：具体应用
  - 简化分批法

案例导入

某公司属于单件小批量生产企业，按客户订单组织产品生产。该公司在2018年9月除继续加工上月投产的3批产品外，又投产4批产品，月末完工4批产品。该公司应该采用哪种成本计算方法？为什么？应设置几张产品成本计算单？怎样计算各批产品成本？

任务一　分批法概述

一、分批法的含义

分批法也称订单法，是以产品批次（或生产订单，即生产任务通知单）为成本计算对象，归集分配生产费用，计算各批产品成本的一种方法。产品批次是按照一定品种、一定批量产品划分的，因此，分批法也是计算一定品种、一定批量的产品成本的方法。

知识拓展

如何划分产品批次

分批法下划分批次主要有3种形式：客户订单、化整为零、化零为整。在单件小批生产的企业里，有时每个客户订单所订购的产品种类不同、规格不一，采用的原料及制造方法、定做的数量各异，各订单的具体要求有所不同，这种情况下，企业下达的生产任务通知单与客户订单一致，必须与生产其他订单产品的成本区分开来，分别为每一个订单归集费用，计算每一个订单产品的成本。尤其是订货合同规定根据成本定价时，由于在各订单完工时要报给订货者这批产品的成本，更需要按客户订单来计算成本。这时按批、按件计算产品成本，往往也就是按照客户订单计算产品成本。但是，如果在一个客户订单中规定有几种产品，或虽然只有一种产品但其数量较大，超过了企业生产负荷能力或要求分批交货时，如果按客户订单组织生产，就不利于按产品品种考核、分析成本计划的完成情况，从生产管理上也不便于集中一次投料，或满足不了分批交货的要求。针对这一情况，企业生产计划部门可以将客户订单按照产品品种划分批次组织生产，或者将同类产品划分数批组织生产，计算成本。再者，如果一个订单中只规定一件产品，但其属于大型复杂的产品，价值较大，生产周期较长，如大型船舶制造，也可以按照产品的组成部分分批组织生产，计算成本，这就是化整为零。此外，如果在同一时期内，企业接到不同购货单位要求生产同种同规格产品的几个订单，为了经济合理地组织生产，企业生产计划部门也可以将其合并为一批组织生产，计算成本，这就是化零为整。综上所述，分批法下企业组织生产不应该完全以客户订单为准，而应该以企业生产计划部门根据实际情况调整客户订单签发下达的生产任务通知单为准，生产任务通知单内应对该批生产任务进行编号，亦即产品批次。

二、分批法的适用范围

分批法一般适用于单件小批的多步骤生产，如重型机械、船舶、精密仪器、专用设备仪器等的生产，也可用于新产品试制或机器设备修理、辅助工具模具的制造等。具体来说，主要有以下 4 种情形：根据客户订单组织生产的企业、产品种类经常变动的小规模制造厂、承揽修理业务的工厂或车间、新产品试制车间。这些企业或车间的共同特点是一批产品通常不重复生产，或者即使重复生产，也是不定期的。企业生产计划的编制及日常检查、核算工作，都以生产订单为依据。

三、分批法的特点

（一）以产品的批次作为成本计算对象

分批法是以产品的批次为成本计算对象，会计部门根据生产任务通知单上的批次开设生产成本明细账，计算产品成本。企业的生产调度部门下达生产任务通知单后，仓库根据生产任务通知单准备材料，发生生产费用就按生产任务通知单上注明的产品批次进行归集。由于各批产品往往耗用相同的原材料、半成品和直接人工，因此在组织生产过程中，如果是直接计入费用，都必须标明生产任务通知单，防止串工串料；如果是间接计入费用，则要采用适当的分配方法在各批次产品之间进行分配，然后计入各产品成本明细账。由于分批法下存在多个成本计算对象，间接计入费用多，为了提高成本核算的正确性，要合理选择分配方法。

（二）成本计算按产品生产周期进行

在分批法下，对各批次产品发生的生产费用进行归集、分配，但产品成本负担的起讫期是从某批产品的开工至完工，为了保证各批次产品成本计算的正确性，各批次产品成本明细账（生产成本计算单）的设置和结算，应与生产任务通知单的签发和结束密切配合，协调一致，批内产品一般同时完工，所以，各批次产品成本一般在该批次产品全部完工以后，在完工月份才计算确定。因此，分批法的成本计算是不定期的，其成本计算期与产品的生产周期一致，与会计报告期不一致。

（三）一般不需要在完工产品与在产品之间分配生产费用

在单件生产中，由于完工产品成本计算期与产品的生产周期一致，因此，产品完工前，其产品成本明细账所归集的生产费用，均为在产品成本；产品完工后，其产品成本明细账所归集的生产费用，就是完工产品成本，因此在月末计算成本时，不存在生产费用在完工产品与在产品之间分配的问题。

在小批生产中，由于产品批量较小，批内产品同时投产，一般都能同时完工，或者在相距不久的时间内全部完工。如果该批次产品全部没有完工，则该批次产品生产成本明细账中所归集的生产费用都是在产品成本。如果该批次产品全部完工并检验合格，应由生产车间填制完工通知单，报送财务部门，此时产品生产成本明细账上的全部费用都是完工产品成本。因此，产品或是全部已经完工，或是全都没有完工，一般也不存在完工产品与在产品之间费用分配的问题。

但是，如果批内产品有跨月陆续完工的情况，一部分产品已完工，另一部分产品尚未完工，尤其是陆续完工陆续交付使用的情况下，交付对方使用的产品必须作出库的账务处理，而在作出库的账务处理之前，必须先作完工产品验收入库的账务处理，否则库存商品会出现负数，这时就有必要在完工产品和在产品之间分配费用，以便计算完工产品成本和在产品成本。如果跨月陆续完工的情况不多，完工产品数量占批量比重较小，可以采用估算的方法，按计划单位成本、定额单位成本或近期相同产品的实际单位成本和完工产品数量来计算完工产品总成本，把完工产品成本从产品成本明细账中转出。从产品成本明细账中转出完工产品成本后，明细账上所剩各项费用余额之和即在产品成本。在该批次产品全部完工以后，为了正确地分析和考核该批次产品成本的计划执行情况，还是要计算该批次产品的实际总成本和单位成本，但对已经转账的完工产品成本，不作账面调整，直接用之前产品成本明细账上剩余的产品成本作为最后完工这部分产品的成本即可。这种方法的核算工作虽然简单，但分配结果计算不太准确。因此，在批内产品跨月陆续完工情况较多，完工产品数量占批量比重较大时，为了提高成本计算的准确性，可采用定额比例法、约当产量法等方法，在完工产品与在产品之间分配费用，计算完工产品成本和在产品成本。

为了减少完工产品与月末在产品之间分配费用的工作量，提高分批法成本计算的准确性，应使同一批次产品尽量同时完工，避免跨月陆续完工的情况，在合理组织生产的前提下，可以适当缩小产品的批量。但是，缩小产品批量也应有一定的限度，如果批量过小，不仅会使生产组织方式不合理、不经济，而且也会使设立的产品生产明细账过多，从而加大核算工作量。这就要求财会部门和生产调度部门加强协调，做到既有利于组织生产，又有利于财会部门组织成本核算。

四、分批法的成本计算程序

采用分批法计算产品成本时，其基本成本计算程序如下。

（一）按照批次开设产品成本明细账

按照产品批次设置产品成本明细账，并按照成本项目或费用项目设置专栏。在生产开始时，企业的生产计划部门下达生产任务通知单，财务部门根据每一个生产任务通知单开设产品成本明细账，并在账上注明产品批次以及生产任务通知单上所提供的其他规定性或说明性信息，如产品的品名、规格等。产品成本明细账的开设和结账应注意同生产通知单的签发和结束配合一致，各批次之间不能混同或串户，以保证各批次产品成本计算的正确性。

（二）归集和分配各种要素费用

对于当月发生的各项生产费用，应根据生产过程中各种费用的原始凭证和其他相关资料（如需要分配，编制相关的费用分配表），填制记账凭证，并登记相关明细账。

在分批法下，要按照产品批次分配和归集生产费用。企业在生产产品领用各种原材料、耗用有关费用时，能在原始凭证上注明产品批号的，属于直接计入费用，根据费用的原始凭证编制记账凭证后直接归集到该批次产品生产成本明细账的相应成本项目中；对于多批次产品共同发生的不能分清属于哪个批次产品的间接计入费用，则应根据原始凭证上标明的用途按相应的费用项目归集，再按照企业确定的费用分配方法编制各种费用分配表，在各批次产品之间进行分配，再编制记账凭证分别登记到各批次产品生产成本明细账中。

（三）分配辅助生产费用

在设有辅助生产车间的企业，如果辅助生产车间开设有制造费用明细账，月末先将辅助生产车间制造费用明细账上的金额结转到辅助生产成本明细账户，填制记账凭证，并登记相关账簿，再将辅助生产成本明细账上归集的辅助生产费用按照各受益部门的耗用量采用适当的方法分配给各受益对象，编制辅助生产费用分配表，填制记账凭证，并登记相关明细账。

（四）分配基本生产车间制造费用

基本生产车间制造费用应由该生产车间所生产的各批次产品成本负担，月末需要将归集的制造费用按照一定的分配方法在各批次产品之间进行分配，编制制造费用分配表，填制记账凭证，并登记相关生产成本明细账。

（五）计算并结转完工产品成本

月末，填制产品成本计算单、入库单，编制会计分录，填制记账凭证，并登记相关明细账。

五、分批法的种类

（一）典型分批法

典型分批法又称为分批计算在产品成本的分批法，每月各批次无论是否有完工产品，都要按受益对象分配间接计入费用给各批次产品。典型分批法下间接计入费用采用一般分配法（又称为当月分配法），主要适用于当月可以完工的、生产周期短的单件小批生产企业。

（二）简化分批法

简化分批法又称为不分批计算在产品成本的分批法，只有在有批次产品完工的月份，才将归集的间接计入费用分配给各批次完工产品成本。简化分批法下间接计入费用采用累计分配法，主要适用于同一月份投产批数多且月末未完工批数多、各月间接计入费用相差不大的企业。

任务二　典型分批法的应用

【案例5－1】　青达工厂设有一个基本生产车间，生产小批量产品E、F，接车间下达的生产任务通知单组织生产，采用典型分批法计算成本。该厂在2019年4月份除了继续对原有的C1批次、C2批次、C3批次的产品继续进行加工外，4月5日新投产C4批次，为星晴工厂生产F产品30件。

（1）期初资料。

青达工厂2019年4月期初数据如表5－1所示。

表5－1　青达工厂2019年4月期初数据

生产批号	产品	订货单位	投产时间	产量/件	直接材料/元	直接人工/元	制造费用/元
C1批次	E	庆元工厂	3.5	20	100 000	10 000	7 600
C2批次	F	通源工厂	3.8	50	150 000	25 000	13 500
C3批次	E	庆元工厂	3.15	40	200 000	20 000	15 200

（2）本月生产记录。

①生产完工批次：本月30日，C1批次20件E产品全部完工入库；C2批次50件F产品全部完工验收入库；C3批次40件E产品中有5件完工验收入库，其余未完工；C4批次

30 件 F 产品全部未完工。因 C3 批次少量完工，按定额单位成本估算完工 E 产品成本，直接材料为 5 760 元，直接人工为 970 元，制造费用为 510 元。

②材料费：根据本月各领料单，共计 159 100 元，其中：C1 批次单独领用材料 6 000 元，C2 批次单独领用材料 32 000 元，C3 批次单独领用材料 15 500 元，C4 批次单独领用材料 37 500 元，4 个批次共用材料 63 000 元，车间领用材料 5 100 元。产品生产共用材料费按照定额用量分配，C1 批次 1 000 千克，C2 批次 2 000 千克，C3 批次 1 500 千克，C4 批次 2 500千克。

③人工费：共计 101 400 元，其中：生产工人薪酬 86 400 元、车间管理人员薪酬 15 000 元。生产工人薪酬按生产工时分配，C1 批次 1 600 小时，C2 批次 6 000 小时，C3 批次 3 200 小时，C4 批次 3 600 小时。

④折旧费：车间机器设备原值为 200 000 元，月折旧率为 0.75%。

工作任务：

(1) 根据批次开设产品生产成本明细账、基本生产车间制造费用明细账。

(2) 进行本月要素费用的归集分配。产品生产共用材料按照定额用量比例分配；产品生产工人薪酬按照生产工时分配。

(3) 采用工时分配法分配制造费用。

(4) 计算完工产品成本，C3 批次批内完工产品采用定额单位成本估算。

(5) 结转完工产品成本。

案例分析：

典型分批法下，当月发生的直接计入费用（对象明确，无须分配的费用）直接计入各批次生产成本，间接计入费用（对象不明，需要在各受益对象间分配的）不论是否完工，全部在当月进行分配，按照一定的分配方法分给各成本计算对象。

运用典型分批法进行成本计算时，按制造业企业成本核算的业务流程，采取以下步骤进行成本计算：第一步，做好成本计算的准备工作，设置成本计算所需要的各种明细账，注意应按产品批次设置产品成本明细账，并按成本项目开设专栏进行金额分析。第二步，按照各要素费用的用途，分清各批次产品的费用，并进行归集分配。取得或填制相关原始凭证，编制记账凭证，登记相关明细账。第三步，分配制造费用，编制制造费用分配表，填制记账凭证，登记相关明细账。第四步，计算完工产品成本，批内陆续完工的采用估量法估算完工产品成本。第五步，结转完工产品成本，填制入库单，编制会计分录，填制记账凭证，登记相关明细账。

案例操作：

(1) 建账。

产品生产有 4 个批次，因此要开设 C1、C2、C3、C4 四个表批次的生产成本明细账，此外，基本生产车间需要开设制造费用明细账。具体见表 5-6、表 5-12、表 5-13、表 5-14、表 5-15。

(2) 归集分配本月要素费用。

青达工厂本月共发生了 3 笔要素费用：材料费用、人工费用、折旧费。每笔业务处理时的账务流程为：填制相关分配表（或计算表），编制会计分录，填制记账凭证，登记相关明细账。

①材料费用。

领用材料汇总表如表 5－2 所示。

表 5－2　领用材料汇总表

2019 年 4 月 30 日

领用部门		单独领用/元	共同领用			合计/元
			定额用量/千克	分配率	分配额/元	
产品生产	C1 批次	6 000	1 000	9	9 000	15 000
	C2 批次	32 000	2 000		18 000	50 000
	C3 批次	15 500	1 500		13 500	29 000
	C4 批次	37 500	2 500		22 500	60 000
	小计	91 000	7 000		63 000	154 000
基本生产车间		5 100				5 100
合计		96 100			63 000	159 100

根据领用材料汇总表，编制会计分录如下：

借：生产成本——基本生产成本（C1 批次）　15 000

　　　　　　——基本生产成本（C2 批次）　50 000

　　　　　　——基本生产成本（C3 批次）　29 000

　　　　　　——基本生产成本（C4 批次）　60 000

　　制造费用——基本生产车间　5 100

　贷：原材料　159 100

②人工费。

工资分配表如表 5－3 所示。

表 5－3　工资分配表

2019 年 4 月 30 日

人员类别		生产工时/小时	分配率	分配额/元	工资总额/元
产品生产工人	C1 批次	1 600	6	9 600	9 600
	C2 批次	6 000		36 000	36 000
	C3 批次	3 200		19 200	19 200
	C4 批次	3 600		21 600	21 600
	小计	14 400		86 400	86 400
基本生产车间管理人员					15 000
合计					101 400

根据工资分配表，编制会计分录如下：

借：生产成本——基本生产成本（C1 批次）　9 600

　　　　　　——基本生产成本（C2 批次）　36 000

　　　　　　——基本生产成本（C3 批次）　19 200

——基本生产成本（C4 批次） 21 600

制造费用——基本生产车间 15 000

贷：应付职工薪酬 101 400

③折旧费。

折旧费计提计算表表 5－4 所示。

表 5－4 折旧费计提计算表

2019 年 4 月 30 日

固定资产	原值/元	折旧率/%	折旧额/元
机器设备	200 000	0.75	1 500

根据折旧费计提计算表，编制会计分录如下：

借：制造费用——基本生产车间 1 500

贷：累计折旧 1 500

（3）分配制造费用。

按照生产工时分配制造费用，填制制造费用分配表，编制会计分录，填制记账凭证，登记相关明细账。

相关表格如表 5－5、表 5－6 所示。

表 5－5 制造费用分配表

2019 年 4 月 30 日

批别	生产工时/小时	分配率	分配额/元
C1 批次	1 600	1.5	2 400
C2 批次	6 000		9 000
C3 批次	3 200		4 800
C4 批次	3 600		5 400
合计	14 400		21 600

根据制造费用分配表，编制会计分录如下：

借：生产成本——基本生产成本（C1 批次） 2 400

——基本生产成本（C2 批次） 9 000

——基本生产成本（C3 批次） 4 800

——基本生产成本（C4 批次） 5 400

贷：制造费用——基本生产车间 21 600

表 5－6 制造费用明细账

车间：基本生产车间 单位：元

日期	摘要	借方	贷方	余额	机物料消耗	管理人员薪酬	其他
4.30	领用材料	5 100		5 100	5 100		
4.30	计提工资	15 000		20 100		15 000	

续表

日期	摘要	借方	贷方	余额	机物料消耗	管理人员薪酬	其他
4.30	计提折旧	1 500		21 600			1 500
4.30	分配制造费用		21 600	0	5 100	15 000	1 500
4.30	本月合计	21 600	21 600	0			

（4）计算完工产品和在产品成本。

C1、C2 批次全部完工，因此生产费用全部是完工产品成本。C3 批次批内完工 5 件，用估量法计算，以定额单位成本乘以完工件数估算完工产品成本，剩余的为在产品成本。

相关表格如表 5－7～表 5－9 所示。

表 5－7　产品成本计算单

产品批号：C1 批次　　产品名称：E 产品　　投产日期：3 月 5 日

订货单位：庆元工厂　　产品批量：20 件　　完工日期：4 月 30 日

摘要	直接材料/元	直接人工/元	制造费用/元	合计/元
期初在产品成本	100 000	10 000	7 600	117 600
本期生产费用	15 000	9 600	2 400	27 000
累计生产费用	115 000	19 600	10 000	144 600
本期完工总成本	115 000	19 600	10 000	144 600
完工单位成本	5 750	980	500	7 230

表 5－8　产品成本计算单

产品批号：C2 批次　　产品名称：F 产品　　投产日期：3 月 8 日

订货单位：通源工厂　　产品批量：50 件　　完工日期：4 月 30 日

摘要	直接材料/元	直接人工/元	制造费用/元	合计/元
期初在产品成本	150 000	25 000	13 500	188 500
本期生产费用	50 000	36 000	9 000	95 000
累计生产费用	200 000	61 000	22 500	283 500
本期完工总成本	200 000	61 000	22 500	283 500
完工单位成本	4 000	1 220	450	5 670

表 5－9　产品成本计算单

产品批号：C3 批次　　产品名称：E 产品　　投产日期：3 月 15 日

订货单位：庆元工厂　　产品批量：40 件　　完工日期：　月　日

摘要	直接材料/元	直接人工/元	制造费用/元	合计/元
期初在产品成本	200 000	20 000	15 200	235 200
本期生产费用	29 000	19 200	4 800	53 000

续表

摘要	直接材料/元	直接人工/元	制造费用/元	合计/元
累计生产费用	229 000	39 200	20 000	288 200
本期完工总成本	28 800	4 850	2 550	36 200
期末在产品成本	200 200	34 350	17 450	252 000

（5）结转完工产品成本。

相关表格如表 5－10～表 5－15 所示。

表 5－10　入库单

生产单位：基本生产车间　　　　2019 年 4 月 30 日

产品名称	单位	数量	单价/元	金额/元
E 产品	件	20	7 230	144 600
E 产品	件	5	7 240	36 200
合计				180 800

表 5－11　入库单

生产单位：基本生产车间　　　　2019 年 4 月 30 日

产品名称	单位	数量	单价/元	金额/元
F 产品	件	50	5 670	283 500
合计				283 500

根据产品成本计算单和入库单，编制会计分录如下：

借：库存商品——E 产品　　180 800

　　　　　　——F 产品　　283 500

　贷：生产成本——基本生产成本（C1 批次）　　144 600

　　　　　　——基本生产成本（C2 批次）　　283 500

　　　　　　——基本生产成本（C3 批次）　　36 200

表 5－12　生产成本明细账

产品批号：C1 批次　　产品名称：E 产品　　产品产量：20 件　　单位：元

日期	摘要	借方	贷方	余额	直接材料	直接人工	制造费用
4. 1	期初余额			117 600	100 000	10 000	7 600
4. 30	领用材料	15 000		132 600	15 000		
4. 30	计提工资	9 600		142 200		9 600	

续表

日期	摘要	借方	贷方	余额	直接材料	直接人工	制造费用
4.30	分配制造费用	2 400		144 600			2 400
4.30	结转完工成本		144 600	0	115 000	19 600	10 000
4.30	累计	144 600	144 600	0			

表 5－13　生产成本明细账

产品批号：C2 批次　产品名称：F 产品　产品产量：50 件　单位：元

日期	摘要	借方	贷方	余额	直接材料	直接人工	制造费用
4.1	期初余额			188 500	150 000	25 000	13 500
4.30	领用材料	50 000		238 500	50 000		
4.30	计提工资	36 000		274 500		36 000	
4.30	分配制造费用	9 000		283 500			9 000
4.30	结转完工成本		283 500	0	200 000	61 000	22 500
4.30	累计	283 500	283 500	0			

表 5－14　生产成本明细账

产品批号：C3 批次　产品名称：E 产品　产品产量：40 件　单位：元

日期	摘要	借方	贷方	余额	直接材料	直接人工	制造费用
4.1	期初余额			235 200	200 000	20 000	15 200
4.30	领用材料	29 000		264 200	29 000		
4.30	计提工资	19 200		283 400		19 200	
4.30	分配制造费用	4 800		288 200			4 800
4.30	结转完工成本		36 200	252 000	28 800	4 850	2 550
4.30	累计	288 200	36 200	252 000	200 200	34 350	17 450

表 5－15　生产成本明细账

产品批号：C4 批次　产品名称：F 产品　产品产量：30 件　单位：元

日期	摘要	借方	贷方	余额	直接材料	直接人工	制造费用
4.30	领用材料	60 000		60 000	60 000		
4.30	计提工资	21 600		81 600		21 600	
4.30	分配制造费用	5 400		87 000			5 400
4.30	累计	87 000		87 000	60 000	21 600	5 400

任务三　简化分批法的应用

一、简化分批法的适用范围

在某些单件小批生产的企业或车间中，如果同一月份投产的产品批数很多，且月末在产品批数较多、完工批数不多（例如修配厂）、各月间接计入费用相差不大，在这种情况下，如果采用前面的典型分批法计算各批次产品成本，不管各批次产品是否已经完工，都将当月发生的间接计入费用在各批次产品之间进行分配，那么间接计入费用的分配工作就会非常繁重。为了简化核算工作，将间接计入费用在各成本核算对象之间的横向分配与生产费用在完工产品和期末在产品之间的纵向分配结合起来，就产生了简化分批法。

简化分批法又称为不分批计算在产品成本的分批法，只有在有批次产品完工的月份，才将归集的间接计入费用分配给各批次完工产品成本。简化分批法下，间接计入费用采用累计分配法，只有在某批次产品完工时，才能分配结转间接计入费用。对于未完工的其他批次产品，不分配间接计入费用，而是将间接计入费用累计在生产成本二级账中以总额反映。因此未完工的某批次生产成本三级明细账上只有直接计入费用，而没有间接计入费用，在这种情况下，未完工的在产品算不出具体批次的成本，所以，简化分批法又称为不分批计算在产品成本的分批法。

采用简化分批法计算产品成本，虽有利于简化成本核算工作，但是，在这种方法下，各未完工批次的产品成本明细账不能完整地反映各批次产品的在产品成本，而且简化分批法只能在适当的条件下采用，否则会影响成本计算工作的准确性。首先，在各月间接计入费用水平相差悬殊的情况下不宜采用这种方法。因为累计间接计入费用分配率是根据本月及以前几个月的累计间接计入费用计算的，如果本月间接计入费用水平与前几个月的间接计入费用水平相差悬殊，按累计平均的间接计入费用分配率计算本月投产本月完工的产品成本，会与实际相差较大。其次，简化分批法只应在同一月份投产的产品批数很多且月末未完工批数也较多、各批次按月分配的工作量繁重的情况下采用。这样才会简化核算工作，否则仍要按批数在大多数完工产品成本明细账中分配登记各项间接计入费用，不能起到简化核算工作的作用。

知识拓展

简化分批法的注意问题

简化分批法是我国会计人员在成本计算方法方面的一个创造和发展。在学习简化分批法时，应该注意以下问题：

（1）简化分批法不仅是一种分配间接计入费用的方法，同时也是一种产品成本计算的方法。这种方法是将各批次产品的间接计入费用在基本生产成本二级账中累计起来，待产品完工时才根据计算出的累计间接计入费用分配率计算分配各批次完工产品成本。因此，这种方法包括了产品成本计算的基本程序，是一种产品成本计算方法。

（2）要理解简化分批法的“简化”的含义。采用简化分批法，将生产费用的横向和纵向分配工作，利用累计的间接计入费用分配率，到产品完工时合并一次完成，因此大大简化了生产费用的分配和登记工作，月末未完工产品的批数越多，核算工作就越简化，这就是简化分批法的“简化”的含义。

（资料来源：《成本会计》，中国人民大学出版社，王俊生、黄贤明主编，第114页。）

二、简化分批法的特点

（一）必须设置基本生产成本二级账

采用简化分批法，仍按照产品批次设置产品生产成本三级明细账，但同时必须按生产单位增设基本生产成本二级账。如果只有一个车间，那么只开设这一个基本生产成本的二级账即可；如果有多个车间，则需要按照车间开设基本生产成本二级账。按批次开设的产品生产三级明细账在各批次产品完工之前只需按月登记直接计入费用和生产工时，各月发生的间接计入费用并不是按月在各批次产品之间进行分配，而是按成本项目先归集在生产成本二级账的相应成本项目中。只有在有完工产品的月份，才将生产成本二级账中累计起来的间接计入费用，根据完工产品的累计生产工时和累计间接计入费用分配率对完工批次的产品进行分配。完工产品从基本生产成本二级账中分到的间接计入费用，加上平时产品生产成本三级明细账中原登记的直接计入费用，即完工产品的总成本。未完工的在产品成本三级明细账与基本生产成本的二级明细账能够进行账账核对的只有直接计入费用和生产工时，而间接计入费用则以总数反映在基本生产成本二级账中，不进行分配，无法进行二、三级账之间的核对。也就是说，直接计入费用和生产工时是二、三级账同时登记的，但是间接计入费用平时只登记二级账，等到有完工产品，完工产品的那个批次的三级账上才可以分配间接计入费用，至于剩下没有分完的间接计入费用是剩余所有在产品承担的间接计入费用的总额，续留二级账，等待下一次完工产品出现时再分配。简单来说，三级账上有的，二级账上一定有；二级账上有的，三级账上不一定有。二级账、三级账内容对比如表5－16所示。

表5－16　二级账、三级账内容对比

内容	生产成本二级账	生产成本三级账
生产工时	登记	登记
直接计入费用	登记	登记
间接计入费用	登记	完工登记，未完工不登记

（二）不分批计算在产品成本

将完工产品负担的间接计入费用计入各完工产品生产成本三级明细账，结转完工产品成本以后，基本生产成本二级账即反映了全部未完工批次的月末在产品总成本。各批次未完工产品的生产成本明细账只能反映其累计直接计入费用和累计工时，没有间接计入费用，因此不能反映各批次的在产品成本。

（三）通过计算累计间接计入费用分配率来分配间接计入费用

简化分批法将间接计入生产费用在各批次之间的分配与生产费用在完工产品和期末在产品之间的分配结合起来，大大简化了成本计算工作。某批次完工产品应负担的间接计入费用的分配额，是用该批次完工产品的累计生产工时和累计间接计入费用分配率计算出来的。相关计算公式如下：

累计间接计入费用分配率 = 全部产品累计间接计入费用 ÷ 全部产品累计生产工时

某批次完工产品间接计入费用分配额 = 该批次产品累计生产工时 × 累计间接计入费用分配率

三、简化分批法的成本计算程序

（一）按照产品批次设置产品生产成本三级明细账和基本生产成本二级明细账

按照产品批次设置产品生产成本三级明细账，并分别按成本项目设置专栏，平时账内只登记直接计入费用和生产工时；另外，还要设立一个基本生产成本二级明细账，归集反映企业投产的所有批次产品在生产过程中所发生的各项费用和累计生产工时。基本生产成本二级明细账是简化分批法的一个显著特点。

（二）归集各要素费用和生产工时

填制各费用计算表，编制会计分录，填制记账凭证，登记相关明细账。将各批次产品耗用的直接计入费用和耗用的生产工时分别计入各批次产品生产成本三级明细账和产品基本生产成本二级明细账，将间接计入费用不分批次地计入基本生产成本二级明细账。

（三）结转制造费用

汇总制造费用明细账上的余额，将余额全部转入基本生产成本二级明细账。编制会计分录，填制记账凭证，登记相关明细账。

（四）采用累计分配法分配间接计入费用

月末如果各批次产品均未完工，则各项费用与生产工时累计数留存二级账，转至下月继续登记。如果本月有完工产品或某批次全部完工或部分完工，对完工产品应承担的间接计入费用，则需要根据月初生产工时和本月生产工时计算出累计生产工时，计算出累计间接计入费用分配率，再按照完工各批次产品的累计生产工时和累计间接计入费用分配率求得各完工批次应分配的间接计入费用，并将之计入各完工批次的生产成本三级明细账。

（五）计算并结转完工产品成本

汇总各批次完工产品的成本，并验收入库，填写入库单，编制会计分录，填制记账凭证，结转完工产品成本。需要注意的是，不仅完工批次产品三级明细账上的成本要转出，基本生产成本二级明细账上也要把完工批次的产品成本转出，转出后二级账面余额为所有在产品的总成本。将月末二级账和三级账中的直接计入费用和生产工时进行核对，应当核对相符。

四、简化分批法的具体应用

【案例 5－2】 新韵工厂设有一个基本生产车间，生产小批量产品，采用简化分批法计算成本。2019 年 6 月除了原有的 P1、P2、P3、P4、P5、P6 批次继续生产外，10 日和 15 日新投产 P7、P8 两个批次，分别为信达工厂和新通工厂生产 U 产品 25 件、V 产品 20 件，期末 P1、P2、P3 三个批次全部完工，其余批次均未完工。

（1）期初资料。

新韵工厂 2019 年 6 月期初数据如表 5－17 所示。

基本生产成本二级账期初直接材料为 255 000 元，直接人工为 184 200 元，制造费用为

70 800 元，工时为 222 00 小时。

表 5－17　新韵工厂 2019 年 6 月期初数据

生产批号	产品	订货单位	投产时间	产量/件	工时/小时	直接材料/元
P1 批次	U	信达工厂	5. 5	30	5 400	54 000
P2 批次	V	新通工厂	5. 10	50	5 000	65 000
P3 批次	W	鑫汇工厂	5. 20	20	3 000	30 000
P4 批次	U	信达工厂	5. 9	40	4 000	50 000
P5 批次	V	新通工厂	5. 18	30	2 400	36 000
P6 批次	W	鑫汇工厂	5. 25	20	2 400	20 000
合计	—	—	—	—	22 200	255 000

（2）本月生产记录

①生产完工批次：P1 批次 30 件 U 产品 20 日完全部完工入库，P2 批次 50 件 V 产品 25 日全部完工验收入库，P3 批次 20 件 W 产品 30 日全部完工验收入库，其余批次均未完工。

②材料费用：根据本月各领料单，共领用材料 141 000 元，其中，P1 批次 6 000 元、P2 批次 15 000 元、P3 批次 14 000 元、P4 批次 22 000 元、P5 批次 8 000 元、P6 批次 20 000 元、P7 批次 30 000 元、P8 批次 16 000 元、车间 10 000 元。

③人工费用：生产工人薪酬共 84 600 元，车间管理人员薪酬 17 000 元。

④折旧费：固定资产原值为 400 000 元，月折旧率为 0. 75%。

⑤生产工时：共计 11 400 小时，其中，P1 批次 600 小时、P2 批次 2 500 小时、P3 批次 600 小时、P4 批次 2 200 小时、P5 批次 600 小时、P6 批次 800 小时、P7 批次 2 100 小时、P8 批次 2 000 小时。

工作任务：

（1）根据批次开设产品生产成本三级明细账，开设基本生产成本二级明细账以及基本车间制造费用明细账。

（2）归集本月各要素费用和生产工时。

（3）结转制造费用。

（4）采用累计分配法分配完工产品的职工薪酬和制造费用。

（5）计算并结转完工产品成本。

案例分析：

简化分批法下，当月发生的直接计入费用（对象明确，无须分配的费用）直接计入各批次生产成本，间接计入费用（对象不明，需要在各受益对象间分配的）要看是否完工，如果本月没有完工产品，所有间接计入费用全部累计在基本生产成本二级明细账上，无须分配，如果本月有完工产品，采用累计分配法，分配给各完工批次。

运用简化分批法进行成本计算时，按制造业企业成本核算的业务流程，采取以下步骤进行成本计算：第一步，做好成本计算的准备工作，设置成本计算所需要的各种明细账，设置产品成本明细账时应按产品批次设置，此外还应开设基本生产成本二级明细账和制造费用明细账。第二步，归集本月各要素费用和生产工时。取得或填制相关原始凭证，编制会计分录，填制记账凭证，登记相关明细账。第三步，结转制造费用，编制会计分录，填制记账凭证，登记相关明细账。第四步，采用累计分配法分配完工产品的职工薪酬和制造费用。先计算出人工费用和制造费用的累计分配率，再计算完工产品应承担的人工费用和制造费用的分配额。第五步，汇总计算完工产品成本，填制产品成本计算单和入库单，编制会计分录，填制记账凭证，结转完工产品成本。

案例操作：

（1）建账。

本月生产 8 个批次，按产品批次分别设置 8 个产品生产成本三级明细账，并分别按成本项目设置专栏。再设立一个基本生产成本二级明细账，归集反映这 8 个批次产品在生产过程中所发生的各项费用和累计生产工时。此外，车间开设一个制造费用明细账。各明细账具体见表 5－21、表 5－28～表 5－36。

（2）归集各要素费用和生产工时。

新韵工厂本月共发生了 3 笔要素费用：材料费用、人工费用、折旧费。每笔业务处理时的账务流程为：填制相关计算表，编制会计分录，填制记账凭证，登记相关明细账。因为对象明确，材料费用属于直接计入费用，因此二级、三级账同时登记。而人工费用、制造费用对象不明，需要分配，因此平时只登记二级账即可。也就是说，二级账上直接计入费用、生产工时、间接计入费用都需要登记，三级账上只登记直接计入费用和生产工时。

①材料费。

领用材料汇总表如表 5－18 所示。

表 5－18　领用材料汇总表

2019 年 6 月 30 日　　　　单位：元

领用部门		合计
产品生产	P1 批次	6 000
	P2 批次	15 000
	P3 批次	14 000
	P4 批次	22 000
	P5 批次	8 000
	P6 批次	20 000
	P7 批次	30 000
	P8 批次	16 000
	小计	131 000
基本生产车间		10 000
合计		141 000

根据领用材料汇总表，编制会计分录如下：

借：生产成本——基本生产成本（P1 批次）　　6 000

——基本生产成本（P2 批次）　15 000
——基本生产成本（P3 批次）　14 000
——基本生产成本（P4 批次）　22 000
——基本生产成本（P5 批次）　8 000
——基本生产成本（P6 批次）　20 000
——基本生产成本（P7 批次）　30 000
——基本生产成本（P8 批次）　16 000
制造费用——基本生产车间　10 000
贷：原材料　141 000

②人工费。

工资分配表如表 5 - 19 所示。

表 5 - 19　工资分配表

2019 年 6 月 30 日　单位：元

人员类别	工资总额
产品生产工人	84 600
基本生产车间管理人员	17 000
小计	101 600

根据工资分配表，编制会计分录如下：

借：生产成本——基本生产成本　84 600
制造费用——基本生产车间　17 000
贷：应付职工薪酬　101 600

③折旧费。

折旧费计提计算表如表 5 - 20 所示。

表 5 - 20　折旧费计提计算表

2019 年 6 月 30 日

固定资产	原值/元	折旧率/%	折旧额/元
机器设备	400 000	0.75	3 000

根据折旧费计提计算表，编制会计分录如下：

借：制造费用——基本生产车间　3 000
贷：累计折旧　3 000

(3) 结转制造费用。

制造费用明细账如表 5 - 21 所示。

查看制造费用明细账余额，结转制造费用，编制会计分录如下：

借：生产成本——基本生产成本　30 000
贷：制造费用——基本生产车间　30 000

表 5-21 制造费用明细账

车间：基本生产车间　　　　单位：元

日期	摘要	借方	贷方	余额	机物料消耗	管理人员薪酬	其他
6.30	领用材料	10 000		10 000	10 000		
6.30	计提工资	17 000		27 000		17 000	
6.30	计提折旧	3 000		30 000			3 000
6.30	结转制造费用		30 000	0	10 000	17 000	3 000
6.30	本月合计	30 000	30 000	0			

（4）采用累计分配法分配间接计入费用。

本月 P1 批次、P2 批次、P3 批次完工，查看基本生产成本二级明细账上的直接人工费、制造费用成本项目的累计金额和累计生产工时，进行完工产品间接计入费用的分配。

人工费用的分配率 = 268 800 ÷ 33 600 = 8（元/工时）

制造费用的分配率 = 100 800 ÷ 33 600 = 3（元/工时）

P1 批次承担的人工费用 = 6 000 × 8 = 48 000（元）

P2 批次承担的人工费用 = 7 500 × 8 = 60 000（元）

P3 批次承担的人工费用 = 3 600 × 8 = 28 800（元）

完工产品承担的人工费用 = 17 100 × 8 = 136 800（元）

P1 批次承担的制造费用 = 6 000 × 3 = 18 000（元）

P2 批次承担的制造费用 = 7 500 × 3 = 22 500（元）

P3 批次承担的制造费用 = 3 600 × 3 = 10 800（元）

完工产品承担的制造费用 = 17 100 × 3 = 51 300（元）

（5）计算并结转完工产品成本。

填制 P1、P2、P3 批次的产品成本计算单和入库单，结转完工产品成本，编制会计分录，填制记账凭证，登记相关明细账。相关表格如表 5-22 ~ 表 5-36 所示。

表 5-22 产品成本计算单

产品批号：P1 批次　　产品名称：U 产品　　投产日期：5 月 5 日

订货单位：信达工厂　　产品批量：30 件　　完工日期：6 月 20 日

摘要	工时/小时	直接材料/元	直接人工/元	制造费用/元	合计/元
期初在产品成本	5 400	54 000			54 000
本期生产费用	600	6 000			6 000
累计生产费用	6 000	60 000			60 000
间接计入费用分配率			8	3	
分配间接计入费用			48 000	18 000	66 000
本期完工总成本	6 000	60 000	48 000	18 000	126 000
完工单位成本		2 000	1 600	600	4 200

表 5-23　产品成本计算单

产品批号：P2 批次　　产品名称：V 产品　　投产日期：5 月 10 日

订货单位：新通工厂　　产品批量：50 件　　完工日期：6 月 25 日

摘要	工时/小时	直接材料/元	直接人工/元	制造费用/元	合计/元
期初在产品成本	5 000	65 000			65 000
本期生产费用	2 500	15 000			15 000
累计生产费用	7 500	80 000			80 000
间接计入费用分配率			8	3	
分配间接计入费用			60 000	22 500	82 500
本期完工总成本	7 500	80 000	60 000	22 500	162 500
完工单位成本		1 600	1 200	450	3 250

表 5-24　产品成本计算单

产品批号：P3 批次　　产品名称：W 产品　　投产日期：5 月 20 日

订货单位：鑫汇工厂　　产品批量：20 件　　完工日期：6 月 30 日

摘要	工时/小时	直接材料/元	直接人工/元	制造费用/元	合计/元
期初在产品成本	3 000	30 000			30 000
本期生产费用	600	14 000			14 000
累计生产费用	3 600	44 000			44 000
间接计入费用分配率			8	3	
分配间接计入费用			28 800	10 800	39 600
本期完工总成本	3 600	44 000	28 800	10 800	83 600
完工单位成本		2 200	1 440	540	4 180

表 5-25　入库单

生产单位：基本生产车间　　2019 年 6 月 30 日

产品名称	单位	数量	单价/元	金额/元
U 产品	件	30	4 200	126 000
合计				126 000

表 5-26 入库单

生产单位：基本生产车间　　　　2019 年 6 月 30 日

产品名称	单位	数量	单价/元	金额/元
V 产品	件	50	3 250	162 500
合计				162 500

表 5-27 入库单

生产单位：基本生产车间　　　　2019 年 6 月 30 日

产品名称	单位	数量	单价/元	金额/元
W 产品	件	20	4 180	83 600
合计				83 600

根据产品成本计算单和入库单，编制会计分录如下：

借：库存商品——U 产品　　126 000
　　　　　——V 产品　　162 500
　　　　　——W 产品　　83 600
　贷：生产成本——基本生产成本（P1 批次）　　126 000
　　　　　　——基本生产成本（P2 批次）　　162 500
　　　　　　——基本生产成本（P3 批次）　　83 600

表 5-28 基本生产成本二级明细账

车间：基本生产车间

日期	摘要	工时/小时	直接材料/元	直接人工/元	制造费用/元	合计/元
6.1	期初在产品成本	22 200	255 000	184 200	70 800	510 000
6.30	领用材料		131 000			131 000
6.30	计提工资	11 400		84 600		84 600
6.30	结转制造费用				30 000	30 000
6.30	累计生产费用	33 600	386 000	268 800	100 800	755 600
6.30	间接计入费用分配率			8	3	
6.30	结转完工总成本	17 100	184 000	136 800	51 300	372 100
6.30	期末在产品成本	16 500	202 000	132 000	49 500	383 500

表5－29　生产成本明细账

产品批号：P1批次　　产品名称：U产品　　产品产量：30件　　单位：元

日期	摘要	借方	贷方	余额	工时	直接材料	直接人工	制造费用
6.1	期初余额			54 000	5 400	54 000		
6.30	领用材料	6 000		60 000		6 000		
6.30	分配间接计入费用	66 000		126 000	600		48 000	18 000
6.30	结转完工成本		126 000	0	6 000	60 000	48 000	18 000
6.30	累计	126 000	126 000	0				

表5－30　生产成本明细账

产品批号：P2批次　　产品名称：V产品　　产品产量：50件　　单位：元

日期	摘要	借方	贷方	余额	工时	直接材料	直接人工	制造费用
6.1	期初余额			65 000	5 000	65 000		
6.30	领用材料	15 000		80 000		15 000		
6.30	分配间接计入费用	82 500		162 500	2 500		60 000	22 500
6.30	结转完工成本		162 500	0	7 500	80 000	60 000	22 500
6.30	累计	162 500	162 500	0				

表5－31　生产成本明细账

产品批号：P3批次　　产品名称：W产品　　产品产量：20件　　单位：元

日期	摘要	借方	贷方	余额	工时	直接材料	直接人工	制造费用
6.1	期初余额			30 000	3 000	30 000		
6.30	领用材料	14 000		44 000		14 000		
6.30	分配间接计入费用	39 600		83 600	600		28 800	10 800
6.30	结转完工成本		83 600	0	3 600	44 000	28 800	10 800
6.30	本月合计	53 600	83 600	0				
6.30	累计	83 600	83 600	0				

表5－32　生产成本明细账

产品批号：P4批次　　产品名称：U产品　　产品产量：40件　　单位：元

日期	摘要	借方	贷方	余额	工时	直接材料	直接人工	制造费用
6.1	期初余额			50 000	4 000	50 000		
6.30	领用材料	22 000		72 000	2 200	22 000		
6.30	累计	72 000		72 000	6 200	72 000		

表 5－33 生产成本明细账

产品批号：P5 批次　　产品名称：V 产品　　产品产量：30 件　　单位：元

日期	摘要	借方	贷方	余额	工时	直接材料	直接人工	制造费用
6.1	期初余额			36 000	2 400	36 000		
6.30	领用材料	8 000		44 000	600	8 000		
6.30	累计	44 000		44 000	3 000	44 000		

表 5－34 生产成本明细账

产品批号：P6 批次　　产品名称：W 产品　　产品产量：20 件　　单位：元

日期	摘要	借方	贷方	余额	工时	直接材料	直接人工	制造费用
6.1	期初余额			20 000	2 400	20 000		
6.30	领用材料	20 000		40 000	800	20 000		
6.30	累计	40 000		40 000	3 200	40 000		

表 5－35 生产成本明细账

产品批号：P7 批次　　产品名称：U 产品　　产品产量：25 件　　单位：元

日期	摘要	借方	贷方	余额	工时	直接材料	直接人工	制造费用
6.30	领用材料	30 000		30 000	2 100	30 000		
6.30	累计	30 000		30 000	2 100	30 000		

表 5－36 生产成本明细账

产品批号：P8 批次　　产品名称：V 产品　　产品产量：20 件　　单位：元

日期	摘要	借方	贷方	余额	工时	直接材料	直接人工	制造费用
6.30	领用材料	16 000		16 000	2 000	16 000		
6.30	累计	16 000		16 000	2 000	16 000		

项目小结

职业道德：
会计职业道德

产品成本计算的分批法是按照产品批次归集生产费用、计算产品成本的一种方法。该方法主要适用于单件、小批量类型生产。分批法的主要特点是：(1) 以产品的批次（或生产订单）作为成本计算对象；(2) 成本计算期与会计报告期不一致，与生产周期一致；(3) 通常不存在完工产品与月末在产品之间分配生产费用的问题。

采用分批法计算产品成本时，其基本成本计算程序与品种法一致：按照批次开设产品成本明细账；归集和分配各种要素费用；分配辅助生产费用；分配基本生产车间制造费用；计算并结转完工产品成本。

分批法分为典型分批法和简化分批法两种。典型分批法下，每个月各批次产品发生的人工费用和制造费用等间接计入费用均可以根据工时比例法分配计入各批次产品的成本。简化分批法下，需要建立基本生产成本二级明细账，各批次产品的三级账平时只登记直接计入费用和生产工时，二级账上既登记直接计入费用和生产工时，又登记间接计入费用，直到有完工产品的月份，才将间接计入费用按照累计工时计算间接计入费用累计分配率，将完工的各批次产品的累计工时与累计分配率相乘，得出完工产品所耗用的间接计入费用，从而汇总出完工批次产品的生产成本。

项目五　教、学、做一体化训练

一、单项选择题

1. 产品成本计算的分批法，应以（　　）设置成本计算单。

A. 产品批号　　B. 客户需要

C. 生产日期　　D. 产品种类

2. 分批法适用于（　　）。

A. 大批大量多步骤生产　　B. 大批大量单步骤生产

C. 大批大量生产　　D. 单件小批生产

3. 采用简化分批法进行成本计算，适用的情况是（　　）。

A. 投产批数较多，而且未完工批数较多

B. 投产批数较少，而且未完工批数较少

C. 投产批数较多，而且完工批数较多

D. 投产批数较少，而且完工批数较少

4. 采用简化分批法，在产品完工之前，各批次产品成本明细账（　　）。

A. 不登记任何费用

B. 登记所有费用

C. 登记间接计入费用，不登记直接计入费用

D. 登记直接计入费用，不登记间接计入费用

5. 分批法的成本计算期是（　　）。

A. 会计报告期　　B. 生产周期

C. 存货周转期　　D. 企业生命周期

6. 分批法的成本计算对象是（　　）。

A. 客户订单　　B. 生产订单　　C. 产品品种　　D. 生产步骤

7. 对于分批法，下列说法中正确的是（　　）。

A. 以客户订单为成本计算对象

B. 成本计算期与会计报告期一致

C. 不存在完工和在产品之间分配生产费用的问题

D. 批内产品若陆续完工交付，期末需要在完工和在产品之间分配生产费用

8. 简化分批法下，间接计入费用采用（　　）。

A. 当月分配法　　B. 累计分配法
C. 计划成本分配法　　D. 生产工时分配法
9. 必须设置生产成本二级明细账的是（　　）。
A. 品种法　　B. 典型分批法
C. 简化分批法　　D. 分步法
10. 分批法的成本计算程序与（　　）一致。
A. 分步法　　B. 分类法
C. 定额法　　D. 品种法

二、多项选择题

1. 在分批法下，企业划分产品批次的方法有（　　）。
A. 按照客户的订单确定产品的批次
B. 按照产品的品种确定产品的批次
C. 将客户订单划分为若干批次
D. 将几个客户同种规格型号的订单合并为一个批次
2. 分批法分为（　　）。
A. 简化分批法　　B. 平行结转分步法
C. 逐步结转分步法　　D. 典型分批法
3. 简化分批法下，间接计入费用将（　　）和（　　）结合起来。
A. 各成本核算对象之间的横向分配
B. 生产费用在完工产品和期末在产品之间的纵向分配
C. 生产费用在各受益对象之间的分配
D. 生产费用在各期之间的分配
4. 下列属于分批法特点的是（　　）。
A. 按照生产订单开设成本计算单
B. 一般不需要在完工产品和期末在产品之间分配生产费用
C. 成本计算期与会计报告期一致
D. 成本计算期与生产周期一致
5. 下列关于简化分批法的说法中正确的是（　　）。
A. 简化分批法简化在间接计入费用的分配上
B. 简化分批法不分批次计算在产品成本
C. 简化分批法下在产品不承担间接计入费用
D. 简化分批法下间接计入费用采用当月分配法
6. 简化分批法下，生产成本二级明细账登记的内容有（　　）。
A. 生产工时　　B. 直接计入费用
C. 间接计入费用　　D. 期间费用
7. 简化分批法下，生产成本二级明细账和三级明细账能核对的项目是（　　）。
A. 生产工时　　B. 直接计入费用
C. 间接计入费用　　D. 期间费用
8. 不宜采用简化分批法的情况是（　　）。

A. 各月间接计入费用水平相差不大

B. 各月间接计入费用水平相差较大

C. 投产批数较多，而且未完工批数较多

D. 投产批数较多，而且完工批数较多

9. 分批法下，批内产品跨月陆续完工不多的情况下，可以采用（　）乘完工数量计算完工产品成本。

A. 本月实际单位成本　　B. 上月实际单位成本

C. 计划单位成本　　D. 定额单位成本

10. 分批法和品种法的区别在于（　）。

A. 成本计算对象　　B. 成本计算期

C. 会计核算期　　D. 完工产品和在产品成本分配

三、判断题

1. 分批法下，产品按客户订单设置生产成本明细账。（　）

2. 简化分批法下，间接计入费用要有完工产品才能分配。（　）

3. 简化分批法下在产品不承担间接计入费用。（　）

4. 典型分批法又称为不分批计算在产品成本法。（　）

5. 分批法成本计算对象不一定是购货单位的定货单。（　）

6. 采用累计间接费用分配法，在间接计入费用水平相差悬殊的情况下，会影响成本计算的准确性。（　）

7. 简化分批法下，直接生产费用必定是直接计入费用。（　）

8. 简化分批法下，生产成本二级明细账和三级明细账的费用都可以进行账账核对，且应核对相符。（　）

9. 简化分批法最突出的一个特点是必须设立生产成本二级明细账。（　）

10. 采用分批法计算产品成本时，生产费用不需要在完工产品与在产品之间分配。（　）

四、业务题

1. 典型分批法实训

1）实训目的

掌握典型分批法的运用，能熟练地运用典型分批法进行账务处理。

2）实训资料

庆鸿工厂设有一个基本生产车间，生产小批量产品 H、I、J，接车间下达的生产任务通知单组织生产，采用典型分批法计算成本。

（1）期初生产记录。

上月投产两个批次，3 月 2 日投产 D101 批次 H 产品 40 件，直接材料为 80 000 元，直接人工为 14 000 元，制造费用为 6 000 元。3 月 6 日投产 D102 批次 I 产品 50 件，直接材料为 100 000 元，直接人工为 20 000 元，制造费用为 6 000 元。

（2）本月生产记录。

①生产工时：D101 批次 40 件，本月 26 日全部完工入库，本月生产工时为 6 000 小时；D102 批次 50 件，本月全部未完工，本月生产工时为 8 000 小时；本月 4 日新投产 D103 批次 J 产品 20 件，完工入库 4 件，本月生产工时为 5 000 小时。因 D103 批次少量

完工，按定额单位成本估算完工 J 产品成本，单位定额成本为：直接材料为 4 000 元，直接人工为 650 元，制造费用为 160 元。

②材料费用：根据各领料单，共领原材料 75 000 元，其中：D103 批次生产耗用 70 000 元，车间一般性消耗 5 000 元。

③人工费用：共计 57 500 元，其中：生产工人薪酬 47 500 元，按生产工时分配，车间管理人员薪酬 10 000 元。

④折旧费：车间机器设备原值为 500 000 元，月折旧率为 0.8%。

3）实训要求

（1）按照批次开设产品成本计算单、制造费用明细账。

（2）填制领用材料汇总表、职工薪酬汇总表和折旧费计提计算表，并编制会计分录，登记明细账。

（3）编制制造费用分配表分配制造费用，并编制会计分录，登记明细账。

（4）计算各批次完工产品成本和在产品成本，并编制会计分录结转完工产品成本。

4）实训过程

具体如表 5－37～表 5－44 所示。

表 5－37　领用材料汇总表

年　月　　　　单位：元

领用部门	金额
D103 批次生产	
车间	
合计	

表 5－38　职工薪酬汇总表

年　月

人员类别		生产工时/小时	分配率	分配额/元	合计/元
生产工人	D101 批次				
	D102 批次				
	D103 批次				
	小计				
车间管理人员					
合计					

表 5－39　折旧费计提计算表

年　月

固定资产	原值/元	折旧率/%	折旧额/元
机器设备			

表 5－40　制造费用分配表

年　月

产品	生产工时/小时	分配率	分配额/元
D101 批次			
D102 批次			
D103 批次			
合计			

表 5－41　制造费用明细账

车间：基本生产车间　　单位：元

日期	摘要	借方	贷方	余额	机物料	管理人薪酬	其他
4.30	领用材料						
4.30	计提工资						
4.30	计提折旧						
4.30	分配制造费用						
4.30	本月合计						

表 5－42　庆鸿工厂产品成本计算单

批号：　　产品：　　开工日期：　月　日

批量：　　完工日期：　月　日

日期	摘要	直接材料/元	直接人工/元	制造费用/元	合计/元
4.1	期初在产品成本				
4.30	本期生产费用				
4.30	累计生产费用				
4.30	本期完工总成本				
4.30	期末在产品成本				

表 5－43　庆鸿工厂产品成本计算单

批号：　　产品：　　开工日期：　月　日

批量：　　完工日期：　月　日

日期	摘要	直接材料/元	直接人工/元	制造费用/元	合计/元
4.1	期初在产品成本				
4.30	本期生产费用				
4.30	累计生产费用 （期末在产品成本）				

表5-44　庆鸿工厂产品成本计算单

批号：　　　　　　　　　　　　产品：　　　　　　　　　　开工日期：　月　日

批量：　　　　　　　　　　　　　　　　　　　　　　　　　完工日期：　月　日

日期	摘要	直接材料/元	直接人工/元	制造费用/元	合计/元
4.30	本期生产费用				
4.30	本期完工总成本				
4.30	期末在产品成本				

2. 简化分批法实训

1）实训目的

掌握简化分批法的运用，能熟练地运用简化分批法进行账务处理。

2）实训资料

新盈工厂设有一个基本生产车间，生产小批量产品。2019年6月继续生产原有的Q101、Q102、Q103、Q104四个批次产品，15日Q101批次完工，20日Q102批次完工，剩余两个批次本月全部未完工。

（1）期初生产记录（表5-45）。

基本生产成本二级明细账期初直接材料为98 000元，直接人工为20 000元，制造费用为9 900元，工时为5 200小时。

表5-45　新盈工厂2019年6月期初数据

生产批号	产品名称	订货单位	投产时间	产量/件	工时/小时	直接材料/元
Q101批次	L	信辉工厂	5.6	50	2 000	40 000
Q102批次	M	新超工厂	5.10	40	1 000	16 000
Q103批次	N	鑫源工厂	5.18	60	1 800	36 000
Q104批次	L	信辉工厂	5.26	20	400	6 000
合计	—	—	—	—	5 200	98 000

（2）本月生产记录。

①材料费：根据本月各领料单，共领用材料84500元，其中：Q101批次10 000元、Q102批次12 000元、Q103批次42 000元、Q104批次12 000元、车间8 500元。

②人工费用：生产工人薪酬29 500元、车间管理人员薪酬18 000元。

③折旧费：车间机器设备原值为400 000元，月折旧率为0.8%。

④生产工时：共4 700小时，其中：Q101批次1 000小时、Q102批次200小时、Q103批次3 000小时、Q104批次500小时。

3）实训要求

（1）开设生产成本二级明细账和产品成本计算单、制造费用明细账。

（2）填制领用材料汇总表、职工薪酬汇总表和折旧费计提计算表，并编制会计分录，登记明细账。

(3) 结转制造费用，编制会计分录，登记明细账。

(4) 分配完工产品的间接计入费用，计算各批次完工产品成本，并编制会计分录，结转完工产品成本。

4) 实训过程

具体如表5－46～表5－54所示。

表5－46　领用材料汇总表

年　月　　　　单位：元

领用部门		合计
产品生产	Q101批次	
	Q102批次	
	Q103批次	
	Q104批次	
车间		
合计		

表5－47　职工薪酬汇总表

年　月　　　　单位：元

人员类别	应付工资
生产工人	
车间管理人员	
小计	

表5－48　折旧费计提计算表

年　月

固定资产	原值/元	折旧率/%	折旧额/元
机器设备			

表5－49　制造费用明细账

年　月　　　　单位：元

日期	摘要	借方	贷方	余额	机物料消耗	管理人员薪酬	其他
6.30	领用材料						
6.30	计提工资						

续表

日期	摘要	借方	贷方	余额	机物料消耗	管理人员薪酬	其他
6.30	计提折旧						
6.30	结转制造费用						
6.30	本月合计						

表5-50　基本生产成本二级明细账

年　月

日期	摘要	工时/小时	直接材料/元	直接人工/元	制造费用/元	合计/元
6.1	期初在产品成本					
6.30	本期生产费用					
6.30	累计生产费用					
6.30	间接计入费用分配率					
6.30	结转完工总成本					
6.30	期末在产品成本					

表5-51　新盈工厂产品成本计算单

批号：　　　　　　　　　　订货单位：　　　　　　　　　投产日期：　月　日

产品名称：　　　　　　　　批量：　　　　　　　　　　　完工日期：　月　日

日期	摘要	工时/小时	直接材料/元	直接人工/元	制造费用/元	合计/元
6.1	期初在产品成本					
6.30	本月生产费用					
6.30	累计生产费用					
6.30	间接计入费用分配率					
6.30	分配间接计入费用					
6.30	本期完工总成本					
6.30	完工单位成本					

表 5－52　新盈工厂产品成本计算单

批号：　　　　　　　　　　　　　订货单位：　　　　　　　　　　投产日期：　月　日

产品名称：　　　　　　　　　　　　批量：　　　　　　　　　　　完工日期：　月　日

日期	摘要	工时/小时	直接材料/元	直接人工/元	制造费用/元	合计/元
6.1	期初在产品成本					
6.30	本月生产费用					
6.30	累计生产费用					
6.30	间接计入费用分配率					
6.30	分配间接计入费用					
6.30	本期完工总成本					
6.30	完工单位成本					

表 5－53　新盈工厂产品成本计算单

批号：　　　　　　　　　　　　　订货单位：　　　　　　　　　　投产日期：　月　日

产品名称：　　　　　　　　　　　　批量：　　　　　　　　　　　完工日期：　月　日

日期	摘要	工时/小时	直接材料/元	直接人工/元	制造费用/元	合计/元
6.1	期初在产品成本					
6.30	本月生产费用					
6.30	累计生产费用（期末在产品成本）					

表 5－54　新盈工厂产品成本计算单

批号：　　　　　　　　　　　　　订货单位：　　　　　　　　　　投产日期：　月　日

产品名称：　　　　　　　　　　　　批量：　　　　　　　　　　　完工日期：　月　日

日期	摘要	工时/小时	直接材料/元	直接人工/元	制造费用/元	合计/元
6.1	期初在产品成本					
6.30	本月生产费用					
6.30	累计生产费用（期末在产品成本）					

项目六

成本计算之分步法

知识目标

（1）掌握分步法的概念、特点、适用范围、种类；

（2）熟悉逐步结转分步法的成本计算程序，掌握综合结转和分项结转两种不同结转方式下的成本计算，并能熟练区分两种结转方式的不同，掌握综合结转方式下的成本还原方法；

（3）熟悉平行结转分步法的成本计算程序，掌握平行结转分步法下的成本计算，能熟练区分逐步结转分步法和平行结转分步法的不同。

能力目标

（1）能够熟练、正确地运用逐步结转分步法进行成本计算和实务操作；

（2）能够熟练、正确地运用平行结转分步法进行成本计算和实务操作。

素质目标

（1）具备维护国家、集体利益的职业意识，遵守财经法规，客观真实地反映每一项经济业务，以诚信为本，坚持准则，恪守会计职业道德；

（2）具有吃苦耐劳、扎实肯干的工作作风和敬业精神，经济业务记录全面，手续齐备，数据规范，字迹工整；

（3）具有较强的岗位适应能力和一定的协调沟通能力，与其他岗位会计团结协作。

本项目知识结构导图

- 分步法
  - 认识分步法
    - 含义
    - 适用范围
    - 特点
    - 种类
  - 逐步结转分步法
    - 适用范围
    - 特点
    - 成本计算程序
    - 结转方式的具体应用
      - 综合结转
      - 分项结转
    - 优、缺点
  - 平行结转分步法
    - 适用范围
    - 特点
    - 成本计算程序
    - 具体应用
    - 优、缺点
    - 与逐步结转分步法的对比

案例导入

腾飞纺织股份公司是东南地区一家拥有近 5 000 名职工的企业，主要生产棉纺织品。2019 年暑假，某大学组织 2017 级会计电算化专业的 10 名学生到该公司实习。同学们到公司后了解到：该公司生产的甲产品经过 3 个基本生产车间连续加工制成，第一车间生产完工的 A 半成品，不经过仓库收发，直接转入第二车间加工制成 B 半成品，B 半成品通过仓库收发入库，第三车间向半成品仓库领用 B 半成品继续加工成甲产品。同时，生产甲产品所需的原材料于第一车间生产开始时一次性投入，第二、第三车间不再投入材料。此外，该公司由于生产比较均衡，各车间的月末在产品完工率均为 50%。甲产品成本计算到底采用品种法还是分步法？其成本应该如何进行计算？

任务一　分步法概述

一、分步法的含义

分步法是以产品品种和每种产品所经过的生产步骤为成本核算对象，归集分配生产费用，计算产品成本的方法。

在大量大批多步骤生产的企业中，生产工艺流程是由若干个生产步骤组成的，每个生产步骤都有生产出的半成品（最后一个步骤生产出完工产品），这些半成品既可以用于下一个步骤继续进行加工或装配，也可以对外销售。为了加强对各生产步骤的成本管理，不但要按产品品种计算成本，还要按产品的生产步骤计算各步骤耗费的成本，以便考核完工产品及其所经过的生产步骤的成本计划的执行情况。为此，需要采用分步法计算每一步骤的成本和最后的完工产品成本。

二、分步法的适用范围

分步法主要适用于大量大批的管理上要求计算分步成本的多步骤生产，如冶金、纺织、机械制造等企业。在这些企业中，产品生产可以划分为若干生产步骤，例如，冶金企业的生产可以分为炼铁、炼钢、轧钢等步骤；纺织企业的生产可以分为纺纱、织布、印染等步骤；机械制造企业的生产可以分为铸造、加工、装配等步骤。为了加强各生产步骤的成本管理，不仅要按照产品品种归集生产费用，计算产品成本，还要按照产品的生产步骤归集生产费用，计算各步骤的产品成本，提供反映各种产品及其各生产步骤成本计划执行情况的资料。

三、分步法的特点

（一）以各加工步骤的各种产品为成本计算对象设置基本生产成本明细账

由于分步法是按照产品的生产步骤归集生产费用的，因此，其成本计算对象不仅要求按照产品的品种计算产品成本，而且要求按照产品的生产步骤计算产品成本。产品成本明细账也就要求按照产品的品种及其所经过的生产步骤来设置。如果企业只生产一种产品，则成本计算对象就是该种产品所经过的各生产步骤，产品成本明细账直接按照产品的生产步骤开设，计算各步骤的成本和完工产品成本；如果生产多种产品，成本计算对象则应是各种产成品及其各自所经过的各生产步骤，产品成本明细账应该按照每种产品的各步骤开设，计算各产品各步骤的成本和完工产品成本。在进行成本计算时，应分产品按照步骤分配和归集生产费用，单设成本项目的直接计入费用，直接计入各成本计算对象；单设成本项目的间接计入费用，单独分配计入各成本计算对象；不单设成本项目的费用，一般是先按车间、部门或者用途归集为综合费用，月末再计入各成本计算对象。

知识拓展

分步法步骤的确定

在实际工作中，采用分步法计算产品成本，产品成本计算的步骤与产品生产步骤的划分有时一致，有时并不一致，它是根据实际加工步骤结合管理要求加以确定的。为了简化核算，只对管理上有必要分步计算成本的生产步骤单独开设产品成本明细账，单独计算成本；管理上不要求单独计算成本的生产步骤，则可与其他生产步骤合并设立产品成本明细账，合并计算成本。例如，在按生产步骤设立车间的企业中，一般情况下，分步计算成本也就是分车间计算成本；如果企业生产规模很大，车间内又分成几个生产步骤，而管理上又要求分步计算成本，也可以在车间内按要求分步计算成本；相反，如果企业生产规模很小，管理上也不要求分车间计算成本，可将几个车间合并为一个步骤计算成本。总之，企业应根据管理要求，本着简化核算工作的原则，确定成本计算对象。

（二）成本计算定期按月进行

在大量大批多步骤生产的企业中，由于生产过程相对来说比较长，生产持续不断地进行，原材料连续不断地投入，产品也是连续不断地完工，往往是跨月陆续完工，不可能在所有产品全部完工之后再计算成本。因此，成本计算一般都是按月定期进行，与产品的生产周期不一致，而与产品的会计报告期一致。

（三）生产费用需要在完工产品与在产品之间进行分配

由于大量大批多步骤生产的产品往往都是跨月陆续完工，月末一般既有完工产品，又有在产品存在。因此，为了计算完工产品成本和月末在产品成本，必须采用适当的方法，例如定额比例法、定额成本法、约当产量法等，将汇集在各种产品、各生产步骤产品成本明细账的生产费用，在完工产品与在产品之间进行分配，计算各产品、各生产步骤的完工产品成本和在产品成本。

四、分步法的种类

在实际工作中，由于各个企业生产工艺流程的特点和成本管理对各生产步骤成本资料的要求（即是否需要计算各生产步骤的半成品成本）不同，以及出于简化成本计算工作的考虑，各生产步骤成本的计算和结转分为两种不同的方法：逐步结转和平行结转。因此，产品成本计算的分步法也就相应地分为逐步结转分步法和平行结转分步法。

（一）逐步结转分步法

逐步结转分步法又称为计算半成品成本的分步法，是按照生产步骤逐步计算并结转半成品成本，直到最后步骤算出产成品成本的方法。计算各步骤的半成品成本，是这种方法的显著特征。

（二）平行结转分步法

平行结转分步法又称为不计算半成品成本的分步法，是指各加工步骤只计算本步骤发生的直接材料、直接人工、制造费用，最后将各步骤中应计入产成品成本的份额进行平行汇总，从而计算出该产品成本的一种成本计算方法。平行结转分步法中，月末计算出各生产步骤应计入当期完工产品成本的份额，然后进行汇总确定完工产品成本，只计算各步骤自身成本，并不计算各步骤半成品成本。

知识拓展

分步法的改革与发展

新中国成立初期，分步法只应用于连续加工式的多步骤生产中，而且只采用逐步结转方法。后来学习苏联成本计算的经验，在半成品种类较多，又不需要计算半成品成本的企业中，采用了平行结转方法，我国会计人员还在此基础上创造了简化的平行结转方法。

在20世纪50年代的教材中，称多步骤生产为复杂生产，复杂生产按产品加工方式又分为连续加工式复杂生产和装配式复杂生产。当时比较普遍的认识是，逐步结转分步法适用于连续加工式复杂生产，而平行结转分步法适用于装配式复杂生产。这种认识直到现在还能在某些教材（包括本教材）中看到其影响。

20 世纪 60 年代初期，以中国人民大学为主的会计学家在教学工作中提出：分步法包括逐步结转分步法和平行结转分步法。这两种方法既适用于连续加工式的多步骤生产，也适用于装配式的多步骤生产，也就是适用于大量大批的多步骤生产。

（资料来源：《成本会计》，中国人民大学出版社，王俊生、黄贤明主编，第 128 页。）

任务二　逐步结转分步法的应用

一、逐步结转分步法的适用范围

逐步结转分步法是在管理上要求提供各生产步骤半成品成本资料的情况下采用的，主要适用于所生产的半成品经常对外销售和需要考核半成品成本的大量大批多步骤生产的企业，特别是大量大批的连续式多步骤生产的企业。

在这些企业中，从原材料投入生产到产成品制成，中间要按顺序经过几个生产步骤加工，前面各生产步骤所产的都是半成品，最后生产步骤完工的是产成品。各生产步骤所产半成品既可以转交给下一生产步骤继续加工，耗用在不同的产品上，又可以作为商品产品对外销售。例如纺织企业生产的棉纱既可为企业自用，继续加工成各种布，又可以作为商品，直接对外出售。为此，除了需要计算各种产成品成本外，还必须计算各生产步骤所产半成品成本。同时，为了加强成本管理及降低成本，考核成本计划执行情况等，也需计算半成品成本。

二、逐步结转分步法的特点

（一）成本计算对象是产成品和各个步骤的半成品成本

采用逐步结转分步法计算各生产步骤成本时，按产品加工顺序，逐步计算并依次结转半成品成本，上一步骤完工的半成品成本要从上一步骤的产品成本明细账转入下一步骤相同产品的成品成本明细账中（在不涉及半成品仓库入库、出库的情况下），本步骤半成品成本是由上一步骤转来的半成品成本加上本步骤材料费和加工费构成的，依此类推，按照生产步骤的顺序直到最终步骤，逐步计算出各步骤的半成品成本和最后步骤的产成品成本，因此逐步结转分步法的成本计算对象为产成品和各个步骤的半成品成本。

（二）半成品成本随实物同步转移

各生产步骤半成品成本的结转同实物的结转一致，即半成品实物转入哪一个生产步骤，半成品成本也随之转入哪一个生产步骤，半成品成本和实物的转移是同步的。

（三）各步骤产品成本明细账中的期末余额是狭义的在产品成本

逐步结转分步法下，完工产品指的是广义的完工产品，不仅包括最终步骤的产成品，还包括各步骤完工的半成品。各生产步骤的完工产品，除最后步骤为产成品外，其余各步骤均为半成品。各步骤的在产品指的是狭义的在产品，即各生产步骤正在加工尚未完工的在制品。各步骤产品成本明细账的期末余额，就是结存在该步骤在制品的全部成本。期末成本分配方面，各步骤的生产费用均要在本步骤的完工半成品和期末在产品之间进行分配和结转，只有最后步骤才是完工产成品和期末在产品成本的分配。

三、逐步结转分步法的成本计算程序

采用逐步结转分步法，成本计算必须按步骤顺序逐笔计算每个步骤的成本，各步骤累计的生产费用在各步骤产品成本明细账中归集以后，如果既有完工半成品，又有加工中的在产品，则应将各步骤产品成本中的累计生产费用采用适当的分配方法，在其完工半成品与加工中的在产品之间进行分配，以便计算完工半成品成本，然后把本步骤完工的半成品成本依次向后结转，直至最后一个步骤算出产成品成本。逐步结转分步法的半成品成本向后结转时按照结转的方式不同，又可分为综合结转和分项结转两种方式。综合结转，是指各生产步骤完工的半成品总成本，综合计入后面各步骤产品成本的“直接材料”或“半成品”成本项目中。分项结转，是指将各生产步骤完工的半成品成本，按照成本项目分项对应计入后面各步骤产品成本的“直接材料”“直接人工”“制造费用”等成本项目中。

逐步结转分步法的成本核算程序具体分为两种情况，取决于半成品实物的流转程序。半成品实物的流转程序有两种：一种是半成品不通过仓库收发，另一种是半成品通过仓库收发。

（一）半成品不通过仓库收发

如果半成品完工后不通过半成品仓库收发，而是直接被下一步骤领用，那么半成品成本则应在各步骤的产品成本明细账之间直接结转，不必设置“自制半成品”账户核算。

在半成品不通过仓库收发的情况下，逐步结转分步法的产品成本核算程序是：第一步，先计算第一步骤的成本，采用适当的方法，将第一步骤的累计生产费用在第一步完工半成品与正在加工的在产品之间进行分配；第二步，将第一步骤的完工半成品成本随着实物转移，从第一步骤产品成本转入第二步骤产品成本中，再加上第二步骤本月所发生的生产费用和第二步骤期初的生产费用，汇总计算出第二步骤的累计生产费用，在第二步完工半成品与正在加工的在产品之间进行分配；第三步，将第二步骤的完工半成品成本随着实物转移，从第二步骤产品成本转入第三步骤产品成本中，再加上第三步骤本月所发生的生产费用和第三步骤期初的生产费用，汇总计算出第三步骤的累计生产费用，在第三步骤完工半成品与正在加工的在产品之间进行分配。依此类推，直至最后步骤计算出产成品成本。

采用逐步结转分步法计算各生产步骤成本时，每一个步骤都是一个品种法成本计算的过程，即在采用品种法计算出上一步骤的半成品成本以后，按照下一步骤的耗用数量转入下一步骤成本；下一步骤再一次采用品种法归集所耗半成品的费用和本步骤发生的其他费用，计算其半成品成本；如此逐步结转，直至最后一个步骤计算出产成品成本，逐步结转分步法实际上就是品种法成本计算的多次连续应用。

（二）半成品通过仓库收发

如果半成品完工后不直接被下一步骤领用，而需要通过仓库收发，则还要设置“自制半成品”账户。在验收入库时，应编制借记“自制半成品”科目，贷记“生产成本——基本生产成本”科目的会计分录；在下一步骤领用时，再编制相反的会计分录。

在半成品通过仓库收发的情况下，逐步结转分步法的产品成本核算程序是：第一步，先计算第一步骤的成本，采用适当的方法，将第一步骤的累计生产费用在第一步骤完工半成品与正在加工的在产品之间进行分配；第二步，进行自制半成品的入库、出库，将第一步骤的完工半成品成本随着实物转移，从第一步骤产品成本转入自制半成品明细账中，算出自制半成品单位成本，再按照领用数量将第二步骤所需的半成品从自制半成品明细账中转出；第三步，将自制半成品明细账中转出的自制半成品成本，加上第二步骤本月所发生的生产费用和第二步骤期初的生产费用，汇总计算出第二步骤的累计生产费用，在第二步完工半成品与正在加工的在产品之间进行分配；第四步，进行自制半成品的入库、出库，将第二步骤的完工半成品成本随着实物转移，从第二步骤产品成本转入自制半成品明细账中，算出自制半成品单位成本，按照领用数量将第三步骤所需的半成品从自制半成品明细账中转出；第五步，将自制半成品明细账中转出的自制半成品成本，加上第三步骤本月所发生的生产费用和第三步骤期初的生产费用，汇总计算出第三步骤的累计生产费用，在第三步骤完工半成品与正在加工的在产品之间进行分配。依此类推，直至最后步骤计算出产成品成本。

四、逐步结转分步法之综合结转的具体应用

【案例6－1】 东方公司设有3个基本生产车间，经过3个步骤大量生产甲产品。第一车间生产A半成品，完工后交给半成品仓库；第二车间领用A继续加工B半成品，完工后交给半成品仓库；第三车间领用B半成品继续加工成产成品甲产品，完工后验收入库。该厂成本计算采用逐步结转分步法综合结转方式，半成品库采用一次加权平均法计价。期末在产品成本计算采用约当产量法。甲产品所用原材料在生产开始时一次性投入；第二车间和第三车间所用的半成品也都在该步骤开始时投放；各步骤人工费用、制造费用发生均衡。具体资料如表6－1～表6－3所示。

表6－1 东方公司生产费用资料

产品名称：甲产品　　2019年7月　　单位：元

项目	第一车间	第二车间	第三车间
期初在产品成本	83 200	90 600	148 000
其中：直接材料（半成品）	65 000	79 200	132 800
直接人工	13 000	7 500	10 200
制造费用	5 200	3 900	5 000
本期本步骤生产费用	272 300	100 600	102 600
其中：直接材料	180 000		
直接人工	65 000	65 300	67 300
制造费用	27 300	35 300	35 300

表6－2 东方公司生产数量资料

产品名称：甲产品　　2019年7月　　单位：元

项目	第一车间	第二车间	第三车间
期初在产品	400	300	400
本期投入/上一步骤转入	1 000	1 200	1200
本期完工转入下一步骤或入库	1 200	1 300	1 500
期末在产品	200	200	100

表 6－3　东方公司半成品库期初结存资料

2019 年 7 月

产品名称	期初结存数量/件	期初结存单价/元	期初结存金额/元
A 半成品	400	264	105 600
B 半成品	200	329.6	65 920

工作任务：

（1）计算第一步骤的成本。

（2）计算 A 自制半成品入库、出库的成本。

（3）计算第二步骤的成本。

（4）计算 B 自制半成品入库、出库的成本。

（5）计算第三步骤的成本。

（6）结转完工甲产品成本。

（7）成本还原。

案例分析：

采用综合结转方式的逐步结转分步法，将各步骤的生产费用在完工半成品和期末在产品之间分配，把完工半成品成本转入半成品仓库，按照一次加权平均法算出半成品的平均单价，根据领用数量算出发出的半成品成本转入下一步骤。在结转时注意结转的是半成品的总成本，直接转入下一步骤作“直接材料”或“半成品”项目成本。最后，为反映原始成本项目，综合结转方式需要进行成本还原。

综合结转方式下，运用逐步结转分步法进行成本计算时，按制造企业成本核算的业务流程，采取以下步骤进行成本计算：第一步，计算第一步成本，将第一步骤的累计生产费用在完工 A 半成品和期末在产品之间分配。第二步，A 半成品入库、出库。把第一步骤完工的 A 半成品成本转入半成品库，按照一次加权平均法算出 A 半成品的平均单价，根据第二步骤领用数量计算出发出的 A 半成品成本转入下一步骤。第三步，计算第二步骤成本。半成品库发出的 A 半成品成本加上第二步本月所发生的生产费用和第二步骤期初的生产费用，汇总计算出第二步骤的累计生产费用，在第二步骤完工 B 半成品与期末在产品之间进行分配。第四步，B 半成品入库、出库。把第二步骤完工的 B 半成品成本转入半成品库，按照一次加权平均法算出 B 半成品的平均单价，根据第三步骤领用数量计算出发出的 B 半成品成本转入下一步骤。第五步，计算第三步骤成本。半成品库发出的 B 半成品成本再加上第三步骤本月所发生的生产费用和第三步骤期初的生产费用，汇总计算出第三步骤的累计生产费用，在第三步骤完工甲产品与期末在产品之间进行分配。第六步，甲产品完工入库，结转完工产品成本。第七步，成本还原，把产成品成本项目还原成原始成本项目。

案例操作：

（1）计算第一步骤成本。产品成本计算单如表 6－4 所示。

表6-4 产品成本计算单

2019年7月31日

生产单位：第一车间　　产品名称：A半成品　　单位：元

摘要	直接材料	直接人工	制造费用	合计
期初在产品成本	65 000	13 000	5 200	83 200
本期本步骤费用	180 000	65 000	27 300	272 300
累计生产费用	245 000	78 000	32 500	355 500
完工产品数量	1 200	1 200	1 200	—
在产品约当产量	200	100	100	—
约当总产量	1 400	1 300	1 300	—
分配率	175	60	25	260
本期完工A半成品总成本	210 000	72 000	30 000	312 000
期末在产品成本	35 000	6 000	2 500	43 500

(2) 计算A自制半成品入库、出库的成本。自制半成品明细账如表6-5所示。

根据第一车间的产品成本计算单，A半成品验收入库，编制会计分录如下：

借：自制半成品——A半成品　　312 000

　贷：生产成本——基本生产成本（A半成品）　　312 000

表6-5 自制半成品明细账

产品名称：A半成品

日期	摘要	收		发			存		
		数量/件	金额/元	数量/件	单价/元	金额/元	数量/件	单价/元	金额/元
7.1	期初结存						400	264	105 600
7.31	第一车间交库	1 200	312 000				1 600	261	417 600
7.31	第二车间领用			1 200	261	313 200	400	261	104 400
7.31	本月合计	1 200	312 000	1 200	261	313 200	400	261	104 400

本月A半成品期末出库单位成本：(105 600 + 312 000) ÷ (400 + 1 200) = 261（元/件）

本月发出A半成品成本：1 200 × 261 = 313 200（元）

半成品库发出A半成品到第二车间，编制会计分录如下：

借：生产成本——基本生产成本（B半成品）　　313 200

　贷：自制半成品——A半成品　　313 200

(3) 计算第二步成本。产品成本计算单如表6-6所示。

(4) 计算B自制半成品入库、出库的成本。自制半成品明细账如表6-7所示。

根据第二车间的产品成本计算单，B半成品验收入库，编制会计分录如下：

借：自制半成品——B半成品　　444 080

　贷：生产成本——基本生产成本（B半成品）　　444 080

表 6－6　产品成本计算单

2019 年 7 月 31 日

生产单位：第二车间　　　　产品名称：B 半成品　　　　单位：元

摘要	仓库转入	本步骤发生		合计
	A 半成品	直接人工	制造费用	
期初在产品成本	79 200	7 500	3 900	90 600
本期本步骤费用		65 300	35 300	100 600
本期半成品库转入费用	313 200			313 200
累计生产费用	392 400	72 800	39 200	504 400
完工产品数量	1 300	1 300	1 300	—
在产品约当产量	200	100	100	—
约当总产量	1 500	1 400	1 400	—
分配率	261. 6	52	28	341. 6
本期完工 B 半成品总成本	340 080	67 600	36 400	444 080
期末在产品成本	52 320	5 200	2 800	60 320

表 6－7　自制半成品明细账

产品名称：B 半成品

日期	摘要	收		发			存		
		数量/件	金额/元	数量/件	单价/元	金额/元	数量/件	单价/元	金额/元
7. 1	期初结存						200	329. 6	65 920
7. 31	第二车间交库	1 300	444 080				1 500	340	510 000
7. 31	第三车间领用			1 200	340	408 000	300	340	102 000
7. 31	本月合计	1 300	444 080	1 200	340	408 000	300	340	102 000

本月 B 半成品期末出库单位成本：(65 920＋444 080)÷(200＋1 300)＝340（元/件）

本月发出 B 半成品成本：1 200×340＝408 000（元）

半成品仓库发出 B 半成品到第二车间，编制会计分录如下：

借：生产成本——基本生产成本（甲产品）　　　　408 000

　贷：自制半成品——B 半成品　　　　408 000

（5）计算第三步骤成本。产品成本计算单如表 6－8 所示。

（6）结转完工甲产品成本。

根据第三车间的产品成本计算单，甲产品验收入库，编制会计分录如下：

借：库存商品——甲产品　　　　621 000

　贷：生产成本——基本生产成本（甲产品）　　　　621 000

表 6-8 产品成本计算单

2019 年 7 月 31 日

生产单位：第三车间　　　　产品名称：甲产品　　　　单位：元

摘要	仓库转入	本步骤发生		合计
	B 半成品	直接人工	制造费用	
期初在产品成本	132 800	10 200	5 000	148 000
本期本步骤费用		67 300	35 300	102 600
本期半成品库转入费用	408 000			408 000
累计生产费用	540 800	77 500	40 300	658 600
完工产品数量	1 500	1 500	1 500	—
在产品约当产量	100	50	50	—
约当总产量	1 600	1 550	1 550	—
分配率	338	50	26	414
本期完工甲产品总成本	507 000	75 000	39 000	621 000
期末在产品成本	33 800	2 500	1 300	37 600

(7) 成本还原。

在综合结转方式下，由于各个步骤的自制半成品结转下一步骤时并没有分成本项目，而是以合计的金额全部转入下一步骤的“直接材料”或“半成品”项目，其自制半成品的直接人工和制造费用等都计入产成品的“直接材料”或“半成品”成本项目，这就导致直接人工和制造费用相对地在产成品成本中所占比重很小，而这显然不符合产成品成本的实际构成，也不便于企业分析与考核产成品的成本构成和水平。为了反映原始的成本项目构成，需要进行成本还原。

成本还原是指将最终产成品成本中所耗用的半成品的综合成本逐步分解，还原成以“直接材料”“直接人工”和“制造费用”等原始成本项目反映的产品成本，从而求得按其原始成本项目反映的产品成本资料。

成本还原采取倒序法，从最后一个步骤起把各步骤所耗用的上一步骤半成品的综合成本，向前分解到上一步骤，逐步还原成规定的原始成本项目，然后将各步骤还原后的成本项目数额相加，就可以求出该产品按规定原始成本项目反映的产成品成本。

在实务中，常采用按成本还原率还原、按上一步骤所产半成品成本的结构还原的方法。

①按照上一步骤所生产的半成品成本结构还原。

按上一步骤所生产的半成品成本结构还原，指的是按照上一步骤完工的半成品各成本项目占半成品成本的百分比进行还原，把产成品中耗用的半成品成本向前分解到上一步骤，依此类推，逐步还原成规定的原始成本项目。

按上一步骤所生产的半成品成本结构还原时，首先要确定各步骤半成品的成本结构，然后从最后一个生产步骤开始，将产成品成本中耗用的半成品综合成本乘以上一步骤该种半成品的各成本项目的百分比，就可以把综合成本进行分解。如果成本计算在两步以上，还必须逐次将未还原的半成品成本按上述方法依次还原，直至将半成品成本还原为原始成本项目为止。其计算公式为：

成本项目构成百分比（×100%）=上一步骤完工半成品该成本项目金额÷上一步骤完工半成品总成本

成本项目还原额=产成品中耗用的半成品成本×该成本项目构成百分比

对于案例6-1，对甲产品按上一步骤所生产的半成品成本结构还原。产品成本还原计算表如表6-9所示。

表6-9　产品成本还原计算表

2019年7月31日

产品名称：甲产品　　　　产量：1 500件　　　　单位：元

摘要	成本项目					
	B半成品	A半成品	直接材料	直接人工	制造费用	合计
还原前完工产品总成本	507 000			75 000	39 000	621 000
B半成品成本构成		76.58%		15.22%	8.20%	100%
B半成品成本还原	-507 000	388 260.60		77 165.40	41 574	0
A半成品成本构成			67.31%	23.08%	9.61%	100%
A半成品成本还原		-388 260.60	261 338.21	89 610.55	37 311.84	0
还原后完工产品总成本	0	0	261 338.21	241 775.95	117 885.84	621 000
还原后完工产品单位成本			174.23	161.18	78.59	414.00

a. B半成品成本还原。

A半成品成本构成比重：340 080÷444 080≈76.58%

直接人工成本构成比重：67 600÷444 080≈15.22%

制造费用成本构成比重：1-76.58%-15.22%=8.20%

还原出A半成品成本：507 000×76.58%=388 260.60（元）

还原出人工费用：507 000×15.22%=77 165.40（元）

还原出制造费用：507 000-388 260.60-77 165.40=41 574（元）

b. A半成品成本还原。

直接材料成本构成比重：210 000÷312 000≈67.31%

直接人工成本构成比重：72 000÷312 000≈23.08%

制造费用成本构成比重：1-67.31%-23.08%=9.61%

还原出直接材料：388 260.60×67.31%=261 338.21（元）

还原出人工费用：388 260.60×23.08%=89 610.55（元）

还原出制造费用：388 260.60-261 338.21-89 610.55=37 311.84（元）

c. 还原后成本。

产品成本还原计算表中，第一行“还原前完工总成本”中的B半成品还原成了第三行（A半成品、直接人工、制造费用），第三行中的A半成品还原成了第五行（直接材料、直接人工费、制造费用），因此，还原后的总成本应该是第一行、第三行、第五行数据汇总，还原后的总成本应该与还原前的总成本相等。还原后的单位成本是用还原后的总成本除以完工产量1 500 件算得。

还原后直接材料 = 261 338. 21（元）

还原后直接人工 = 75 000 + 77 165. 4 + 89 610. 55 = 241 775. 95（元）

还原后制造费用 = 39 000 + 41 574 + 37 311. 84 = 117 885. 84（元）

还原后总成本 = 261 338. 21 + 241 775. 95 + 117 885. 84 = 621 000（元）

②按成本还原率还原。

按成本还原率还原，指的是先算出成本还原率，然后根据产成品中耗用的半成品成本和还原率，把产成品中耗用的半成品成本向前分解到上一步骤，依此类推，逐步还原成规定的原始成本项目。成本还原率，是根据产成品成本中耗用的半成品成本和上一步骤完工的该半成品总成本计算出来的。其计算公式为：

成本还原率 = 产成品中耗用的半成品成本 ÷ 上步骤完工的该半成品总成本

成本项目还原额 = 上一步骤完工的该半成品成本项目金额 × 成本还原率

对案例 6 - 1，对甲产品按成本还原率还原。产品成本还原计算表如表 6 - 10 所示。

表 6 - 10　产品成本还原计算表

2019 年 7 月 31 日

产品名称：甲产品　　　　产量：1 500 件　　　　单位：元

摘要	还原分配率	成本项目					
		B 半成品	A 半成品	直接材料	直接人工	制造费用	合计
还原前总成本		507 000			75 000	39 000	621 000
本月完工 B 半成品成本			340 080		67 600	36 400	444 080
B 半成品成本还原	1. 141 7	- 507 000	388 269. 34		77 178. 92	41 551. 74	0
本月完工 A 半成品成本				210 000	72 000	30 000	312 000
A 半成品成本还原	1. 244 5		- 388 269. 34	261 345	89 604	37 320. 34	0
还原后总成本		0	0	261 345	241 782. 92	117 872. 08	621 000
还原后单位成本				174. 23	161. 19	78. 58	414

a. B 半成品成本还原。

成本还原率：507 000 ÷ 444 080 ≈ 1. 141 7

还原出 A 半成品成本：340 080 × 1. 141 7 = 388 269. 34（元）

还原出人工费用：67 600 × 1. 141 7 = 77 178. 92（元）

还原出制造费用：507 000 - 388 269. 34 - 77 178. 92 = 41 551. 74（元）

b. B 半成品成本还原。

成本还原率：388 269. 34 ÷ 312 000 ≈ 1. 2445

还原出直接材料：210 000 × 1. 244 5 = 261 345（元）

还原出人工费用：72 000 × 1. 244 5 = 89 604（元）

还原出制造费用：388 269. 34 - 261 345 - 89 604 = 37 320. 34（元）

c. 还原后成本。

计算与按上一步骤所生产的半成品成本结构还原相同，还原后的总成本应该是第一行、第三行、第五行数据汇总，还原后的总成本应该等于还原前的总成本。还原后的单位成本是用还原后的总成本除以完工产量 1 500 件算得。

还原后直接材料 = 261 345（元）

还原后直接人工 = 75 000 + 77 178. 92 + 89 604 = 241 782. 92（元）

还原后制造费用 = 39 000 + 41 551. 74 + 37 320. 34 = 117 872. 08（元）

还原后总成本 = 261 345 + 241 782. 92 + 117 872. 08 = 621 000（元）

五、逐步结转分步法之分项结转的具体应用

【案例 6 – 2】　东方公司设有 3 个基本生产车间，经过 3 个步骤大量生产甲产品。第一车间生产 A 半成品，完工后交给半成品库；第二车间领用 A 半成品继续加工 B 半成品，完工后交给半成品库；第三车间领用 B 半成品继续加工成产成品甲产品，完工后验收入库。该厂成本计算采用逐步结转分步法分项结转方式，半成品库采用一次加权平均法计价。期末在产品计算采用约当产量法。甲产品所用原材料在生产开始时一次性投入；第二车间和第三车间所用的半成品也都在该步骤开始时领用；各步骤人工费用、制造费用发生均衡。具体资料如表 6 – 11 ~ 表 6 – 13 所示。

表 6 – 11　东方公司生产费用资料

产品名称：甲产品　　2019 年 7 月　　单位：元

项目	第一车间	第二车间	第三车间
期初在产品成本	83 200	90 600	148 000
其中：直接材料（半成品）	65 000	53 700	67 600
1）本步骤发生	65 000		
2）仓库转入		53 700	67 600
直接人工	13 000	25 500	54 600
1）本步骤发生	13 000	7 500	10 200
2）仓库转入		18 000	44 400
制造费用	5 200	11400	25 800
1）本步骤发生	5 200	3 900	5 000
2）仓库转入		7 500	20 800
本期本步骤生产费用	272 300	100 600	102 600
其中：直接材料	180 000		
直接人工	65 000	65 300	67 300
制造费用	27 300	35 300	35 300

表 6－12　东方公司生产数量资料

产品名称：甲产品　　2019 年 7 月　　单位：元

项目	第一车间	第二车间	第三车间
期初在产品	400	300	400
本期投入/上一步骤转入	10 00	1 200	1 200
本期完工转入下一步骤或入库	1 200	1 300	1 500
期末在产品	200	200	100

表 6－13　东方公司半成品库期初结存资料

2019 年 7 月

产品名称	期初结存数量/件	期初结存单价/元	期初结存金额/元	
A 半成品	400	264	直接材料	70 400
			直接人工	24 800
			制造费用	10 400
B 半成品	200	329. 6	直接材料	34 000
			直接人工	22 000
			制造费用	9 920

工作任务：

（1）计算第一步骤的成本。

（2）计算 A 自制半成品入库、出库的成本。

（3）计算第二步骤的成本。

（4）计算 B 自制半成品入库、出库的成本。

（5）计算第三步骤的成本。

（6）结转完工甲产品成本。

案例分析：

采用分项结转方式的逐步结转分步法，将各步骤的生产费用在完工半成品和期末在产品之间分配，把完工半成品成本转入半成品库，按照一次加权平均法计算出半成品的平均单价，根据领用数量计算出发出的半成品成本转入下一步骤。在结转时注意对应成本项目结转。上一步骤的直接材料对应转到下一步骤的“直接材料”或“半成品”项目，上一步骤的直接人工对应转到下一步骤的“直接人工”项目，上一步骤的制造费用对应转到下一步骤的“制造费用”项目。依此类推，直至最后一个步骤。从第二步骤的产品成本计算单开始，每个步骤的成本项目下开设两栏：上一步骤转入和本步骤发生。

分项结转方式下，运用逐步结转分步法进行成本计算时，按制造企业成本核算的业务流程，采取以下步骤进行成本计算：第一步，计算第一步骤成本，将第一步骤的累计生产费用在完工 A 半成品和期末在产品之间分配。第二步，A 半成品入库、出库。把第一步骤完工的 A 半成品成本转入半成品库，按照一次加权平均法计算出 A 半成品的平均单价，根据第二步骤领用数量计算出发出的 A 半成品成本转入下一步骤。第三步，计算第二步骤成本。

汇总计算出第二步骤的累计生产费用，分成半成品仓库转入和本步骤发生两项在第二步骤完工B半成品与期末在产品之间进行分配。第四步，B半成品入库、出库。把第二步骤完工的B半成品成本转入半成品库，按照一次加权平均法计算出B半成品的平均单价，根据第三步骤领用数量计算出发出的B半成品成本转入下一步骤。第五步，计算第三步骤成本。汇总计算出第三步骤的累计生产费用，分成半成品仓库转入和本步骤发生两项在第三步骤完工甲产品与期末在产品之间进行分配。第六步，甲产品完工入库，结转完工产品成本。

案例操作：

(1) 计算第一步骤成本。产品成本计算单如表6－14所示。

表6－14　产品成本计算单

2019年7月31日

生产单位：第一车间　　　　产品名称：A半成品　　　　单位：元

摘要	直接材料	直接人工	制造费用	合计
期初在产品成本	65 000	13 000	5 200	83 200
本期本步骤费用	180 000	65 000	27 300	272 300
累计生产费用	245 000	78 000	32 500	355 500
完工产品数量	1 200	1 200	1 200	—
在产品约当产量	200	100	100	—
约当总产量	1 400	1 300	1 300	—
分配率	175	60	25	260
本期完工A半成品总成本	210 000	72 000	30 000	312 000
期末在产品成本	35 000	6 000	2 500	43 500

(2) 计算A自制半成品入库、出库的成本。自制半成品明细账如表6－15所示。

根据第一车间的产品成本计算单，A半成品验收入库，编制会计分录如下：

借：自制半成品——A半成品　　312 000

　贷：生产成本——基本生产成本（A半成品）　　312 000

表6－15　自制半成品明细账

品名：A半成品

摘要	数量/件	金额/元	其中/元		
			直接材料	直接人工	制造费用
期初结存	400	105 600	70 400	24 800	10 400
第一车间交库	1 200	312 000	210 000	72 000	30 000
合计	1 600	417 600	280 400	96 800	40 400
单位成本		261	175.25	60.5	25.25

续表

摘要	数量/件	金额/元	其中/元		
			直接材料	直接人工	制造费用
第二车间领用	1 200	313 200	210 300	72 600	30 300
期末结存	400	104 400	70 100	24 200	10 100

因为第二步骤生产会从半成品库领用 A 半成品，且半成品成本采用分项结转方式，所以半成品明细账必须按成本项目进行反映。

半成品库发出 A 半成品到第二车间，编制会计分录如下：

借：生产成本——基本生产成本（B 半成品） 313 200

　贷：自制半成品——A 半成品 313 200

（3）计算第二步骤成本。产品成本计算单如表 6－16 所示。

表 6－16　产品成本计算单

2019 年 7 月 31 日

生产单位：第二车间　　　　产品名称：B 半成品　　　　单位：元

摘要	A 半成品		直接人工		制造费用		合计
	仓库转入	本步骤发生	仓库转入	本步骤发生	仓库转入	本步骤发生	
期初在产品成本	53 700		18 000	7 500	7 500	3 900	90 600
本期本步骤费用				65 300		35 300	100 600
本期半成品库转入费用	210 300		72 600		30 300		313 200
累计生产费用	264 000		90 600	72 800	37 800	39 200	504 400
完工产品数量	1 300		1 300	1 300	1 300	1 300	—
在产品约当产量	200		200	100	200	100	—
约当总产量	1 500		1 500	1 400	1 500	1 400	—
分配率	176		60.4	52	25.2	28	341.6
本期完工 B 半成品总成本	228 800		78 520	67 600	32 760	36 400	444 080
期末在产品成本	35 200		12080	5200	5040	2800	60320

从第二步骤的成本计算开始，产品成本计算单的各成本项目下分成两列：仓库转入和本步骤发生，因为在完工产品和在产品采用约当产量法分配生产费用的时候，这两部分费用的分配是不一样的。对于仓库转入的费用来说，这部分费用是从前面转过来的，本步骤的完工产品和本步骤的在产品都完成了上一步骤的加工，因此在分配仓库转入费用的时候完工产品和在产品分配标准一致，在产品和完工产品的产量都按 100% 计算，可以按实际数量平摊仓库转入的费用。对于本步骤发生的费用来说，本步骤的完工产品完成了本步骤的加工，而本步骤的在产品尚未完成本步骤的加工，因此在分配本步骤发生的费用时，在产品的人工费用和制造费用必须

按50%的完工程度把在产品实际数量折算成约当产量才能跟完工产品一样分配生产费用。

（4）计算B自制半成品入库、出库的成本。自制半成品明细账如表6－17所示。

根据第二车间的产品成本计算单，B半成品验收入库，编制会计分录如下：

借：自制半成品——B半成品　　444 080

　贷：生产成本——基本生产成本（B半成品）　　444 080

表6－17　自制半成品明细账

产品名称：B半成品

摘要	数量/件	金额/元	其中/元		
			直接材料	直接人工	制造费用
期初结存	200	65 920	34 000	22 000	9 920
第二车间交库	1 300	444 080	228 800	146 120	69 160
合计	1 500	510 000	262 800	168 120	79 080
单位成本		340	175.2	112.08	52.72
第三车间领用	1 200	408 000	210 240	134 496	63 264
期末结存	300	102 000	52 560	33 624	15 816

半成品库发出B半成品到第二车间，编制会计分录如下：

借：生产成本——基本生产成本（甲产品）　　408 000

　贷：自制半成品——B半成品　　408 000

（5）计算第三步骤成本。产品成本计算单如表6－18所示。

表6－18　产品成本计算单

2019年7月31日

生产单位：第三车间　　产品名称：甲产品　　单位：元

摘要	B半成品		直接人工		制造费用		合计
	仓库转入	本步骤发生	仓库转入	本步骤发生	仓库转入	本步骤发生	
期初在产品成本	67 600		44 400	10 200	20 800	5 000	148 000
本期本步骤费用				67 300		35 300	102 600
本期半成品库转入费用	210 240		134 496		63 264		408 000
累计生产费用	277 840		178 896	77 500	84 064	40 300	658 600
完工产品数量	1 500		1 500	1 500	1 500	1 500	—
在产品约当产量	100		100	50	100	50	
约当总产量	1 600		1 600	1 550	1 600	1 550	—
分配率	173.65		111.81	50	52.54	26	414
本期完工甲产品总成本	260 475		167 715	75 000	78 810	39 000	621 000
期末在产品成本	17 365		11 181	2 500	5 254	1 300	37 600

(6) 结转完工甲产品成本

根据第三车间的产品成本计算单，甲产品验收入库，编制会计分录如下：

借：库存商品——甲产品　　621 000

　贷：生产成本——基本生产成本（甲产品）　　621 000

六、逐步结转分步法的优、缺点

在逐步结转分步法下，各步骤成本计算的是本步骤半成品成本，上一步骤完工的半成品成本需转入下一步骤，在半成品成本结转时，综合结转方式结转的是半成品的总成本，分项结转方式需要分别对应成本项目结转半成品成本。

（一）逐步结转分步法的优点

(1) 能够提供各个步骤的半成品成本信息，便于分析考核产品成本和计算半成品销售成本。

(2) 由于半成品成本随着半成品实物结转，各步骤产品成本明细账、自制半成品明细账反映各个步骤的在产品和半成品的成本，能为在产品和半成品的实物管理和生产资金管理提供信息。

(3) 采用逐步结转法综合结转方式结转半成品成本时，能全面反映各步骤完工产品中所耗用上一步骤半成品费用水平和本步骤加工费用水平，更好地满足各生产步骤成本管理的要求。

(4) 采用逐步结转法分项结转方式结转半成品成本时，可直接提供按原始成本项目反映的产品成本资料，满足企业分析考核产品成本构成和成本水平的需要，不必进行成本还原。

（二）逐步结转分步法的缺点

(1) 各步骤半成品成本要按顺序结转，在加速成本计算工作方面存在一定的局限性。

(2) 在综合结转半成品成本的情况下，需要进行成本还原，增加了核算工作量。

(3) 在分项结转半成品成本的情况下，各步骤的成本结转工作比较复杂，核算工作量比较大。

任务三　平行结转分步法的应用

一、平行结转分步法的适用范围

平行结转分步法是在管理上不要求提供各生产步骤半成品资料的情况下采用的，适用于成本管理上不要求计算半成品成本的企业，尤其是半成品不对外销售的大量大批装配式多步骤生产的企业，或者大量大批的连续式生产但并不需要计算半成品成本，半成品不需要销售的企业。在大量大批装配式多步骤生产的企业（例如机械制造企业）中，从原材料投入生产到产成品制成的过程中，首先对各种原材料平行地进行加工，加工成各种零件和部件（半成品），然后由装配车间装配成各种产成品。这类企业各生产步骤半成品的种类很多，但半成品对外销售的情况很少，在管理上不需要计算半成品成本，采用平行结转分步法可以简化和加速成本计算工作。在某些连续式多步骤生产的企业中，如果各生产步骤所生产的半成品仅供本企业下一步骤继续加工，不准备对外销售，也可以采用平行结转分步法计算产品成本。

二、平行结转分步法的特点

（一）成本计算对象是产成品和各个步骤的自身成本

平行结转分步法下，成本计算对象是各生产步骤和最终完工产成品。各生产步骤的半成品均不作为成本计算对象，各步骤的成本计算是为了计算出最终产成品的成本，并不转入下一步骤。因此，从各步骤产品成本明细账中计算的只是该步骤自身的成本，不能提供其产出半成品的成本资料，平行结转分步法的成本计算对象是产成品及各步骤自身的成本。

（二）半成品实物转移，但是成本不随实物转移而结转

平行结转分步法下，各步骤半成品成本不随着实物转移而结转，各加工步骤只归集本步骤发生的费用，不反映所耗用上一步骤的半成品成本。各步骤之间不结转半成品成本，因此不需要通过“自制半成品”账户进行总分类核算。

（三）各步骤产品成本明细账中的期末余额是广义的在产品成本

采用平行结转分步法，各生产步骤所归集的生产费用需在完工产品与月末在产品之间分配，但与逐步结转分步法不同的是，平行结转分步法下的完工产品，是狭义的完工产品，指的是完成了所有生产步骤的产品，亦即产成品，而不包括各步骤完工的半成品，因此某步骤生产成本明细账中的完工产品成本，只是指该步骤生产费用中应由产成品负担的份额。平行结转分步法下的在产品，是广义的在产品，既包括本步骤正在加工的在制品（狭义的在产品），又包括本步骤已完工但尚未最终制成产成品的半产品。也就是说，只要产品尚未最后完工，无论停留在哪个步骤都只能算作在产品。因此，平行结转分步法下各步骤生产费用的分配是在产成品与广义的在产品之间进行的。为了计算各生产步骤发生的费用中应计入产成品的份额，必须将每一步骤发生的费用划分为耗用于产成品的份额和在产品份额，各步骤计入产成品的份额之和即构成产成品成本。

三、平行结转分步法的成本计算程序

平行结转分步法下，平时各生产步骤不需要计算半成品成本，只计算本步骤发生的各项费用，前一生产步骤完工的半成品转入下一生产步骤继续加工时，只转移半成品实物，不转移半成品成本。月末再采用一定的分配方法，确定每一生产步骤应计入完工产成品成本的份额，将相同产品的各步骤成本明细账中的这些份额汇总，计算出该种产品的产成品成本。

平行结转分步法的成本计算程序是：先由各生产步骤计算出本步骤所发生的各种费用，将其在本月产成品与月末在产品之间进行分配，确定各生产步骤应计入产成品成本的份额，最后把各步骤应计入产成品成本的份额进行汇总，计算出最终产成品的实际总成本。

四、平行结转分步法的具体应用

【案例6-3】　东方公司有3个基本生产车间，经过3个步骤生产大量乙产品。原材料在生产开始时一次性投入，3个车间的人工费用、制造费用发生均衡。第一车间生产半成品

C，完工后交给第二车间，第二车间将半成品C加工成半成品D，完工后交给第三车间，第三车间将半成品D加工成产成品乙产品，完工后验收入库，C、D、乙耗用的比例为1∶1∶1。由于C、D半成品只用于继续加工，不对外销售，因此采用平行结转分步法计算成本。月末在产品成本采用约当产量法计算。具体资料如表6－19、表6－20。

表6－19 东方公司生产费用资料

产品名称：乙产品　　2019年7月　　单位：元

项目	第一车间	第二车间	第三车间
期初在产品成本	85 200	12 525	13 425
其中：直接材料	68 000		
直接人工	11 100	7 425	7 950
制造费用	6 100	5 100	5 475
本期本步骤费用	416 300	131 975	126 075
其中：直接材料	272 000		
直接人工	93 400	77 575	72 650
制造费用	50 900	54 400	53 425

表6－20 东方公司生产数量资料

产品名称：乙产品　　2019年7月　　单位：元

项目	第一车间	第二车间	第三车间
期初在产品数量	400	300	300
本期投入/上一步骤转入数量	1 000	1 200	1 300
本期完工转入下一步骤或交库数量	1 200	1 300	1 500
期末在产品数量	200	200	100

工作任务：

（1）计算各步骤成本中应计入产成品的份额和在产品的份额。

（2）汇总计算并结转产成品成本。

案例分析：

采用平行结转分步法计算产品成本时，各生产步骤不计算半成品成本，只计算本步骤自身所发生的生产费用，半成品的成本也不结转到下一步骤，成本结转同实物结转是分离的。除第一步骤生产费用中包括所耗用的原材料和加工费用外，其他各步骤只计算本步骤发生的加工费用即可。每个步骤在进行完工产品和在产品成本分配的时候，是将累计生产费用在产成品和广义的在产品中分配，计算出每个步骤中产成品的份额之后，对各个步骤的产成品份额进行汇总，即可以计算出最终产成品的总成本。这里所说的广义的在产品，除了本步骤没有完工的在制品之外，还包括完成了本步骤但是没有完成最终步骤验收入库的半成品。

运用平行结转分步法进行成本计算时，按制造企业成本核算的业务流程，采取以下步骤进行成本计算：第一步，计算分配每个步骤自身的成本，分出本步骤产成品的份额和广义的在产品的份额；第二步，将各步骤产成品份额相加，汇总计算出产成品的总成本，并结转验收入库。

案例操作：

（1）计算分配各步骤成本。相关表格如表6－21～表6－23所示。

表6－21　产品成本计算单

2019年7月31日

生产单位：第一车间　　　　产品名称：乙产品　　　　单位：元

摘要		直接材料	直接人工	制造费用	合计
期初在产品成本		68 000	11 100	6 100	85 200
本期生产费用		272 000	93 400	50 900	416 300
累计生产费用		340 000	104 500	57 000	501 500
完工产品数量		1 500	1 500	1 500	—
在产品约当产量	本步骤在产品约当产量	200	100	100	—
	已交下一步骤未完工半成品数量	300	300	300	—
	在产品约当产量小计	500	400	400	—
约当总产量		2 000	1 900	1 900	—
分配率		170	55	30	—
本期产成品总份额		255 000	82 500	45 000	382 500
期末在产品份额		85 000	22 000	12 000	119 000

在该成本计算单中，完工产品指的是产成品，因此完工产品数量指的应该是第三车间产成品的数量1 500件。在产品指的是广义的在产品，因此它除了包括本步骤尚未完工的在制品之外，还包括完成了本步骤但是没有完成最后步骤的半成品。这里的半成品可以分成两部分，一部分是完成了第一步骤，没有完成第二步骤的半成品，也就是第二车间的在产品200件，还有一部分是完成了第一步骤、第二步骤，但是没有完成第三步骤的半成品，也就是第三车间的在产品100件。因此，第一车间产品成本计算单中在产品约当产量里的已交下一步骤未完工半成品数量应该是300件。

表6－22　产品成本计算单

2019年7月31日

生产单位：第二车间　　　　产品名称：乙产品　　　　单位：元

摘要	直接材料	直接人工	制造费用	合计
期初在产品成本		7 425	5 100	12 525
本期生产费用		77 575	54 400	131 975
累计生产费用		85 000	59 500	144 500
完工产品数量		1 500	1 500	—

续表

摘要		直接材料	直接人工	制造费用	合计
在产品约当产量	本步骤在产品约当产量		100	100	—
	已交下一步骤未完工半成品数量		100	100	—
	在产品约当产量小计		200	200	—
约当总产量			1 700	1 700	—
分配率			50	35	—
本期产成品总份额			75 000	52 500	127 500
期末在产品份额			10 000	7 000	17 000

在该成本计算单中，完成了本步骤，但是没有完成最后步骤的半成品指的是完成了第一步骤、第二步骤，但是没有完成第三步骤的半成品，也就是第三车间的在产品 100 件。因此，第二车间产品成本计算单中在产品约当产量里的已交下一步骤未完工半成品数量应该是 100 件。

表 6－23　产品成本计算单

2019 年 7 月 31 日

生产单位：第三车间　　　　产品名称：乙产品　　　　单位：元

摘要		直接材料	直接人工	制造费用	合计
期初在产品成本			7 950	5 475	13 425
本期生产费用			72 650	53 425	126 075
累计生产费用			80 600	58 900	139 500
完工产品数量			1 500	1 500	—
在产品约当产量	本步骤在产品约当产量		50	50	—
	已交下一步骤未完工半成品数量		—	—	—
	在产品约当产量小计		50	50	—
约当总产量			1 550	1 550	—
分配率			52	38	—
本期产成品总份额			78 000	57 000	135 000
期末在产品份额			2 600	1 900	4 500

在该成本计算单中，完成了本步骤，但是没有完成最后步骤的半成品是不存在的，因此，第三车间产品成本计算单中在产品约当产量里的已交下步骤未完工半成品数量应该是 0 件。

（2）汇总并结转产成品成本。相关表格如表 6－24、表 6－25 所示。

表 6－24　产品成本汇总表

2019 年 7 月 31 日

产品名称：乙产品　　　　　　产量：1 500 件　　　　　　单位：元

车间	直接材料	直接人工	制造费用	合计
第一车间产成品份额	255 000	82 500	45 000	382 500
第二车间产成品份额		75 000	52 500	127 500
第三车间产成品份额		78 000	57 000	135 000
本期产成品总成本	255 000	235 500	154 500	645 000
本期产成品单位成本	170	157	103	430

根据产品成本汇总表，乙产品验收入库，编制会计分录如下：

借：库存商品——乙产品　　645 000

　贷：生产成本——基本生产成本（乙产品）　　645 000

在上面的案例中，C 半成品、D 半成品、乙产品耗用的比例为 1∶1∶1，倘若 C 半成品、D 半成品、乙产品耗用的比例为 1∶2∶4，那么在计算第一步骤、第二步骤的产品成本时与上面的产品成本计算是不同的，因为约当总产量这个分配标准与上面的案例计算不同。下面以此为例，计算 3 个车间在产品约当产量。

表 6－25　约当总产量计算表　　单位：元

项目		第一步骤		第二步骤	第三步骤
		材料费用	人工、制造费用	人工、制造费用	人工、制造费用
完工产品耗用量		6 000	6 000	3 000	1 500
在产品耗用约当产量	本步骤在产品约当产量	200	100	100	50
	已交下步骤未完工半成品数量	800	800	200	0
	在产品约当产量小计	1 000	900	300	50
约当总产量		7 000	6 900	3 300	1 550

在第一步骤的计算中，因为每件完工乙产品耗用 4 件 C 半成品，因此应该用 1 500 件产成品乘以 4 计算出完工产品耗用 C 半成品的数量 6 000 件。已交下一步骤未完工半成品数量中，半成品可以分成两部分，一部分是完成了第一步骤，没有完成第二步骤的半成品，也就是第二车间的在产品 200 件，因为第二车间生产 D 半成品会消耗 2 件 C 半成品，所以要在 200 件的基础上乘以 2，也就是 400 件。还有一部分是完成了第一步骤、第二步骤，但是没有完成第三步骤的半成品，也就是第三车间的在产品 100 件，因为第三车间生产乙产品会消耗 4 件 C 半成品，所以要在 100 件的基础上乘以 4，也就是 400 件。因此，第一步骤在产品约当产量里的已交下一步骤未完工半成品数量应该是 800 件。这样第一车间产成品和在产品的生产费用分配才会公平合理。

在第二步骤的计算中，因为每件完工乙产品耗用 2 件 D 半成品，因此应该用 1 500 件产成品乘以 2 计算出完工产品耗用 D 半成品的数量 3 000 件。已交下一步骤未完工半成品数量中，完成了第一步骤、第二步骤，但是没有完成第三步骤的半成品，也就是第三车间的在产品 100 件，因为第三车间生产乙产品会消耗 2 件 D 半成品，所以要在 100 件的基础上乘以 2，也就是 200 件。因此，第二步骤在产品约当产量里的已交下一步骤未完工半成品数量应该是 200 件。

在第三步骤的计算中，完工产品数量即产成品数量 1 500 件，没有已交下一步骤未完工半成品，因此与上面的案例中 C 半成品、D 半成品、乙产品耗用的比例为 1∶1∶1 的情况下第三车间约当总产量的计算是完全一样的。

五、平行结转分步法的优、缺点

在平行结转分步法下，各步骤成本计算的是本步骤自身发生的费用，上一步骤完工的半成品成本不需要转入下一步骤，半成品实物结转，但是成本不结转。

（一）平行结转分步法的优点

（1）各步骤可以同时计算应计入产成品成本的份额，并将其平行汇总记入产成品成本，不必逐步结转半成品成本，因此能简化和加速成本核算工作。

（2）按成本项目平行结转汇总各步骤成本中应计入产成品成本的份额，直接反映了产成品成本的原始构成，不必进行成本还原，因此既有利于产品成本结构分析，又简化了成本计算工作。

（二）平行结转分步法的缺点

（1）各步骤半成品成本的结转与实物转移脱节，各步骤产品成本明细账上的月末在产品成本与实际结存在该步骤的在产品实物不一致，在产品的费用在产品最后完成以前，不随实物转出而转出，因此不能为各步骤在产品的实物管理和资金管理提供资料。

（2）各步骤不计算和结转半成品成本，不能提供各个步骤的半成品成本资料，因此不能全面地反映各步骤产品生产耗费的水平（第一步骤除外），不能更好地满足这些步骤成本管理的要求。

六、平行结转分步法与逐步结转分步法的对比

平行结转分步法与逐步结转分步法的对比如表 6－26 所示。

表 6－26 平行结转分步法与逐步结转分步法的对比

不同点		逐步结转分步法	平行结转分步法
半成品结转		实物、成本同步结转	实物结转，成本不结转
成本管理要求		上一步骤半成品成本转入下一步骤，计算半成品成本	各步骤只算自身成本，不计算半成品成本
成本计算对象		产成品及各步骤半成品成本	产成品及各步骤自身成本
账户设置		可设自制半成品账户	不需设自制半成品账户
产成品成本计算方式		只看最后一步	各步骤产成品份额相加
在产品、完工产品范围	完工产品	广义：产成品、半成品	狭义：产成品
	在产品	狭义：在制品	广义：在制品、半成品

项目小结

分步法是以产品品种和每种产品所经过的生产步骤作为成本核算对象，归集分配生产费用，计算产品成本的方法，它主要适用于大量大批的管理上要求计算分步成本的多步骤生产。分步法的特点是：以各加工步骤的各种产品为成本计算对象设置基本生产成本明细账；成本计算定期按月进行；生产费用需要在完工产品与在产品之间进行分配。由于各个企业生产工艺流程的特点和成本管理对各生产步骤成本资料的要求不同（即是否需要计算各生产步骤的半成品成本），分步法分为逐步结转分步法和平行结转分步法。

知识拓展：平行结转分步法与逐步结转分步法的对比说明

逐步结转分步法又称为计算半成品成本的分步法，是按照生产步骤逐步计算并结转半成品成本，直到最后步骤算出产成品成本的方法。逐步结转分步法是在管理上要求提供各生产步骤半成品成本资料的情况下采用的，主要适用于所生产的半成品经常对外销售和需要考核半成品成本的大量大批多步骤生产的企业，特别是大量大批的连续式多步骤生产的企业。它的主要特点是：成本计算对象是产成品和各个步骤的半成品成本；半成品成本随实物同步转移；各步骤产品成本明细账中的期末余额是狭义的在产品成本。逐步结转分步法按照半成品结转方式的不同分为综合结转和分项结转。综合结转是指在半成品成本在从上一步骤转入下一步骤时结转的是半成品的总成本，因为不能反映原始成本构成，所以综合结转必须进行成本还原。分项结转是指半成品成本在从上一步骤转入下一步骤时对应成本项目分别结转，成本构成明确，不需要进行成本还原。

平行结转分步法又称为不计算半成品成本的分步法，是指各加工步骤只计算本步骤发生的直接材料、直接人工、制造费用，最后将各步骤中应计入产成品成本的份额进行平行汇总，从而计算出该产品成本的一种成本计算方法。平行结转分步法是在管理上不要求提供各生产步骤半成品资料的情况下采用的，适用于成本管理上不要求计算半成品成本的企业，尤其是半成品不对外销售的大量大批装配式多步骤生产的企业，或者大量大批的连续式生产但并不需要计算半成品成本，半成品不需要销售的企业。它的主要特点是：成本计算对象是产成品和各个步骤的自身成本；半成品实物转移，但是成本不随实物转移而转移；各步骤产品成本明细账中的期末余额是广义的在产品成本。

将逐步结转分步法与平行结转分步法进行对比，二者的区别主要表现在以下几个方面：半成品结转不同，成本管理要求不同，成本计算对象不同，账户设置不同，产成品成本计算方式不同，在产品、完工产品范围不同。

项目六　教、学、做一体化训练

一、单项选择题

1. 成本还原是指从（　　）步骤起，将其耗用上一步骤的自制半成品的综合成本，按照上一步骤完工半成品的成本项目的比例分解还原为原来的成本项目。

A. 最前一个　　B. 中间一个

C. 最后一个　　D. 随意任选一个

2. 成本还原的对象是（　　）。

A. 最终产成品成本　　B. 各步骤半成品成本

C. 产成品所耗用半成品成本　　D. 上一步骤完工半成品成本

3. 在平行结转分步法下，月初和本月生产费用总额是在（　　）之间进行分配

A. 各步骤完工半成品与月末加工中的在制品　　B. 各步骤完工半成品与广义的在产品

C. 产成品与月末广义的在产品　　D. 产成品与月末狭义的在产品

4. 半成品在逐步结转分步法下属于（　　），在平行结转分步法下属于（　　）。

A. 在产品，完工产品　　B. 完工产品，在产品

C. 在产品，产成品　　D. 产成品，在产品

5. 需要成本还原的是（　　）。

A. 逐步结转分步法　　B. 平行结转分步法

C. 逐步综合结转分步法　　D. 逐步分项结转分步法

6. 下列选项中应该采用逐步结转分步法的是（　　）。

A. 纺织业　　B. 机械制造业

C. 采掘业　　D. 汽车制造业

7. 分步法的成本计算对象是（　　）。

A. 品种　　B. 批次

C. 步骤　　D. 品种及步骤

8. 半成品成本分成本项目对应转入下一步骤的是（　　）。

A. 逐步结转分步法　　B. 平行结转分步法

C. 逐步综合结转分步法　　D. 逐步分项结转分步法

9. 在采用逐步综合结转分步法的情况下，下一步骤耗用的上一步骤半成品的成本应转入下一步骤产品成本明细账中的（　　）。

A. 直接材料或半成品　　B. 综合成本

C. 直接人工　　D. 制造费用

10. 逐步结转分步法又称为（　　）。

A. 不计算半成品成本的分步法　　B. 计算半成品成本的分步法

C. 分批次计算半成品成本的方法　　D. 不分批次计算半成品成本的方法

二、多项选择题

1. 广义的在产品包括（　　）。

A. 本步骤尚未完工的在制品

B. 完成了所有步骤验收入库的产成品

C. 完成了一个或几个步骤的半成品

D. 半成品库里的半成品

2. 下列属于分步法特点的是（　　）。

A. 按品种及步骤设置成本计算单

B. 成本计算期与会计报告期一致

C. 期末一般需要在完工产品和在产品之间分配生产费用

D. 期末一般不需要在完工产品和在产品之间分配生产费用

3. 逐步结转分步法和平行结转分步法的区别在于（　　）。

A. 完工产品和在产品的划分范围不同

B. 各步骤成本计算不同
C. 产成品成本计算方式不同
D. 成本结转要求不同
4. 下列关于平行结转分步法的说法中错误的是（　　）。
A. 不需要计算半成品成本
B. 各步骤之间不需要结转成本
C. 半成品实物与成本同步结转
D. 逐步结转分步法和分项结转算出来的结果完全一样
5. 下列应采用分步法核算成本的是（　　）。
A. 水　　B. 冶金产品　　C. 纺织产品　　D. 自行车
6. 逐步结转分步法下，半成品成本结转方式有（　　）。
A. 分项结转　　B. 综合结转
C. 平行结转　　D. 汇总结转
7. 分步法包括（　　）。
A. 逐步结转分步法　　B. 综合结转分步法
C. 平行结转分步法　　D. 分项结转分步法
8. 成本还原的方法有（　　）。
A. 按上一步骤所生产半成品成本构成还原
B. 按还原分配率还原
C. 按产成品成本构成还原
D. 按计划分配率还原
9. 下列属于逐步结转分步法优点的是（　　）。
A. 能够提供各个步骤的半成品成本信息
B. 便于计算半成品销售成本
C. 需要进行成本还原
D. 便于加强半成品的数量和金额管理
10. 大量大批生产可以选择的成本计算方法有（　　）。
A. 品种法　　B. 分批法
C. 分步法　　D. 分类法

三、判断题

1. 平行结转分步法不计算半成品成本。（　　）
2. 分步法下，无论是逐步结转还是平行结转，最终都需要通过“自制半成品”会计科目进行成本核算。（　　）
3. 所有采用多步骤生产产品的企业，都要求按照生产步骤分步计算产品成本。（　　）
4. 逐步结转分步法的在产品是广义的在产品。（　　）
5. 逐步结转分步法下，本步骤半成品成本是由上一步骤转入的半成品成本加上本步骤的加工费用计算出来的。（　　）
6. 逐步结转分步法半成品成本与实物同步转移。（　　）
7. 逐步结转分步法下采用综合结转方式同分项结转方式计算出来的结果是完全相同的。（　　）

8. 产品成本计算的分步与实际的生产步骤是完全一致的。 （ ）
9. 分步法应按顺序结转半成品成本，直至最后步骤算出完工产品成本。 （ ）
10. 逐步结转分步法下无论采用何种方法结转半成品成本，第一个生产步骤基本生产成本明细账的登记方法都相同。 （ ）

四、业务题

1. 逐步结转分步法综合结转方式实训

1）实训目的

掌握逐步结转分步法综合结转方式的运用，能熟练地运用逐步结转分步法综合结转方式进行账务处理。

2）实训资料

正扬公司生产的丙产品经过 3 个加工步骤完成，采用逐步结转分步法综合结转方式计算成本。第一车间生产 X 半成品，直接转入第二车间继续加工；第二车间生产 Y 半成品，直接转入第三车间继续加工出丙产成品。原材料于生产开始时一次性投入，各车间在产品的加工程度均衡，在产品采用约当产量法计算成本。具体资料如表 6－27、表 6－28 所示。

表 6－27 正扬公司生产费用资料

2019 年 6 月 单位：元

成本项目	第一车间		第二车间		第三车间	
	月初在产品成本	本月生产费用	月初在产品成本	本月生产费用	月初在产品成本	本月生产费用
直接材料或半成品	100 000	1 000 000	167 550		244 400	
直接人工	3 000	56 000	4 125	53 275	6 500	69 400
制造费用	2 600	48 400	3 750	46 475	5 500	56 600

表 6－28 正扬公司生产数量资料

2019 年 6 月 单位：件

项目	第一车间	第二车间	第三车间
期初在产品	100	150	200
本月投产/上一步骤转入	1 000	900	1 000
本月完工产品	900	1 000	1 100
期末在产品	200	50	100

3）实训要求

（1）按车间开设 3 个成本计算单。
（2）填制 3 个车间的各项生产费用。
（3）期末分配完工产品和在产品成本，并结转完工产品成本，编制会计分录。
（4）按照上一步骤成本构成进行成本还原，填写表 6－32。
（5）按照还原分配率进行成本还原，填写表 6－33。

4）实训过程

具体如表 6－29～表 6－33 所示。

表 6－29　第一车间产品成本计算单

品名：　　　　　　　　　　　　年　月　　　　　　　　　　　　单位：元

项目	直接材料	直接人工	制造费用	合计
期初在产品成本				
本月生产费用				
累计生产费用				
完工产品数量				
在产品约当产量				
约当总产量				
分配率				
完工总成本				
期末在产品成本				

表 6－30　第二车间产品成本计算单

品名：　　　　　　　　　　　　年　月　　　　　　　　　　　　单位：元

项目	直接材料	直接人工	制造费用	合计
期初在产品成本				
本月生产费用				
累计生产费用				
完工产品数量				
在产品约当产量				
约当总产量				
分配率				
完工总成本				
期末在产品成本				

表 6－31　第三车间产品成本计算单

品名：　　　　　　　　　　　　年　月　　　　　　　　　　　　单位：元

项目	直接材料	直接人工	制造费用	合计
期初在产品成本				
本月生产费用				

续表

项目	直接材料	直接人工	制造费用	合计
累计生产费用				
完工产品数量				
在产品约当产量				
约当总产量				
分配率				
完工总成本				
期末在产品成本				

表 6 - 32 产品成本还原计算表

品名： 年 月 单位：元

项目	Y 半成品	X 半成品	直接材料	直接人工	制造费用	合计
还原前总成本						
本月完工 Y 构成						
Y 成本还原						
本月完工 X 构成						
X 成本还原						
还原后总成本						
还原后单位成本						

表 6 - 33 产品成本还原计算表

品名： 年 月 单位：元

项目	还原率	Y 半成品	X 半成品	直接材料	直接人工	制造费用	合计
还原前总成本							
本月完工 Y 成本							
Y 成本还原							
本月完工 X 成本							
X 成本还原							
还原后总成本							
还原后单位成本							

2. 逐步结转分步法分项结转方式实训

1）实训目的

掌握逐步结转分步法分项结转方式的运用，能熟练地运用逐步结转分步法分项结转方式进行账务处理。

2）实训资料

正扬公司生产的丙产品经过3个加工步骤完成，采用逐步结转分步法分项结转方式计算成本。第一车间生产X半成品，直接转入第二车间继续加工；第二车间生产Y半成品，直接转入第三车间继续加工出丙产成品。原材料于生产开始时一次性投入，各车间在产品的加工程度均衡，在产品采用约当产量法计算成本。2019年6月其他生产资料如表6－34、表6－35所示。

表6－34　正扬公司生产费用资料

2019年6月　　单位：元

成本项目	第一车间		第二车间		第三车间	
	期初在产品成本	本月生产费用	期初在产品成本	本月生产费用	期初在产品成本	本月生产费用
直接材料	100 000	1 000 000	150 000		200 000	
其中：上一步骤转入			150 000		200 000	
本步骤发生	100 000	1 000 000				
直接人工	3 000	56 000	13 575	53 275	29 900	69 400
其中：上一步骤转入			9 450		23 400	
本步骤发生	3 000	56 000	4 125	53 275	6 500	69 400
制造费用	2 600	48 400	11 850	46 475	26 500	56 600
其中：上一步骤转入			8 100		21 000	
本步骤发生	2 600	48 400	3 750	46 475	5 500	56 600

表6－35　正扬公司生产数量资料

2019年6月　　单位：件

项目	第一车间	第二车间	第三车间
期初在产品	100	150	200
本月投产/上一步骤转入	1 000	900	1 000
本月完工产品数量	900	1 000	1 100
期末在产品数量	200	50	100

3）实训要求

（1）按车间开设3个成本计算单。

（2）填制3个车间的各项生产费用。

（3）期末分配三个车间的完工产品和在产品成本，并采用分项结转方式依次结转，直至结转到产成品成本，编制结转的会计分录。

4）实训过程

具体如表6－36～表6－38所示。

表 6-36　第一车间产品成本计算单

品名：　　　　　　　　　　　　年　月　　　　　　　　　　　　单位：元

项目	直接材料	直接人工	制造费用	合计
期初在产品成本				
本月本步骤发生费用				
本月上一步骤转入费用				
累计生产费用				
完工产品数量				
期末在产品约当产量				
约当总产量				
分配率				
完工总成本				
期末在产品成本				

表 6-37　第二车间产品成本计算单

品名：　　　　　　　　　　　　年　月　　　　　　　　　　　　单位：元

摘要	直接材料		直接人工		制造费用		合计
	上一步骤转入	本步骤发生	上一步骤转入	本步骤发生	上一步骤转入	本步骤发生	
期初在产品成本							
本月本步骤发生费用							
本月上一步骤转入费用							
累计生产费用							
完工产品数量							
期末在产品约当产量							
约当总产量							
分配率							
完工总成本							
期末在产品成本							

表 6－38　第三车间产品成本计算单

品名：　　　　　　　　　　年　月　　　　　　　　　　单位：元

摘要	直接材料		直接人工		制造费用		合计
	上一步骤转入	本步骤发生	上一步骤转入	本步骤发生	上一步骤转入	本步骤发生	
期初在产品成本							
本月本步骤发生费用							
本月上一步骤转入费用							
累计生产费用							
完工产品数量							
期末在产品约当产量							
约当总产量							
分配率							
完工总成本							
期末在产品成本							

3. 平行结转分步法实训

1）实训目的

掌握平行结转分步法的运用，能熟练地运用平行结转分步法进行账务处理。

2）实训资料

正扬公司大量生产丁产品，经历 3 个步骤完成，采用平行结转分步法计算成本。原材料在生产开始时一次性投入，其他费用发生均衡。在产品成本计算采用约当产量法。第一步骤生产 S 半成品直接转入第二步骤，第二步骤生产 T 半成品直接转入第三步骤。S 半成品、T 半成品、丁产成品生产数量比例为 1∶1∶1。具体资料如表 6－39、表 6－40 所示。

表 6－39　正扬公司产量记录

2019 年 6 月　　　　　　　　　　单位：件

项目	第一车间	第二车间	第三车间
期初在产品数量	10	20	15
本月投产/上一步骤转入	150	130	135
本月完工/转入下一步骤	130	135	125
期末在产品	30	15	25

表 6-40 正扬公司生产费用资料

2019 年 6 月　　单位：元

成本项目	第一车间		第二车间		第三车间	
	期初	本月	期初	本月	期初	本月
材料费用	2 437.5	36 562.5				
人工费用	500	17 320	1 010	14 425	390	6 485
制造费用	300	11 040	600	8 850	240	3 885

3）实训要求

（1）按车间开设 3 个成本计算单。

（2）填制 3 个车间的各项生产费用。

（3）期末分配 3 个车间的完工产品和在产品成本。

（4）填制产品成本汇总表，并编制会计分录结转产成品成本。

4）实训过程

具体如表 6-41 ~ 表 6-44 所示。

表 6-41 第一车间产品成本计算单

品名：　　年　月　　单位：元

摘要		直接材料	直接人工	制造费用	合计
期初在产品成本					
本月生产费用					
生产费用合计					
产成品数量					
在产品约当产量	本步骤在制品约当产量				
	已交下一步骤未完工半成品				
	在产品约当产量小计				
约当总产量（分配标准）					
分配率					
产成品总份额					
期末在产品成本					

表 6-42 第二车间产品成本计算单

品名：　　年　月　　单位：元

摘要	直接材料	直接人工	制造费用	合计
期初在产品成本				
本月生产费用				
生产费用合计				

续表

摘要		直接材料	直接人工	制造费用	合计
产成品数量					
在产品约当产量	本步骤在制品约当产量				
	已交下一步骤未完工半成品				
	在产品约当产量小计				
约当总产量（分配标准）					
分配率					
产成品总份额					
期末在产品成本					

表 6－43　第三车间产品成本计算单

品名：　　　　　　　　　　　　年　月　　　　　　　　　　　　单位：元

摘要	直接材料	直接人工	制造费用	合计
期初在产品成本				
本月生产费用				
生产费用合计				
产成品数量				
在产品约当产量				
约当总产量（分配标准）				
分配率				
产成品总份额				
期末在产品成本				

表 6－44　产品成本汇总表

品名：　　　　　　　　　　　　年　月　　　　　　　　　　　　单位：元

生产步骤	直接材料	直接人工	制造费用	合计
一				
二				
三				
总成本				
单位成本				

项目七

成本计算之分类法

知识目标

(1) 了解分类法的含义、特点及适用范围；

(2) 掌握分类法成本计算方法；

(3) 掌握联产品、副产品的成本计算方法。

能力目标

(1) 能运用分类法计算产品成本；

(2) 能正确计算联产品、副产品的成本。

素质目标

(1) 具备维护国家、集体利益的职业意识，遵守财经法规，客观真实地反映每一项经济业务，以诚信为本，坚持准则，恪守会计职业道德；

(2) 具有吃苦耐劳、扎实肯干的工作作风和敬业精神，经济业务记录全面，手续齐备，数据规范，字迹工整；

(3) 具有较强的岗位适应能力和一定的协调沟通能力，与其他岗位会计团结协作。

本项目知识结构导图

- 分类法
  - 认识分类法
    - 含义
    - 适用范围
    - 特点
    - 成本计算程序
    - 类内产品成本的计算方法
  - 分类法的应用
    - 系数法
    - 定额比例法
  - 联产品与副产品
    - 联产品成本计算
    - 副产品成本计算

案例导入

利民工厂主要生产 A、B、C 3 种产品，这 3 种产品产量较大，所用原材料和工艺流程相近，但每种主要产品又有多种不同的型号。该公司会计主管人员认为，因为每种产品产量较大，并且生产较为稳定，尽管所产型号较多，仍应坚持采用品种法进行产品成本核算。而员工小张却有不同的看法，他认为公司的 3 种主要产品采用相似的原材料和加工工艺，并且 3 种产品产量较大，公司应当采用系数法进行产品成本核算，这样可以减少核算工作量，提高成本核算工作效率。

针对利民工厂的情况，你认为应当采用哪种成本计算方法呢？

任务一　分类法概述

一、分类法的含义

企业生产的产品如果品种、规格繁多，为了简化成本核算工作，应采用分类法进行成本计算。产品成本计算的分类法，是以产品的类别作为成本计算对象，开设生产成本明细账，归集各类产品的生产费用，并将各类产品归集的生产费用在该类完工产品与在产品之间进行分配，计算出该类产成品的总成本，再按照一定的方法或标准在该类内各品种、规格的产品之间进行分配，计算出该类内各种产品的总成本和单位成本的一种方法。需要注意的是，分类法不是一种独立的成本计算方法，不能单独使用，它需要与品种法、分批法、分步法结合应用。

二、分类法的适用范围

分类法与生产类型没有直接关系，只要企业（生产单位）的产品可以按照其性质、用途、生产工艺流程和原材料消耗等方面的特点划分为一定类别，都可以采用分类法计算产品成本。产品类别包括同类产品、联产品以及副产品等。

（一）同类产品

同类产品是指产品的结构、性质、用途以及使用的原材料、生产工艺流程等大体相同，只是规格和型号不一样的产品。例如，食品厂生产的各种饼干面包、灯泡厂生产的同一类别不同瓦数的灯泡等。

（二）联产品

联产品是指企业在生产过程中利用同一种原材料，经过同一个生产流程，同时生产出几种产品，并且这些产品都是企业的主要产品。例如，炼油厂从原油中可同时提炼出汽油、煤油、柴油等产品，这些产品都是炼油厂的主要产品，称为联产品。

（三）副产品

副产品是指企业在同一生产流程中，使用同种原材料，在生产主要产品的同时附带生产的非主要产品。例如，煤炭企业洗煤生产中产生的洗矸石、制皂企业生产中产生的甘油等，都称为副产品。主、副产品之间成本的划分，可以运用分类法原理。

（四）零星产品

虽然零星产品生产所耗原材料、工艺过程不相同，但是为了简化计算工作，也可归纳分类来计算成本。

三、分类法的特点

分类法的特点主要表现在成本计算对象、产品成本计算期和生产费用分配 3 个方面。

知识拓展

产品类别的划分

产品类别的划分，应依据产品的性质、用途、特点、耗用的原材料以及生产工艺流程特点。进行产品分类时，要注意类距的确定要适当，兼顾成本计算工作的简化与正确性。进行产品分类时应注意分类的合理性，既不能过少，也不能过多。分类过少，类内产品就过多，会影响计算结果的准确性；分类过多，类内产品就过少，会加大成本计算的工作量，失去分类法的意义。

（资料来源：《成本会计实务》，清华大学出版社，郑艳华、王玲玉主编，第 214 页。）

（一）成本计算对象

分类法是以产品的类别作为成本计算对象，按照产品的类别设立产品成本明细账（产品成本计算单），按成本项目归集生产费用并结合企业的生产工艺流程和生产组织方式的特点，选择一定的方法计算出每类完工产品的总成本，最后采用一定的方法在每类产品之间分配费用，从而计算出类内各种产品的成本。

（二）产品成本计算期

由于分类法和成本计算的基本方法结合起来使用，先按照成本计算的基本方法计算出类别产品总成本后，再算出类内产品成本，因此分类法的产品成本计算期由产品成本计算的基本方法决定。当分类法与品种法或分步法结合应用时，产品成本计算期与生产周期不一致，与会计核算的报告期一致；当分类法与分批法结合应用时，产品成本计算期与产品生产周期一致，与会计核算的报告期不一致。

（三）月末通常要在完工产品与月末在产品之间分配生产费用

分类法与产品成本计算的基本方法结合应用时，先按照基本方法把类别产品成本算出来，然后根据本部分的计算方法在同类产品之间进行分配，最后还需要在月末分配完工产品成本与月末在产品成本。

四、分类法的成本计算程序

（一）按照产品的类别设置产品成本明细账，计算出各类产品的实际总成本

采用分类法计算产品成本时，首先要将产品要按照产品的结构、所用原材料和工艺流程的不同划分为若干类别，将产品划分为若干类别后，应按照产品的类别设立产品成本明细账，归集产品的生产费用，计算各类产品成本。

（二）选择合理的分配标准，分配计算出类内各种产品的实际总成本和单位成本

在同类产品内各种产品之间分配费用，选择分配标准时应注意以下事项：

（1）应考虑分配标准是否与产品成本的高低有密切的联系。例如，可以根据产品特点选择与其成本消耗有一定关系的定额消耗量、定额费用、售价、长度、重量等分配标准。

（2）各成本项目可以采用同一分配标准分配，也可以按照成本项目的性质，分别采用不同的分配标准，以使分配结果更加合理。例如，直接材料可以按材料定额消耗量等进行分配，直接人工和制造费用可以按定额工时比例分配。

（3）当产品结构、所用原材料或工艺流程发生较大变动时，应该及时修订或重新制定分配标准，以提高成本计算的正确性。

五、类内产品成本的计算方法

在类内各种产品之间进行成本分配时，重要的是正确选择分配标准。常用的分配标准有定额消耗量，定额工时，定额费用，产品的体积、重量、长度等。具体进行选择时往往考虑分配标准与产品成本之间的关联、分配标准取得的难易程度和计算过程是否方便可行等因素。企业划分类内各完工产品成本的常用方法主要是系数法和定额比例法。

（一）系数法

系数法是指在分类法下，按系数将类别产品总成本在各种产品之间进行分配的方法。在确定系数时，一般在同类产品中选择一种产销量大、正常生产、销售比较稳定的产品作为标准产品，并将其系数定为1，其他各种产品的分配标准与标准产品的分配标准相比，其比率即其他各种产品的系数；再根据各种产品的实际产量，按系数折算为标准产品产量（即总系数），在产品可按约当产量先折算成该完工产品的产量，再按系数折算为标准产品产量；然后按标准产品产量的比例计算出各种产品的产成品成本和在产品成本。其中，系数一经确定，应保持相对稳定。与系数法有关的计算公式如下：

$$类内某产品系数=类内该种产品的分配标准\div该类内标准产品的分配标准$$

$$类内某产品系数（标准产量）=该产品实际产量\times该产品系数$$

$$类内全部产品总系数 = \sum(类内每种产品系数)$$

某类产品材料（人工、制造）费用分配率 = 该产品材料（人工、制造）费用总额 ÷ 该类全部产品系数（类内全部产品标准产量之和）

类内某产品材料（人工、制造）费用实际成本 = 类内该产品系数（标准产品产量）× 某类产品材料（人工、制造）费用分配率

类内某产品单位成本 = 类内该种产品成本 ÷ 该产品实际产量

（二）定额比例法

定额比例法是指在分类法下，某类产品的总成本按该类产品的定额比例进行分配的方法。运用定额比例法划分类内完工产品和在产品成本，以及各种产成品成本的计算程序如下：

首先，按照成本项目计算出各类产品的本月定额成本或定额耗用量总数。在实际工作中，为了简化核算，通常只计算原材料定额费用（定额耗用量）和工时耗用量，各成本项目则根据原材料定额费用（定额耗用量）和工时定额耗用量比例进行分配。

其次，按照成本项目求得各类产品本月实际总成本，并计算出各项费用分配率。相关计算公式为：

某类产品材料（人工、制造）费用分配率 = 该类产品材料（人工、制造）费用总额 ÷ 该类各种产品材料（人工、制造）定额费用之和

类内某产品材料（人工、制造）费用实际成本 = 类内该产品材料（人工、制造）定额费用 × 某类产品材料（人工、制造）费用分配率

最后，将某类产品中各种产品分成本项目计算的定额成本或定额耗用量乘以相关的分配率，即可求得各种产品的实际成本。

任务二　分类法的应用

一、采用系数法计算类内产品成本

【案例 7－1】　某灯泡厂按分类法计算产品成本。该厂生产的甲、乙、丙 3 种灯泡，其原材料和生产工艺相近。2018 年 5 月该厂生产甲产品 300 个、乙产品 120 个、丙产品 240 个；月末在产品包括甲产品 24 个、乙产品 36 个。本月该类产品的生产费用为：直接材料 37 400 元、直接人工 8 780 元、制造费用 9 220 元；月初在产品成本为：直接材料 850 元、直接人工 330 元、制造费用 360 元。

其中，各产品成本的分配方法是：原材料费用按事先确定的耗料系数比例分配；其他费用按工时系数比例分配。耗料系数根据产品的材料消耗定额计算确定，工时系数根据产品的工时定额计算确定。材料消耗定额为：甲产品 1.5 千克、乙产品 3 千克、丙产品 0.75 千克，以甲产品为标准产品。工时消耗定额为：甲产品 0.8 小时、乙产品 2.4 小时、丙产品 0.4 小时。各种产品均是一次投料，月末在产品完工程度为 50%。

工作任务：

（1）编制系数计算表，确定甲、乙、丙 3 种产品的耗料系数和工时系数。

（2）编制标准产品产量计算表，计算完工产品和月末在产品的标准产品产量（即总系数）。

（3）编制类别产品成本计算单，计算类别完工产品成本和月末在产品成本。

（4）编制类内各种产成品成本计算表，计算甲、乙、丙完工产品成本。

案例分析：本案例采用系数法进行类内产品成本的计算，按照本案例的工作任务要求，根据上面所讲述的系数法的计算程序和计算公式进行操作。

案例操作：

第一，编制系数计算表，如表 7－1 所示。

表 7－1　系数计算表

产品名称	原材料消耗定额/千克	耗料系数	工时消耗定额/小时	工时系数
甲	1.5	1	0.8	1
乙	3	2	2.4	3
丙	0.75	0.5	0.4	0.5

第二，编制标准产品产量计算表，如表 7－2 所示。

表 7－2　标准产品产量计算表

项目	产成品产量/个	原材料				加工费			
		耗料系数	产成品折合标准产量/个	在产品实际数量/个	在产品折合标准产量/个	工时系数	产成品折合标准产量/个	在产品折合约当产量/个	在产品折合标准产量/个
甲产品	300	1	300	24	24	1	300	12	12
乙产品	120	2	240	36	72	3	360	18	54
丙产品	240	0.5	120			0.5	120		
合计			660		96		780		66
标准产量（总系数）		756				846			

第三，编制类别产品成本计算单，如表 7－3 所示。

表 7－3　类别产品成本计算单

产品类别：灯泡　　　　2018 年 5 月 31 日　　　　单位：元

摘要	直接材料	直接人工	制造费用	合计
期初在产品成本	850	330	360	1 540
本期发生费用	37 400	8 780	9 220	55 400
累计生产费用	38 250	9 110	9 580	56 940
产成品标准产品产量	660	780	780	—
在产品标准产品产量	96	66	66	—
标准产品产量合计	756	846	846	—

续表

摘要	直接材料	直接人工	制造费用	合计
费用分配率	50.60	10.77	11.32	—
本期完工产品总成本	33 396	8 400.60	8 829.60	50 626.20
期末在产品成本	4 854	709.4	750.4	6 313.8

第四，编制类内各种产成品成本计算单，如表7－4所示。

表7－4　类内产品成本计算单

产品类别：灯泡　　2018年5月31日　　单位：元

项目	产量/个	原材料标准产品产量（耗材总系数）	直接材料/元	工时标准产品产量（工时总系数）	直接人工/元	制造费用/元	合计
费用分配率	—	—	50.60	—	10.77	11.32	—
甲产品	300	300	15 180	300	3 231	3 396	21 807
乙产品	120	240	12 144	360	3 877.2	4 075.2	20 096.40
丙产品	240	120	6 072	120	1 292.4	1 358.4	8 722.80
合计	—	660	33 396	780	8 400.60	8 829.60	50 626.20

二、采用定额比例法计算类内产品成本

【案例7－2】　某皮革公司生产的产品规格很多，其中，X型皮包和Y型皮包使用的原材料相同，生产工艺流程接近，因此将其归并为皮包类，采用分类法计算成本。该公司2018年8月有关资料如表7－5、表7－6所示。

表7－5　在产品成本和本月生产费用资料

产品类别：皮包类　　2018年8月　　单位：元

项目	直接材料	直接人工	制造费用	合计
期初在产品	2 460	1 600	840	4 900
本期生产费用	42 000	53 120	12 700	107 820
期末在产品	14 400	12 500	8 000	34 900

表7－6　产品消耗定额和产量记录

产品类别：皮包类　　2018年8月

产品名称	产量/只	定额材料成本/元	定额工时/小时
X型皮包	720	15	2
Y型皮包	960	20	2.5

工作任务：采用定额比例法计算 X、Y 型皮包的生产成本。

案例分析：本案例中两种类型的皮包原材料相同，生产工艺流程接近，所以可以采用分类法进行成本计算，要求按照定额比例法进行类内产品成本的计算，则可直接依据上述所讲公式进行计算。

案例操作：

根据上述资料，采用定额比例法计算 X、Y 型皮包成本如下：

(1) 根据 X、Y 型皮包的定额成本与定额工时计算定额比例。

X 型皮包材料成本定额比例 $=720\times15\div(720\times15+960\times20)=36\%$

Y 型皮包材料成本定额比例 $=960\times20\div(720\times15+960\times20)=64\%$

X 型皮包工时定额比例 $=720\times2\div(720\times2+960\times2.5)=37.5\%$

Y 型皮包工时定额比例 $=960\times2.5\div(720\times2+960\times2.5)=62.5\%$

(2) 按产品类别设置并登记产品成本明细账，如表 7－7 所示。

表 7－7　类别生产成本明细账

生产车间：皮具车间　　　　产品类别：皮包类　　　　单位：元

日期	摘要	成本项目			合计
		直接材料	直接人工	制造费用	
8.1	期初在产品	2 460	1 600	840	4 900
8.31	本期生产费用	42 000	53 120	12 700	107 820
8.31	累计生产费用	44 460	54 720	13 540	112 720
8.31	本期完工产品成本	30 060	42 220	5 540	77 820
8.31	期末在产品	14 400	12 500	8 000	34 900

(3) 分配计算 X、Y 型皮包两种产品的完工产品成本，如表 7－8 所示。

表 7－8　类内产品成本计算单

产品类别：皮包类　　　　2018 年 8 月 31 日　　　　单位：元

项目	材料定额比例	直接材料	工时定额比例	直接人工	制造费用	合计
完工产品成本		30 060		42 220	5 540	77 820
X 型皮包	36%	10 821.6	37.5%	15 832.5	2 077.5	28 731.6
Y 型皮包	64%	19 238.4	62.5%	26 387.5	3 462.5	49 088.4

根据产品成本计算单，结转完工产品成本，编制会计分录如下：

借：库存商品——X 型皮包　　　　28 731.6

　　　　　　——Y 型皮包　　　　49 088.4

　贷：生产成本——基本生产成本（皮包类）　　　　77 820

企业在采用分类法计算产品成本时，所有材料的领用、工时记录、费用分配都按产品类别填列，产品成本明细账也按类别设置，从而大大简化了产品成本计算的手续，还能提供各类产品的成本资料。无论采用何种方法将生产费用在类内产品之间进行分配，都存在一定的假定性。因此，必须正确进行产品分类，合理确定产品的类别与类距。同时，在产品结构、所耗材料、生产工艺发生较大变化时要及时修订相关定额或分配系数，以保证产品成本计算的正确性。

任务三 联产品、副产品成本计算的应用

一、联产品成本计算

联产品是指使用同种原材料，经过同一加工流程同时生产出的两种或两种以上的主要产品。这些联产品可能在性质、用途上有所不同，但都是企业的主要产品。联产品所用的加工工艺流程是相同的，因此可归为一类，采用分类法计算成本。

联产品的生产是一种联合生产，其特点是：（1）联产品是生产制造的主要目标；（2）联产品比其他副产品价值高；（3）只要生产出联产品中的一种，就必须同时生产出所有的产品；（4）对产出的各种产品的相对产量，企业一般无法控制。

各种联产品一般要在生产过程终结时才能分离，但有时也可能在生产过程的某一个步骤中先分离出来某种产品。这个分离时的生产步骤称为分离点。通常情况下，将分离前发生的成本统称为联合成本，而把分离后每种产品继续发生的加工生产成本称为可归属成本。因此，联产品的成本应该包括其所应负担的联合成本和分离后的可归属成本。联产品从开始生产到完工要经历3个阶段：分离前、分离点、分离后。分离前是联合成本的归集过程，分离点是联合成本的分配过程，分离后是联产品可归属成本的归集过程。据此，联产品成本计算步骤如下。

（一）归集分离前的联合成本

联产品分离前，无法按每种产品作为成本计算对象归集生产费用并计算其成本，而只能将同一生产过程的联产品视为同一类产品，采用分类法计算分离前的联合成本。

（二）在分离点分配联合成本

在联产品分离时，为联合成本选择适当的分配标准，将此前归集的联合成本在联产品之间进行分配，求出各联产品应负担的联合成本。

（三）计算分离后进一步加工的可归属成本

对有些分离后还需要进一步加工才能出售的联产品还应采用适当的方法计算分离后的加工成本。联产品应负担的联合成本与可归属成本之和，就是该联产品的成本。

在联合成本计算的整个过程中，主要的工作是在分离点上合理分配联合成本，分配联合成本的方法有很多，常用的有系数分配法、实物量比例分配法、相对售价比例分配法。

1. *系数分配法*

系数分配法也称为标准产量分配法，是将各种联产品的实际产量按照事先规定的系数折合为标准产量，然后将联合成本按照各种联产品的标准产量比例进行分配的方法。具体步骤如下：

（1）确定各种联产品的系数，然后用每种产品的产量乘以各自的系数，计算出标准产量；

（2）将联合成本除以各种联产品标准产量之和，得出联合成本分配率；

（3）用联合成本分配率乘以每种产品的标准产量，就可以计算出各种产品应负担的联合成本。

【案例7－3】 某工业企业采用某种原材料经过同一生产流程同时生产出A、B两种联产品。该企业在2018年5月共生产A产品300千克、B产品100千克，无期初、期末在产品。该月发生的联合成本分别为：直接材料11 000元、直接人工3 600元、制造费用为4 800元。A产品每千克的售价为50元，B产品每千克的售价为60元，设全部产品均已售出。

工作任务：根据资料，利用系数分配法计算A、B两种联产品的联合成本。

案例分析：按照案例要求，利用系数分配法计算A、B两种联产品分离点时的联合成本，按照上述具体计算程序，首先确定两种联产品的系数，本案例可利用两种联产品的售价作为系数确定的标准；然后用每种联产品的产量乘以各自的系数，计算出标准产量；再将联合成本除以各种联产品标准产量之和，得出联合成本分配率；最后用联合成本分配率乘以每种联产品的标准产量，就可以计算出各种联产品应负担的联合成本。

案例操作：编制联产品成本计算单，如表7－9所示。

表7－9　联产品成本计算单

2018年5月31日

产品名称	实际产量/千克	系数①	标准产量/千克	分配比例/%	应负担的联合成本/元			
					直接材料	直接人工	制造费用	合计
A产品	300	1	300	71.43	7 857.14	2 571.48	3 428.64	13 857.26
B产品	100	1.2	120	28.57	3 142.86	1 028.52	1 371.36	5 542.74
合计	400		420	100	11 000	3 600	4 800	19 400

注①：以售价为标准确定系数，选择甲产品为标准产品，其系数为1，乙产品的系数为60/50＝1.2。

采用系数法分配联合成本的正确与否，取决于系数确定的正确性，为此，企业要根据各种技术参数尽可能正确计算各种联产品的消耗水平，正确计算分配系数。

2. 实物量比例分配法

实物量比例分配法是指按照分离点上各联产品的重量、体积、长度等实物量度比例分配联合成本的一种方法。采用这种方法计算出的各种产品单位成本是一致的，而且是平均单位成本。这种方法比较简便易行，但也存在一定的缺陷，主要是由于产品成本与实物量并不都是直接相关且成正比例变动的，在这种情况下采用此方法容易导致成本计算与实际脱节。因此，实物量比例分配法应在联产品的成本与实物量密切相关且成正比例变动的情况下使用。相关计算公式如下：

联合分配率＝联合成本/各种联产品实物量之和

某种联产品应分配的联合成本＝该种联产品实物产量×联合成本分配率

【案例7－4】 沿用案例7－3的资料，假定各种联产品的单位重量相近，因此以产品产量作为标准分配联合成本。

工作任务：采用实物量比例分配法分配联合成本。

案例分析：本案例要求按照两种联产品的产量作为标准分配联合成本，则计算方法与上述案例相近。

案例操作：编制联产品成本计算单，如表 7－10 所示。

表 7－10 联产品成本计算单

2018 年 5 月 31 日

产品名称	实际产量/千克	分配比例/%	应负担的联合成本/元			
			直接材料	直接人工	制造费用	合计
A 产品	300	75	8 250	2 700	3 600	14 500
B 产品	100	25	2 750	900	1 200	4 850
合计	400	100	11 000	3 600	4 800	19 400

3. 相对售价比例分配法

相对售价比例分配法是按照各种联产品的售价比例分配联合成本的一种方法。此方法认为既然联合生产过程的联产品是同时产出的，并不是只产出其中一种，那么从销售中所获得的收益理应在各种联产品之间按比例进行分配。因此在这种分配方法下，售价较高的联产品应该成比例地负担较高份额的联合成本，它是将联合成本按各联产品的售价比例来分摊，其结果是各联产品可取得一致的毛利率。这种方法克服了实物量比例分配法的不足，但也存在一定的缺陷，主要表现在以下方面：(1) 并不是所有的成本都与售价有关，也就是说价格较高的产品不一定成本就高，比如电子产品，其成本较低，但由于科技含量高而售价较高。(2) 并非所有的联产品都具有同样的获利能力。这种方法一般适用于分离后即为完工产品，不需要进一步加工且价格波动不大的联产品。企业若不区分具体情况而盲目采用这种方法，会对产品生产决策带来不利影响。

【案例 7－5】 沿用案例 7－3 的资料。

工作任务：采用相对售价比例分配法分配联合成本。

案例分析：本案例要求按照两种联产品的售价作为标准分配联合成本，计算方法与上述案例相近。

案例操作：编制联产品成本计算单，如表 7－11 所示。

表 7－11 联产品成本计算单

2018 年 5 月 31 日

产品名称	实际产量/千克	单价/元	金额/元	分配比例/%	应负担的联合成本/元			
					直接材料	直接人工	制造费用	合计
A 产品	300	50	15 000	71. 43	7 857. 14	2 571. 48	3 428. 64	13 857. 26
B 产品	100	60	6 000	28. 57	3 142. 86	1 028. 52	1 371. 36	5 542. 74
合计	400		21 000	100	11 000	3 600	4 800	19 400

二、副产品成本计算

副产品是指企业使用同种原材料，经过同一生产工艺加工，在生产出主要产品的同时附带生产出来的一些非主要产品。主要产品和副产品都是利用同种原材料，经过同一生产过程生产出来的，尽管副产品不是企业生产的主要目的，其价值相对于主要产品而言也比较低，但它仍具有一定的经济价值，而且客观上也发生了耗费。副产品成本与主要产品成本在分离前是共同发生的，它们发生的费用很难分开，因此，一般将副产品和主要产品归为一类，按照分类法归集费用，计算其总成本。主、副产品分离前的成本可视为联合成本，确定副产品成本后，从分离前的联合成本中扣除，其余额就是主要产品成本。副产品的成本计算方法通常有以下几种。

（一）副产品成本不计价

副产品成本不计价，是指副产品不负担分离前的联合成本，其成本由主要产品负担。这种方法一般适用于副产品分离后不再加工，而且其价值较低的情况。这种方法的优点是手续简便，但由于副产品成本由主要产品负担，从而会影响主要产品成本计算的准确性。

（二）副产品成本采用可变现净值计价

副产品成本采用可变现净值计价，是指其成本按照未来预计销售价格扣除销售时发生的各种税费后的余额计算，若副产品在分离后还需要进一步加工才能销售，则按这一方法对副产品计价时，还应从售价中扣除分离后的加工费。利用这种方法计算出来的成本作为分离前的联合成本中副产品应负担的部分。这种方法适用于副产品价值较高的情况。

（三）副产品成本按固定价格计价

副产品成本按固定价格计价，是指按确定的固定成本作为副产品的成本。其中，成本可以按固定价格计价，也可以按计划单位成本计价。采用固定价格计价时，如果副产品需要进一步加工，且所需的时间不长，是在同一年度内进行的，在计算副产品成本时，副产品进一步加工处理的费用可以全部归集在主产品生产成本中。这种方法手续简便，但是当副产品成本变动较大，市价不稳定时，可能影响主要产品成本计算的正确性。

【案例7-6】　假设利民工厂在生产甲产品时产生的A副产品由本生产车间进一步加工为乙产品后出售。由于乙产品加工处理的时间不长，加工费用不多，不单独设置生产成本明细账，全部费用在甲产品成本计算单中归集。本月甲产品成本计算单中归集的生产费用合计1 331 900元，其中，直接材料680 400元、直接人工401 000元、制造费用250 500元。乙产品成本按固定价格计价，从甲产品成本中扣除。本月附带生产的乙产品为150千克，固定价格为300元，其中，直接材料180元、直接人工95元、制造费用25元。

工作要求：根据上述资料，乙产品成本按固定价格计价，计算甲产品和乙产品的成本。

案例分析：根据主、副产品生产费用的相关情况，计价时副产品进一步加工处理所需的时间不长，并且是在同一年度内进行的，为了简化计算，副产品进一步加工处理的的费用也可以全部归集在主产品生产成本明细账中，副产品采用固定价格计价，剩余费用全部为主要产品的成本。副产品成本计算单如表7-12所示。

案例操作：

乙产品总成本 $=150\times300=45\ 000$（元）

直接材料 $=180\times150=27\ 000$（元）

直接人工 $=95\times150=14\ 250$（元）

制造费用 $=25\times150=3\ 750$（元）

甲产品总成本 = 1 331 900 − 45 000 = 1 286 900（元）

表 7－12　副产品成本计算单

2018 年 5 月 31 日

产品名称：甲产品　　　　　　产量：5 000 千克　　　　　　单位：元

摘要	直接材料	直接人工	制造费用	合计
累计生产费用	680 400	401 000	250 500	1 331 900
本月完工乙产品总成本	27 000	14 250	3 750	45 000
本月完工甲产品总成本	653 400	386 750	246 750	1 286 900
完工甲产品单位成本	130.68	77.35	49.35	257.38

根据副产品成本计算单，结转完工入库产品成本，编制会计分录如下：

借：库存商品——甲产品　　　　1 286 900

　　　　　　——乙产品　　　　45 000

　贷：生产成本——甲产品　　　　1 331 900

知识拓展

西方国家对副产品的定义及成本计算的规定

西方国家对副产品的定义一般为："有许多加工过程都会产生一些过程产品，如果其中一种产品比另一种产品价值小，则前一种产品就叫作副产品。"副产品成本计算的主要问题是发生在分离前的成本（即共同成本）是否有一部分应该分配到副产品中去。对于不需要进一步加工的副产品，可以将其销售收入或估计销售价值冲减主产品成本。对于需要进一步加工的副产品，其成本的计算方法有 3 种：一是只将进一步加工的成本归由副产品负担；二是将共同成本和分离后的成本都归由副产品负担；三是把分离时的市场价值作为副产品的成本。

（资料来源：《成本会计》，中国人民大学出版社，王俊生、黄贤明主编，第 135 页。）

项目小结

分类法是以产品的类别作为成本计算对象用以归集费用，计算出各类产品的实际成本，再在类内产品之间进行成本分配，计算出类内各种产品生产成本的方法。类内各种不同规格、型号的产品之间成本的分配，有定额消耗量，定额费用，售价，以及产品的体积、长度和重量等分配标准。分类法与企业生产类型没有直接联系，主要适用于产品品种、规格繁多并且可以按照一定要求和标准划分为类别的企业或企业的生产单位。副产品是企业在同一生产过程中，使用同种原材料，在生产主要产品的同时附带生产出来的非主要产品。一般采用可变现净值、固定价格等方法确定副产品成本，将其从主、副产品总成本中扣除。

项目七　教、学、做一体化训练

一、单项选择题

1. 在分类法中，按照系数比例在类内各种产品之间分配费用所采用的方法，称为（　　）。

A. 约当产量法　　B. 副产品
C. 系数法　　D. 次品

2. 企业使用同种原材料在同一生产过程中生产主要产品的同时，附带生产出一些非主要产品，或利用生产中废料加工而成的产品，称为（　　）。

A. 副产品　　B. 联产品　　C. 次品　　D. 等级品

3. 分类法是在产品品种、规格繁多，但可按一定标准对产品进行分类的情况下，为了（　　）而采用的。

A. 简化成本计算工作　　B. 计算各批次产品成本
C. 计算各类产品成本　　D. 加强成本的管理

4. 分类法是以（　　）作为成本计算对象，归集各类产品的生产费用，计算各类产品的成本。

A. 产品的步骤　　B. 产品的批次
C. 产品的品种　　D. 产品的类别

5. 联产品在分离前发生的加工成本称为（　　）。

A. 联合成本　　B. 可归属成本
C. 共同成本　　D. 间接成本

6. 分离后发生的加工成本，因可以分辨其承担主体，所以称为（　　）。

A. 联合成本　　B. 计划成本
C. 目标成本　　D. 可归属成本

7. 企业使用相同原材料，经过相同加工流程生产出来的品种相同，但质量有所差别的产品，称为（　　）。

A. 副产品　　B. 等级品
C. 联产品　　D. 次品

8. 采用系数法时，被选定为标准产品的应是（　　）。

A. 成本计算工作量最大的产品
B. 盈利最多的产品
C. 产量较大、生产比较稳定或规格适中的产品
D. 占企业产品成本比重较大的产品

9. 企业利用同种原材料，在同一生产流程中生产出的几种主要产品，称为（　　）。

A. 等级产品　　B. 副产品
C. 联产品　　D. 产成品

10. 下列企业适合采用分类法计算产品成本的是（　　）。

A. 小型水泥厂　　B. 造纸厂
C. 精密仪器生产企业　　D. 制鞋厂

二、多项选择题

1. 联产品的联合成本的分配方法有（　　）。
A. 系数分配法　　B. 分类法
C. 实物量比例分配法　　D. 销售收入比例分配法

2. 采用分类法，可将（　　）等方面相同或相似的产品归为一类。
A. 结构和耗用原材料　　B. 生产工艺流程
C. 性质和用途　　D. 售价

3. 在类内各种规格的产品之间分配费用时，采用的标准有（　　）。
A. 材料定额消耗量　　B. 费用定额
C. 工时定额　　D. 产品的售价、重量或体积

4. 有些联产品分离后还需要进一步加工才能销售，这时，联产品的成本应是其负担的（　　）之和。
A. 可归属成本　　B. 计划成本
C. 定额成本　　D. 联合成本

5. 对分离后仍需进一步加工才能销售的副产品，成本计算方法通常有（　　）。
A. 如价值较低，只负担可归属成本
B. 不负担任何成本
C. 如价值较高，负担分离前联合成本和可归属成本
D. 负担分离前所有的联合成本

6. （　　）是使用相同原材料，经过同一生产流程生产出来的产品。
A. 主要产品　　B. 副产品
C. 联产品　　D. 等级品

7. 在分类法中，关键问题在于（　　）。
A. 产品能按一定的标准分类　　B. 产品必须是大量大批生产的
C. 选择适当的分配标准　　D. 产品必须是小批生产的

8. 副产品的计价可以根据不同情况采用不同方法，常见的方法是（　　）。
A. 按上期成本计价　　B. 按定额成本计价
C. 按实际成本计价　　D. 按固定成本计价

9. 副产品成本从联合成本中扣除的方法可以是（　　）。
A. 从“直接材料”项目中直接扣除
B. 从“直接人工”项目中直接扣除
C. 从“制造费用”项目中直接扣除
D. 由企业自行解决

10. 联产品的生产特点有（　　）
A. 经过同一个生产流程进行生产
B. 利用同一种原材料加工生产
C. 都是企业的主要产品
D. 有的是主要产品，有的是非主要产品
E. 生产成本相同

三、判断题

1. 在副产品加工处理时间不长、费用不多的情况下，为了简化核算，副产品亦可按计划单位成本计价。 (　　)

2. 在类内各种产品之间分配费用时，各成本项目可以按照同一个分配标准进行分配，也可以按照各成本项目的性质，分别采用不同的分配标准进行分配。 (　　)

3. 采用分类法计算成本时，由于类内各产品成本是按一定标准分配计算出来的，因此而计算结果带有一定的假设性。 (　　)

4. 分类法与企业生产类型有直接关系，不可以在各种类型的生产中应用。 (　　)

5. 采用系数法在类内不同规格产品之间分配费用时，应选择一种产量较大、生产稳定、规格适中的产品作为标准产品，将其分配标准定为“1”。 (　　)

6. 分类法是以产品的类别为成本计算对象计算成本的，可以单独使用。 (　　)

7. 分类法应根据各类产品的生产工艺特点和成本管理要求，与品种法、分步法和分批法结合运用。 (　　)

8. 在类内各种规格的产品之间分配费用时，要选择与产品各项耗用有密切联系的分配标准进行分配。 (　　)

9. 采用分类法计算产品成本时，产品分类一定要准确，否则将直接影响成本计算结果的准确性。 (　　)

10. 副产品是在企业辅助生产过程中生产出来的产品。 (　　)

四、业务题

1. ABC 企业采用分类法进行产品成本计算，甲类产品包括 X、Y、Z 3 个品种，其中 X 产品为标准产品。类内产品成本分配的方法为：直接材料按材料费用定额系数标准分配，其他费用项目按定额工时系数标准分配。甲类产品成本以及产量和定额资料如表 7－13 和表 7－14 所示。

表 7－13　甲类产品成本计算单　　单位：元

项目	直接材料	直接人工	制造费用	合计
月初在产品成本（定额成本）	8 900	3 200	5 200	17 300
本月发生费用	90 850	45 300	49 700	185 850
完工产品成本	85 200	35 550	47 400	168 150
月末在产品成本（定额成本）	14 550	12 950	7 500	35 000

表 7－14　产量和定额资料

名称	产量/件	单位产品材料费用定额/元	单位产品工时定额/小时
X	200	150	12
Y	200	120	15
Z	150	172.5	11.4

要求：填制甲类产品系数计算表（表 7－15）和甲类产品成本计算单（见表 7－16）。

表 7-15 甲类产品系数计算表

<table>
<tr><th rowspan="2">名称</th><th colspan="2">直接材料</th><th colspan="2">工时</th></tr>
<tr><th>单位产品
定额/元</th><th>系数</th><th>单位产品
定额/小时</th><th>系数</th></tr>
<tr><td>X</td><td></td><td></td><td></td><td></td></tr>
<tr><td>Y</td><td></td><td></td><td></td><td></td></tr>
<tr><td>Z</td><td></td><td></td><td></td><td></td></tr>
</table>

表 7-16 甲类产品成本计算单

项目	产量/件	直接材料系数	直接材料总系数	工时系数	工时总系数	直接材料/元	直接人工/元	制造费用/元	成本合计/元
分配率									
X									
Y									
Z									
合计									

2. 某企业在生产甲主产品的同时，还附带生产出了乙副产品，2018 年 6 月，甲、乙产品的联合成本为 80 000 元，其中直接材料 56 000 元、直接人工 16 000 元、制造费用 8 000 元。甲、乙产品分离后可直接出售，本月甲产品的产量为 3 500 千克，乙产品的产量为 600 千克，乙产品的销售价格扣除销售费用、销售税金及相关利润后为每千克 5 元，乙产品按比例从联合成本的各成本项目中扣除。

要求：计算甲、乙产品的总成本和单位成本，并将计算结果填入表 7-17。

表 7-17 产品成本计算表

2018 年 6 月　　　　单位：元

<table>
<tr><th colspan="2">项目</th><th>直接材料</th><th>直接人工</th><th>制造费用</th><th>合计</th></tr>
<tr><td colspan="2">联合成本</td><td></td><td></td><td></td><td></td></tr>
<tr><td colspan="2">费用项目比重</td><td></td><td></td><td></td><td></td></tr>
<tr><td rowspan="2">乙产品</td><td>总成本</td><td></td><td></td><td></td><td></td></tr>
<tr><td>单位成本</td><td></td><td></td><td></td><td></td></tr>
<tr><td rowspan="2">甲产品</td><td>总成本</td><td></td><td></td><td></td><td></td></tr>
<tr><td>单位成本</td><td></td><td></td><td></td><td></td></tr>
</table>

项目八

成本计算之定额法

知识目标

（1）了解定额成本、脱离定额差异、材料成本差异、定额变动差异的含义；
（2）了解定额法的含义和适用范围；
（3）掌握定额法的特点和成本计算程序。

能力目标

（1）熟悉定额成本、脱离定额差异、材料成本差异、定额变动差异的确认和计量；
（2）能够熟练地运用定额法计算产品实际成本。

素质目标

（1）具备维护国家、集体利益的职业意识，遵守财经法规，客观真实地反映每一项经济业务，以诚信为本，坚持准则，恪守会计职业道德；

（2）具有吃苦耐劳、扎实肯干的工作作风和敬业精神，经济业务记录全面，手续齐备，数据规范，字迹工整；

（3）具有较强的岗位适应能力和一定的协调沟通能力，与其他岗位会计团结协作。

本项目知识结构导图

- 定额法
  - 认识定额法
    - 含义
    - 适用范围
    - 特点
    - 成本计算程序
  - 定额法的应用

案例导入

盛园照明器材有限公司专业生产、销售各种户外道路照明灯，主要产品有高杆灯、景观灯、庭院灯、草坪灯、泛光灯、组合灯、喷泉灯、雕塑灯、交通信号灯、太阳能系列灯以及灯柱灯杆配套等设施。该公司产品生产稳定，各项消耗定额比较准确，为加强定额管理和成本控制，采用定额法计算产品成本。

任务一　定额法概述

一、定额法的含义

定额法是以定额成本为目标成本，及时揭示生产费用脱离定额的差异，并根据定额成本、脱离定额差异、材料成本差异和定额变动差异计算产品实际成本的一种成本计算方法。

这种方法是为了加强成本管理和进行成本控制而采用的一种成本计算与成本管理相结合的方法。前面介绍的成本计算方法，在日常核算生产费用时，都是按其实际发生额进行的，产品成本也是按费用的实际发生额计算的。因此，生产费用和产品成本脱离定额的差异及其产生的原因，只有等到月末将实际资料与定额资料进行对比才能找出，因此不能及时地控制成本，不能有效地进行成本管理，为此可采用定额法。

在这种方法下，计算产品成本时要考虑产品定额成本、脱离定额差异、材料成本差异和定额变动差异 4 个因素。4 个因素与产品的实际成本的关系是：

产品实际成本 = 产品定额成本 ± 脱离定额差异 ± 材料成本差异 ± 定额变动差异

定额成本是指根据企业现行直接材料、燃料和动力消耗定额、工时消耗定额以及其他有关资料计算的一种成本控制目标。产品定额成本的制定过程也是对产品成本事前控制的过程。定额成本是计算产品实际成本的基础，也是企业对生产费用进行控制和事后分析的依据。

企业制定的定额成本和计划成本都是成本控制的目标，定额成本和计划成本的制定过程都是对产品成本进行事前控制的过程，但两者之间也存在不同之处。定额成本是根据企业现行消耗定额制定的，随着企业生产技术的升级和劳动生产率的提高，消耗定额需要不断修订，因此定额成本在一个年度内可能因企业消耗定额的修订而变动；计划成本是根据企业计划期（通常为年度）内的平均消耗定额制定的，因此在一个计划期内，计划成本通常是不变的。同时，计划成本是企业计划年度内成本控制的目标，是考核和分析企业成本计划完成与否的依据；定额成本是计算产品实际成本的基础，是对生产费用进行事中控制的依据。

脱离定额差异是指产品生产过程中各项实际发生的生产费用脱离现行定额的差异。脱离定额差异反映了企业各项生产费用发生的合理程度和现行定额执行的工作质量。

材料成本差异是指在定额法下，采用计划成本法进行材料的日常核算时计算的成本与实际成本之间的差异。

定额变动差异是指修订定额而产生的新、旧定额之间的差异，它是定额自身变动的结果，与生产费用支出的节约或超支无关。企业年度内修订定额一般在月初进行，在有定额变动的月份，本月投入产品的定额成本按新定额计算，只有月初在产品成本按旧定额计算。因此，定额变动差异是指在修订定额的月份，月初在产品账面上的旧的定额成本与按新定额调整计算后的定额成本之间的差异。

二、定额法的适用范围

定额法不是成本计算的基本方法，与生产类型没有直接关系。无论何种生产类型，都可以采用定额法计算生产费用。但是为了充分发挥定额法的作用，并简化计算工作，采用定额法应当具备两个条件：一是企业的定额管理制度比较健全，定额管理工作基础较好；二是产品的生产已经定型，消耗定额比较准确、稳定。一般而言，大批大量生产的企业比较容易具备上述条件。

三、定额法的特点

定额法和其他产品成本计算方法不同，它不是一种纯粹的成本计算方法，而是一种将成本计算与成本控制紧密结合的方法。定额法克服了其他产品成本计算方法无法直接反映产品实际成本与定额成本相脱离情况的不足，可有效地发挥节约生产费用、降低产品成本的作用。

定额法的主要特点如下。

（一）事前制定产品的各项定额

定额法是以产品的定额成本为基础计算产品实际成本的。企业必须事前制定产品的消耗定额，并以现行消耗定额等资料为依据制定产品定额成本，对产品成本进行事前控制。

（二）分别计算符合定额的费用和脱离定额的差异

在日常计算产品的生产费用时，对符合定额的费用和脱离定额的差异分别计算，月末在定额成本的基础上计算出产品的实际成本。在生产费用发生时确定实际成本与定额成本的差异，这样能及时反映成本差异发生的地点、原因责任及其对成本的影响，以便企业进行成本控制和管理。

（三）定额法不是一种独立的产品成本计算方法

定额法并非一种基本的成本计算方法，它是一种对产品进行直接控制、管理的方法，应结合其他基本方法使用。

四、定额法的成本计算程序

（一）制定定额成本

企业应根据现行的各项消耗定额确定定额成本，编制产品定额成本表，计算产品定额成本。产品定额成本一般由企业的财会部门会同企业的计划、技术、生产等部门共同制定。由于各个企业产品生产工艺流程不同，产品定额成本的计算程序也不尽相同。例如，机械制造企业的产品一般由零件、部件构成。如果零件、部件不多，一般可以先计算各种零件、部件的定额成本，再汇总计算产成品的定额成本。如果零件、部件比较多，也可以不逐一计算各种零件、部件的定额成本，而是根据列有各种零件原材料消耗定额和工时定额的零件定额卡，以及原材料计划单位成本、计划小时工资率和计划小时费用率等，计算各部件的定额成本，再汇总计算产成品的定额成本，或者根据零件定额卡、部件定额卡直接计算产品定额成本。

为了便于进行成本分析和考核，定额成本包括的成本项目和计算方法应该与计划成本、实际成本包括的成本项目和计算方法一致。相关计算公式为：

原材料费用定额 = 产品原材料消耗定额 × 原材料计划单价

人工费用定额 = 产品生产工时定额 × 计划小时薪酬率

制造费用定额 = 产品生产工时定额 × 计划小时制造费用率

其中，计划小时薪酬率、计划小时制造费用率可用下列公式计算：

计划小时薪酬率 = 某车间预计全年工人薪酬总额 ÷ 该车间预计定额总工时

计划小时制造费用率 = 某车间预计全年制造费用总额 ÷ 该车间预计定额总工时

【案例 8 – 1】 得力有限责任公司生产的甲产品由 2 个 A 部件和 3 个 B 部件装配而成，其中，A 部件由 A – 1 和 A – 2 两个零件组成，B 部件由 B – 1、B – 2 和 B – 3 三个零件组成。现以该公司编制的 A – 1 零件定额卡、A 部件定额成本计算表和甲产品定额成本计算表说明定额成本的计算方法，计算结果如表 8 – 1 ~ 表 8 – 3 所示。

案例分析：在实际工作中，首先依据零件定额卡计算出 A 部件的各个成本项目的定额成本，编制出部件定额成本计算表；再根据计算出来的 A 部件的定额成本以及已知的 B 部件的定额成本，计算出最终的甲产品的定额成本。

案例操作：

表 8 – 1 零件定额卡

零件编号：3011　　2018 年 5 月　　零件名称：A – 1

<table>
<tr><td colspan="2">材料编号</td><td colspan="2">材料名称</td><td>计量单位</td><td colspan="2">材料消耗定额</td></tr>
<tr><td colspan="2">503</td><td colspan="2">101 材料</td><td>千克</td><td colspan="2">5</td></tr>
<tr><td>工序</td><td>1</td><td>2</td><td>3</td><td>4</td><td>5</td><td>合计</td></tr>
<tr><td>定额工时</td><td>1</td><td>2.5</td><td>4</td><td>4.5</td><td>4</td><td>16</td></tr>
</table>

表 8 – 2 部件定额成本计算表

2018 年 5 月

部件编号：301　　部件名称：A

<table>
<tr><td rowspan="3">所用零件编号</td><td rowspan="3">零件名称</td><td rowspan="3">零件数量</td><td colspan="6">材料定额</td><td rowspan="3">金额合计/元</td><td rowspan="3">工时定额/小时</td></tr>
<tr><td colspan="3">101 材料</td><td colspan="3">102 材料</td></tr>
<tr><td>数量</td><td>计划单价/元</td><td>金额/元</td><td>数量</td><td>计划单价/元</td><td>金额/元</td></tr>
<tr><td>3011</td><td>A – 1</td><td>2</td><td>5</td><td>10</td><td>50</td><td></td><td></td><td></td><td>50</td><td>16</td></tr>
<tr><td>3012</td><td>A – 2</td><td>3</td><td></td><td></td><td></td><td>10</td><td>6</td><td>60</td><td>60</td><td>18</td></tr>
<tr><td>装配</td><td></td><td></td><td></td><td></td><td></td><td></td><td></td><td></td><td></td><td>4</td></tr>
<tr><td>合计</td><td></td><td></td><td></td><td></td><td>50</td><td></td><td></td><td>60</td><td>110</td><td>38</td></tr>
<tr><td colspan="9">部件定额成本项目</td><td colspan="2" rowspan="3">定额成本合计/元</td></tr>
<tr><td colspan="2" rowspan="2">原材料费用/元</td><td colspan="3">人工费用</td><td colspan="4">制造费用</td></tr>
<tr><td colspan="2">计划小时薪酬率</td><td>金额/元</td><td colspan="2">计划制造费用率</td><td colspan="2">金额/元</td></tr>
<tr><td colspan="2">110</td><td colspan="2">4</td><td>152</td><td colspan="2">4.5</td><td colspan="2">171</td><td colspan="2">433</td></tr>
</table>

表 8－3　产品定额成本计算表

2018 年 5 月

产品编号：872　　　　　　　　　　　产品名称：甲

<table>
<tr><td>所用部件
编号</td><td>部件
名称</td><td colspan="2">所用部件
数量</td><td>部件材料
费用定额/元</td><td colspan="2">产品材料
费用定额/元</td><td>部件工时
定额/小时</td><td>产品工时
定额/小时</td></tr>
<tr><td>301</td><td>A</td><td colspan="2">3</td><td>110</td><td colspan="2">330</td><td>38</td><td>114</td></tr>
<tr><td>302</td><td>B</td><td colspan="2">4</td><td>60</td><td colspan="2">240</td><td>25</td><td>100</td></tr>
<tr><td>装配</td><td></td><td colspan="2"></td><td></td><td colspan="2"></td><td></td><td>27</td></tr>
<tr><td>合计</td><td></td><td colspan="2"></td><td></td><td colspan="2">570</td><td></td><td>241</td></tr>
<tr><td colspan="7">产品定额成本项目</td><td colspan="2" rowspan="3">产品定额成本合计/元</td></tr>
<tr><td rowspan="2">原材料
费用/元</td><td colspan="3">人工费用</td><td colspan="3">制造费用</td></tr>
<tr><td colspan="2">计划小时薪酬率</td><td>金额/元</td><td>计划制造费用率</td><td colspan="2">金额/元</td></tr>
<tr><td>570</td><td colspan="2">4</td><td>964</td><td>4.5</td><td colspan="2">1 084.5</td><td colspan="2">2 618.5</td></tr>
</table>

（二）揭示脱离定额差异

要加强生产耗费的日常控制，必须进行脱离定额差异的日常核算，随时分析差异发生的原因，确定产生差异的责任，及时采取相应的措施进行处理。脱离定额差异应与产品成本项目设置配合，也就是要分别揭示直接材料脱离定额差异、直接人工脱离定额差异和制造费用脱离定额差异。

1. *直接材料脱离定额差异的计算*

在成本项目中，原材料（包括自制半成品）费用一般占有较大的比重，企业一般在直接材料发生的当时就按产品计算定额费用和脱离定额差异，以加强控制。在实际工作中，直接材料脱离定额差异的计算方法一般有限额领料法、切割核算法和盘存法等。

1）限额领料法

限额领料法也叫差异凭证法。在采用定额法时，为了控制材料费用，必须实行限额领料（定额发料）制度，符合定额的原材料应根据限额领料单（定额发料单）等定额凭证领发。如果产品产量增加，则需要增加用料，这时需要办理追加限额手续，然后根据定额凭证领发。在差异凭证中，应该填明差异数量、金额以及发生差异的原因。差异凭证的签发必须经过一定的审批手续。

限额领料法下，在一批生产任务完成后，应该根据车间剩余材料编制退料单，办理退料手续。退料单也应视为差异凭证，退料单中所列的原材料数额和限额领料单中的原材料余额，都是原材料脱离定额的节约差异。上述差异凭证反映的差异通常只是领料差异，不一定是用料差异，因此不能完全控制用料。所领原材料的数量也不一定等于原材料的实际消耗量，即期初、期末车间可能有余料。同时，采用限额领料法对控制领料、促进节约用料有着重要作用。

知识拓展

限额领料法的注意事项

上述差异凭证反映的差异通常只是领料差异，不一定是用料差异，因此不能完全控制用料。所领原材料的数量也不一定等于原材料的实际消耗量，即期初、期末车间可能有余料。实际工作中，按下面的公式计算本月某原材料实际消耗量：

本月某原材料实际消耗量＝该原材料月初结余数量＋本月领用数量－月末结余数量

2）切割核算法

为了更好地控制用料差异，对于须经过切割（下料）才能使用的材料，例如板材、棒材等，除了采用限额领料法以外，还应采用切割核算法，即通过材料切割核算单，核算用料差异，控制用料。材料切割核算单应按切割材料的批别开立，单子中填明发出切割材料的种类、数量、消耗实际切割成的毛坯数量；切割完毕，再填写实际切割成的毛坯数量和实际消耗量。根据实际切割成的毛坯数量和消耗定额即可计算求得材料定额消耗量，以此与材料实际消耗量比较，即可确定直接材料脱离定额差异。直接材料定额消耗量和直接材料脱离定额差异，应填入材料切割核算单中，并注明发生差异的原因，由主管人员签字确认。

3）盘存法

为了更好地控制用料，对于不能采用切割核算法的原材料，除了采用限额领料法外，还应按期通过盘存的方法核算用料差异。这种方法的核算程序为：首先根据完工产品数量和在产品盘存（实地盘存或账面结存）数量算出投产产品总数量，乘以原材料消耗定额，计算原材料定额消耗量。再根据限额领料单或超额领料单等领、退料凭证和车间剩余材料的盘存数量，计算原材料的实际消耗量。最后将原材料的实际消耗量与定额消耗量比较，计算出直接材料脱离定额差异。

直接材料脱离定额差异的计算公式为：

直接材料脱离定额差异＝实际消耗量×材料计划单价－定额消耗量×材料计划单价＝（实际消耗量－定额消耗量）×材料计划单价

在定额法下，原材料的日常核算一般按计划成本进行，直接材料脱离定额差异只是按计划单价计算的消耗量上的差异，也就是人们所说的量差，并未考虑材料价格因素的影响。因此，月末计算产品的实际材料费用时，还需要单独计算各种产品应负担的原材料成本差异。

【案例8－2】 利民工厂H材料切割核算数据如表8－4所示，现以材料切割核算单说明如何利用切割核算法计算直接材料脱离定额差异。

案例分析：先计算出消耗实际切割成的毛坯数量；切割完毕，再填写实际切割成的毛坯数量和实际消耗量。根据实际切割成的毛坯数量和消耗定额即可计算求得材料定额消耗量，以此与材料实际消耗量比较，即可确定直接材料脱离定额差异。

案例操作：

应切割数量＝360÷6＝60（件）

材料定额消耗量＝55×6＝330（千克）

直接材料脱离定额差异＝（360－330）×10＝300（元）

表 8-4　材料切割核算单

材料编号和名称：C200　　计量单位：千克　　计量单价：10 元
产品名称：甲产品　　零件编号名称：L101　　机床号：5622
切割人：李生　　切割日期：2018 年 6 月 16 日　　完工日期：2018 年 6 月 16 日

<table>
<tr><td colspan="2">发料数量</td><td colspan="2">退回余料数量</td><td colspan="2">材料实际消耗量</td><td>废料实际回收量</td></tr>
<tr><td colspan="2">378</td><td colspan="2">18</td><td colspan="2">360</td><td>—</td></tr>
<tr><td colspan="2">单位产品消耗定额</td><td>单位回收废料定额</td><td>应切割成毛坯数量</td><td>实际切割成毛坯数量</td><td>材料定额消耗量</td><td>废料定额回收量</td></tr>
<tr><td colspan="2">6</td><td>—</td><td>60</td><td>55</td><td>330</td><td>—</td></tr>
<tr><td colspan="2">材料脱离定额差异</td><td colspan="2">废料脱离定额差异</td><td colspan="2">脱离差异原因</td><td>责任人</td></tr>
<tr><td>数量</td><td>金额</td><td>数量</td><td>金额</td><td colspan="2" rowspan="2">技术不娴熟且未按设计图纸切割，增加了毛边，减少了毛坯</td><td rowspan="2">李生</td></tr>
<tr><td>30</td><td>300</td><td>—</td><td>—</td></tr>
</table>

2. 直接人工脱离定额差异的计算

直接人工脱离定额差异一般分为计件工资下直接人工脱离定额差异和计时工资下直接人工脱离定额差异两种不同情况。

在计件工资形式下，人工费用属于直接计入费用，在计件单价不变的情况下，按计价单价支付的人工费用就是定额直接人工费用，没有脱离定额差异，脱离定额的差异通常反映因工作条件发生变化而在计件单价之外支付的工资、津贴、补贴等。企业应该将符合定额的人工费用直接反映在产量记录中，脱离定额的差异应当单独在专设的补付单等差异凭证中。

在计时工资形式下，人工费用属于间接计入费用，其脱离定额的差异不能在平时分产品计算，只有在月末确定本月实际直接人工费用总额和产品生产总工时以后才能计算，影响其脱离定额差异的因素包括生产工时和小时薪酬率。计算其脱离定额差异的公式为：

某产品的实际人工费用 = 该产品实际产量的实际生产工时 × 实际小时人工费用率

某产品的定额人工费用 = 该产品实际产量的定额生产工时 × 计划小时人工费用率

某产品人工费用脱离定额差异 = 该产品的实际人工费用 - 该产品的定额人工费用

实际小时人工费用率 = 某车间实际生产工人薪酬总额 ÷ 该车间实际生产工时总额

计划小时人工费用率 = 某车间以计划产量计算的定额薪酬总额 ÷ 该车间计划产量的定额生产工时

需要注意的是，直接人工脱离定额差异同时受生产工时变动和小时人工费用率变动两个因素的共同影响。要控制产品的人工费用，必须控制生产工人的薪酬总额，使其不超过计划；从严控制非生产工时不超过定额，保证在工时总数控制的情况下能充分利用工时；同时要控制单位产品的生产工时不超过工时定额。此外，企业无论采用何种工资形式，都要对产品的人工费用按照成本计算对象汇编定额人工费用和脱离定额差异汇总表。汇总反映各种产品的定额工时和工人薪酬、实际工时和工人薪酬、工时和人工费用脱离定额的差异以及产生差异的原因等资料，据以考核和分析各种产品生产工时和生产工资定额的执行情况，并用以计算产品的人工费用。

【案例8-3】 利民工厂本月甲、乙、丙3种产品实际生产工人工时为40 000小时，其中：甲产品17 000小时、乙产品10 000小时、丙产品13 000小时。本月3种产品实际完成定额工时为41 000小时，其中：甲产品17 200小时、乙产品11 000小时、丙产品12 800小时。计划小时人工费用率为4元；本月实际直接人工费用总额为164 160元。

工作任务： 根据上述资料，编制直接人工费用定额和脱离定额差异汇总表（表8-5）。

案例分析： 先根据实际的人工费用以及实际生产总工时，计算出实际小时人工费用率；再分别按照小时人工费用率计算出定额工资和实际工资；最后计算人工费用脱离定额差异。

案例操作：

表8-5 直接人工费用定额和脱离定额差异汇总表

2018年6月

产品名称	定额人工费用			实际人工费用			脱离定额差异/元
	定额工时/小时	计划小时人工费用率/元	定额工资/元	实际工时/小时	实际小时人工费用率/元	实际工资/元	
甲产品	17 200		68 800	17 000		69 768	968
乙产品	11 000		44 000	10 000		41 040	-2 960
丙产品	12 800		51 200	13 000		53 352	2 152
合计	41 000	4	164 000	40 000	4.104	164 160	160

3. 制造费用脱离定额差异的计算

在生产多种产品的企业（成本中心）中，制造费用一般属于间接计入费用，因此其脱离定额的差异不能在平时分产品（成本计算对象）计算，只有在月末确定实际制造费用总额以后，按照上述计时工资制下直接人工费用的计算公式确定。

知识拓展

脱离定额差异的处理

计算完工产品的实际成本时，企业需要根据不同的情况，对定额差异予以处理：如果各月份在产品波动较大，脱离定额差异应按完工产品和在产品定额成本分配的比例进行分配；当差异金额不大，或者差异金额虽大，但各月月末在产品数量变动不大时，各成品项目的脱离定额差异可以全部计入完工产品成本，即在产品按定额成本计算，不负担定额差异。这样，不仅简化了计算手续，而且产成品成本水平能够正确地反映当期工作成果。

【案例8-4】 利民工厂本月各种产品实际生产工人工时和实际完成定额工时如表8-5所示。本月基本生产车间实际制造费用总额为120 000元，小时制造费用率实际为3元（120 000÷40 000），计划为2元。

工作任务： 根据上述资料，编制制造费用定额和脱离定额差异汇总表（表8-6）。

案例分析：与直接人工脱离定额差异的计算程序一致，先分别计算实际以及计划小时制造费用率，再计算出定额费用与实际费用，最后比较计算制造费用脱离定额差异。

案例操作：

表 8－6　制造费用定额和脱离定额差异汇总表

2018 年 6 月

产品名称	定额制造费用			实际制造费用			脱离定额差异/元
	定额工时/小时	计划小时制造费用率/元	定额工资/元	实际工时/小时	实际小时制造费用率/元	实际工资/元	
甲产品	17 200		34 400	17 000		51 000	16 600
乙产品	11 000		22 000	10 000		30 000	8 000
丙产品	12 800		25 600	13 000		39 000	13 400
合计	41 000	2	82 000	40 000	3	120 000	38 000

（三）材料成本差异的计算

定额法下原材料的日常核算是按照计划成本进行的，正因如此，原材料的定额费用和脱离定额差异都按原材料的计划成本计算。因此，月末计算产品的实际原材料费用时，还需要计算所耗原材料应分摊的材料成本差异，即所耗原材料的实际成本与计划成本之间的价格差异（价差），其计算公式如下：

某产品应负担的材料成本差异＝(该产品原材料定额成本 ± 原材料脱离定额差异) × 材料成本差异率＝材料实际消耗量 × 材料计划单价 × 材料成本差异率

【案例 8－5】　利民工厂甲产品经计算本月所耗直接材料定额成本为 68 000 元，原材料脱离定额差异为节约 3 300 元，本月材料成本差异率为节约 1.4%。

工作任务：计算甲产品本月应负担的材料成本差异。

案例分析：套用材料成本差异计算公式直接计算。

案例操作：

甲产品本月应负担的材料成本差异＝(68 000－3 300) × (－1.4%)＝－905.8(元)

（四）定额变动差异的计算

定额变动差异，是指由于修订消耗定额而产生的新、旧定额之间的差异。企业一般在月初修订新定额并开始执行，当月投入的相关生产费用都按新定额计算脱离定额差异，但月初在产品的定额成本是上月末按旧定额计算的。为了统一按照新定额作为计算基础，以便计算产品的实际成本，则需要调整月初在产品按旧定额计算的定额成本为按新定额计算的定额成本。相关计算公式为：

月初在产品定额变动差异＝按旧定额计算的月初在产品成本 × (1－定额变动系数)

定额变动系数＝按新定额计算的单位产品成本 ÷ 按旧定额计算的单位产品成本

【案例 8－6】　利民工厂生产的甲产品从 2018 年 1 月份起实行新的材料消耗定额，直接人工和制造费用定额不变。单位产品新的直接材料费用定额为5 600元，旧的直接材料费用定额为5 780.50元。甲产品月初在产品按旧定额计算的直接材料费用为90 050元。

要求：根据上述资料，计算月初在产品定额变动差异。

案例分析：先按照上述所讲公式计算出定额变动系数，接着按照公式计算月初在产品定额变动差异。

案例操作：

定额变动系数 = 5 600 ÷ 5 780.50 = 0.97

月初在产品定额变动差异 = 90 050 ×（1 − 0.97）= 2 701.50（元）

需要注意的是，月初在产品定额变动差异是定额本身变动的结果，与生产费用的使用情况并无关系。但是，定额成本是计算产品实际成本的基础，月初在产品定额成本调低时，应将定额变动差异计入产品实际成本；反之，应从实际成本中扣除。也就是月初在产品定额成本调整的数额与计入产品实际成本的定额变动差异之和应当等于零。甲产品月初在产品成本调整减少了2 701.50元，则甲产品实际成本中应当加上定额变动差异2 701.50元。

（五）产品实际成本的计算

月末，应将计算出的定额成本、脱离定额差异、定额变动差异以及材料成本差异在完工产品和月末在产品之间按照定额成本比例进行分配。在定额法下，产品成本的日常核算是将定额成本与各种成本差异分别核算，因此在完工产品与月末在产品之间分配费用时，也要按定额成本与各种成本差异分别进行，即先计算完工产品和月末在产品的定额成本，再计算分配完工产品和月末在产品的各种成本差异。在分配各种成本差异时，可利用企业各种较准确的定额成本资料，采用定额比例法或在产品按定额成本计价法进行分配。为保证分配结果正确，应分别对材料费用脱离定额差异、人工费用脱离定额差异和制造费用脱离定额差异进行分配。在脱离定额差异金额不大的情况下，脱离定额差异可以全部由完工产品成本负担；在脱离定额差异金额较大，且各月在产品数量变化也较大的情况下，脱离定额差异应当在完工产品与月末在产品之间按定额成本比例分配。

任务二　定额法的应用

【案例8－7】　2018年5月20日，利民工厂的新任财务总监王刚打算利用15天时间进行工厂现状的调查询问，以了解工厂的最新情况。经调查，工厂的成本费用支出方面存在一些问题，其中，产品加工的各项定额“水分”较大，因此，王刚提出自2018年6月1日起进行各项定额调整，将甲产品原材料消耗定额由每件120千克降为每件115千克，生产工时由每件140小时降为每件130小时。甲产品采用定额法计算产品成本。已知2018年6月初甲产品有10件在产品，这10件在产品在月初的有关资料如表8－7所示。本月份甲产品应分配的直接材料为24 050元，材料成本差异率为－1%，直接人工为2 350元，制造费用为1 700元。本月投产50件，月末完工45件。

表 8－7　月初在产品资料

2018 年 6 月

成本项目	产量/件	消耗定额	计划单价/元	定额成本/元	定额差异/元	定额变动差异/元
直接材料	10	120 千克	4. 50	5 400	+800	+150
直接人工	10	140 小时	0. 37	518	－120	
制造费用	10	140 小时	0. 28	392	－80	
合计				6 310	+600	+150

工作任务：采用定额法计算甲产品的实际成本。

案例分析：根据定额法的计算程序，本案例应按照以下顺序进行分析：计算月初在产品定额变动差异；计算本月投产产品定额成本；计算脱离定额差异以及材料成本差异；根据上述计算结果，编制产品成本计算单，最终计算出完工产品的实际成本。

案例操作：

甲产品成本的计算结果如下：

（1）月初在产品定额变动差异的计算。

①直接材料定额变动差异＝(115－120)×4. 50×10＝－225（元）

②直接人工定额变动差异＝(130－140)×0. 37×10＝－37（元）

③制造费用定额变动差异＝(130－140)×0. 28×10＝－28（元）

（2）本月投产产品定额成本的计算。

①直接材料定额成本＝115×50×4. 50＝25 875（元）

②直接人工定额成本＝130×50×0. 37＝2 405（元）

③制造费用定额成本＝130×50×0. 28＝1 820（元）

（3）脱离定额差异的计算。

①直接材料脱离定额差异＝24 050－25 875＝－1 825（元）

应分配的材料成本差异＝(25 875－1 825)×(－1%)＝－240. 50（元）

脱离定额差异合计＝－1 825－240. 50＝－2 065. 50（元）

②直接人工定额差异＝2 350－2 405＝－55（元）

③制造费用定额差异＝1 700－1 820＝－120（元）

（4）根据上述计算结果，编制产品成本计算单（表 8－8）。

直接材料定额成本＝45×115×4. 50＝23 287. 50（元）

直接人工定额成本＝45×130×0. 37＝2 164. 50（元）

制造费用定额成本＝45×130×0. 28＝1 638（元）

表 8-8 产品成本计算单

2018 年 6 月

单位:元

成本项目	月初在产品成本			月初在产品定额变动		本月费用		费用合计			分配率		完工产品成本				月末在产品成本		
	定额成本	定额差异	定额变动	定额变动	定额调整	定额成本	定额差异	定额成本	定额差异	定额变动	定额差异	定额变动	定额成本	定额差异	定额变动	实际成本	定额成本	定额差异	定额变动
直接材料	5 400	+800	150	-225	+225	25 875	-2 065.50	31 050	-1 265.50	+375	-0.04	0.012	23 287.5	-931.5	279.45	22 635.45	7 762.5	-334	95.55
直接人工	518	-120	—	-37	+37	2 405	-55	2 886	-175	+37	-0.06	0.012 8	2 164.5	-129.87	27.71	2 062.34	721.5	-45.13	9.29
制造费用	392	-80	—	-28	+28	1 820	-120	2 184	-200	+28	-0.091 5	0.012 8	1 638	-149.88	20.97	1 509.09	546	-50.12	7.03
合计	6 310	+600	150	-290	+290	30 100	-2 240.50	36 120	-1 640.50	+440	—	—	27 090	-1 211.25	328.13	26 206.88	9 030	-429.25	111.87

项目小结

定额法是为了加强成本管理，进行成本控制而采用的一种成本计算与成本管理相结合的方法。采用定额法，产品实际成本是以事前制定的产品定额成本为基础，加上（或减去）脱离定额差异、材料成本差异和定额变动差异来计算的。定额成本，是指根据企业现行直接材料、燃料和动力消耗定额及单价、工时消耗定额及人工费用率、制造费用率等资料计算的一种成本控制目标。脱离定额差异，是指产品生产过程中各项实际发生的生产费用脱离现行定额的差异。定额变动差异，是指由于修订定额而产生的新、旧定额之间的差异，它是定额自身变动的结果，与生产费用支出的节约与超支无关。定额变动差异，是指月初在产品账面定额成本与按新定额计算的定额成本之间的差异。定额法成本计算程序包括：制定定额成本，计算脱离定额差异，在本月完工产品和月末在产品之间分配成本差异，计算本月完工产品的实际总成本和单位成本。

项目八　教、学、做一体化训练

一、单项选择题

1. 以下各项中，（　　）不是揭示材料脱离定额差异的方法。

A. 类推法　　B. 盘存法

C. 切割法　　D. 差异凭证法

2. 定额成本制度下，材料脱离定额的差异是指（　　）。

A. 因材料的实际耗用量与定额耗用量的不同而产生的差异

B. 因材料的实际价格与计划价格的不同而产生的差异

C. 因材料的实际成本与定额成本的不同而产生的差异

D. 因材料的新定额成本与旧定额成本的不同而产生的差异

3. 在产品按定额成本计价法，每月生产费用脱离定额的节约差异或超支差异（　　）。

A. 全部计入当月完工产品成本

B. 全部计入月末在产品成本

C. 在当月在完工产品和月末在产品之间分配

D. 全部计入管理费用

4. 以下有关限额领料法的表述中，错误的是（　　）。

A. 限额领料法是控制领料，促进节约用料的重要手段

B. 限额领料法又称为差异凭证法

C. 限额领料法能完全控制用料

D. 在限额领料法下，差异凭证中的差异仅是领料差异，而不一定是用料差异

5. 在定额修改的月份并且存有（　　）的情况下，才会有定额变动差异存在。

A. 月初在产品　　B. 本月投入产品

C. 本月完工产品　　D. 月末在产品

6. 定额成本是根据（　　）制定的。

A. 目标成本　　B. 企业过去的各种消耗定额为基础

C. 计划成本　　D. 企业现行的各种消耗定额为基础

7. 采用定额法计算产品成本时，本月完工产品的实际成本是在（　　）的基础上计算出来的。

A. 月初在产品定额成本　　B. 本月完工产品定额成本

C. 本月投入产品定额成本　　D. 月末在产品定额成本

8. 采用定额法计算产品成本时，材料的日常核算都应按（　　）进行。

A. 定额成本　　B. 实际成本　　C. 目标成本　　D. 计划成本

9. 产品生产费用在完工产品和在产品之间分配，按照在产品成本所消耗的原材料费用计算，必须具备的条件是（　　）。

A. 原材料费用比重较大，而且原材料在生产开始时一次性投入

B. 月末在产品数量较小

C. 原材料消耗定额比较准确、稳定，在产品数量稳定

D. 各月末在产品数量变化不大

10. 下列费用不计入产品成本的是（　　）。

A. 废品损失　　B. 管理费用

C. 季节性的停工损失　　D. 修理期间的停工损失

二、多项选择题

1. 定额成本制度通常可以与（　　）结合使用。

A. 品种法　　B. 分批法　　C. 分步法　　D. 分类法

E. 标准成本制度

2. 与企业的生产类型无直接关系的成本计算方法有（　　）。

A. 品种法　　B. 定额法　　C. 分批法　　D. 分类法

3. 以下有关定额成本制度的表述中正确的是（　　）。

A. 定额成本制度纯粹是一种成本计算方法

B. 定额成本制度是一种成本计算的基本方法

C. 定额成本制度必须与成本计算基本方法结合使用

D. 定额成本制度是一种对产品成本进行控制和管理的方法

E. 定额成本制度是一种成本计算的辅助方法

4. 采用定额法计算在产品成本时，应具备的条件有（　　）。

A. 定额管理基础较好　　B. 消耗定额比较准确

C. 各月末在产品数量变化不大　　D. 各月在产品数量变化较大

E. 消耗定额稳定

5. 将分类法和定额法归为产品成本计算的辅助方法，是因为这两种方法（　　）。

A. 与生产特点没有直接的联系　　B. 对于成本管理并不重要

C. 不受成本计算对象的制约　　D. 不是计算产品成本必不可少的方法

E. 必须与成本计算的基本方法结合使用

6. 脱离定额差异根据成本项目可分为（　　）。

A. 直接材料脱离定额差异　　B. 直接人工脱离定额差异

C. 材料成本差异　　D. 制造费用脱离定额差异

7. 定额法的优点有（　　）。

A. 挖掘降低成本的潜力
B. 有利于提高成本定额管理工作的水平
C. 及时加强成本控制
D. 合理、简便地解决完工产品和月末在产品之间费用分配的问题

8. 定额法的适用范围有（　）。
A. 定额管理制度比较健全，定额管理工作的基础比较好
B. 产品的生产已经定型，消耗定额比较准确、稳定
C. 产品的生产属于大量大批生产
D. 生产的产品规格较多

9. 下列关系式中，正确的有（　）。
A. 月初在产品成本 + 本月发生生产费用 = 本月完工产品成本 + 月末在产品成本
B. 本月完工产品成本 = 月初在产品成本 + 月末在产品成本 − 本月发生生产费用
C. 本月完工产品成本 = 月初在产品成本 + 本月发生生产费用 − 月末在产品成本
D. 月末在产品成本 = 月初在产品成本 + 本月发生生产费用 − 本月完工产品成本
E. 本月发生生产费用 = 本月完工产品成本 + 月初在产品成本 + 月末在产品成本

10. 直接材料脱离定额差异的计算方法一般有（　）。
A. 系数法　　B. 限额法　　C. 切割法　　D. 盘存法

三、判断题

1. 定额变动差异与生产费用的超支或节约无关，是定额成本本身变动的结果。（　）
2. 脱离定额差异应全部由月末在产品负担。（　）
3. 合理的现行成本定额是衡量企业成本节约或超支的尺度。（　）
4. 定额法是为加强成本管理而采用的一种成本计算方法，可以单独使用。（　）
5. 制造费用脱离定额差异是工时差异造成的。（　）
6. 材料脱离定额差异的有利或不利差异应归因于生产单位，材料的超支或节约应归因于材料采购单位。（　）
7. 定额成本包括废品损失和停工损失两个成本项目。（　）
8. 限额领料法是控制领料，促进用料节约的重要手段，但是它不能完全控制用料。（　）
9. 原材料脱离定额差异是指材料的实际消耗水平与定额消耗水平之间的差异，即材料的量差，不包括原材料的价格差异。（　）
10. 在计算月初在产品定额变动差异时，如果是定额提高的差异，应加入月初在产品的定额成本，同时减少定额变动差异。（　）

四、业务题

1. 某公司采用定额法计算甲产品成本，2018 年有关甲产品材料成本如下：
（1）7 月 1 日材料定额成本为 20 元；
（2）8 月 1 日材料定额成本为 18 元；
（3）7 月末在产品结存为 350 件，材料定额成本为 7 000 元，材料成本差异率为 −1%，无定额差异和定额变动；
（4）08 月份投产 1 650 件，实际材料费用为 30 000 元；

（5）8 月份完工甲产品 2 000 件，月末无在产品。

要求：（1）计算月初在产品定额变动差异。

（2）计算 8 月份脱离定额差异（材料成本差异并入脱离定额差异计算）。

（3）计算 8 月份完工 2 000 件甲产品的实际材料成本。（以上计算均要列出计算式）

2. 瑞利有限责任公司日常管理规范，生产甲产品各项消耗定额管理比较稳定准确，2018 年 9 月份的生产情况和定额资料如下：

月初在产品为 40 件，本月投产 300 件，本月完工 320 件，月末在产品为 20 件，月末在产品完工程度为 50%，原材料一开始全部投入，单位产品直接材料消耗定额由上月的 5.5 千克下降为 5 千克，工时定额为 5 小时，计划小时人工费用率为 4 元，计划小时制造费用率为 5 元，材料计划单位成本为 6 元，材料成本差异率为 -2%，月初在产品的成本资料如表 8-9 所示，本月分配的各项费用如表 8-10 所示。

表 8-9　月初在产品成本表　　单位：元

项　目	直接材料	直接人工	制造费用
月初在产品定额成本	40×5.5×6=1 320	40×5×4×50%=400	40×5×5×50%=500
脱离定额差异	-20	10	30
实际成本	1 300	410	530

表 8-10　甲产品生产费用表

2018 年 9 月　　单位：元

项　目	直接材料	直接人工	制造费用
产品定额成本	300×5×6=9 000	[320+(20-40)×50%]×4×4=4 960	[320+(20-40)×50%]×4×5=6 200
脱离定额差异	60	30	-20
实际成本	9 060	4 990	6 180

说明：表中的实际成本尚未考虑材料成本差异。

要求：计算完工产品和在产品的实际成本，并将计算结果填入表 8-11 中。

表 8-11　产品成本计算单

产品名称：甲产品　　2018 年 9 月　　产量：320 件　　单位：元

项　目		行次	直接材料	直接人工	制造费用	合　计
月初在产品	定额成本	1				
	脱离定额差异	2				
月初在产品定额变动	定额成本调整	3				
	定额变动差异	4				

续表

项　目		行次	直接材料	直接人工	制造费用	合　计
本月生产费用	定额成本	5				
	脱离定额差异	6				
	材料成本差异	7				
生产成本合计	定额成本	8				
	脱离定额差异	9				
	材料成本差异	10				
	定额变动差异	11				
脱离定额差异分配率		12				
完工产成品成本	定额成本	13				
	脱离定额差异	14				
	材料成本差异	15				
	定额变动差异	16				
	实际成本	17				
月末在产品成本	定额成本	18				
	脱离定额差异	19				

项目九

成本报表的编制与分析

知识目标

(1) 理解成本报表的意义、编制依据、编制要求及分类；
(2) 掌握主要成本报表的编制方法；
(3) 掌握主要成本报表的分析方法。

能力目标

(1) 能编制主要产品成本报表；
(2) 能正确分析主要产品成本报表。

素质目标

(1) 遵守法律、法规和国家统一的会计制度，进行成本报表的编制；
(2) 具备团队精神，互相帮助完成学习任务；
(3) 具有良好的职业态度，认真完成学习任务；
(4) 具备解决问题的能力，能够查错、纠错。

本项目知识结构导图

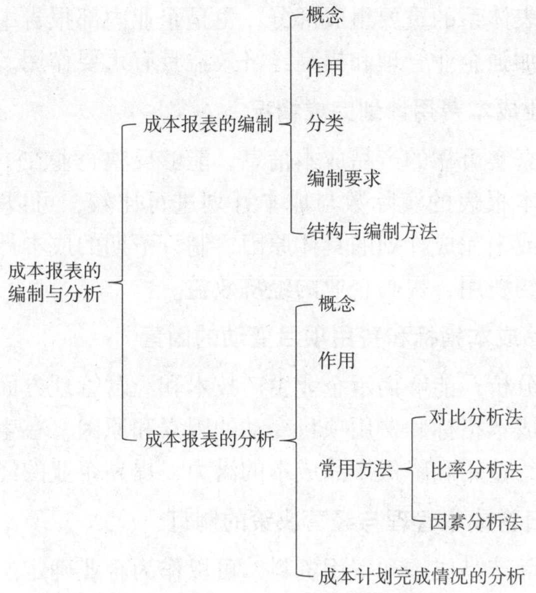

案例导入

2018 年 4 月某企业财务部为了考核实习生张某的实习效果，把本企业生产的甲、乙、丙 3 种产品的产量、成本资料交给了他。主管杨某告诉他，本企业的主要产品是甲产品、乙产品，丙产品是次要产品，要求他根据这些数据，编制按产品品种反映的产品生产成本表和主要产品单位生产成本表，并对相关报表进行分析。

任务一　成本报表的编制

产品生产成本是综合反映企业生产技术以及经营管理工作水平的一项重要质量指标，因此成本报表的编制和分析是成本会计工作的一项重要内容。在市场经济环境下，企业的生产经营情况、资金的耗费和产品成本水平等成本信息都属于相对保密的财务资料，因此成本报表是作为向企业经营管理者提供有关成本和经营管理费用信息、进行成本分析的一种内部管理报表，一般不对外公开报送。

一、成本报表的概念

成本报表是按照成本管理的各种需要，根据日常成本计算资料和其他有关经营管理费用等资料编制的，用以反映企业一定时期内的产品成本水平和构成情况，考核产品成本计划和生产费用预算执行情况的书面报告。

企业的物资消耗、劳动效率、技术水平、生产经营管理水平，以及外部因素（如物价、国家经济政策等）都会直接或间接地在产品成本和期间费用中表现出来。通过编制和分析成本报表，可以考核成本、费用计划的执行情况，寻找降低成本、费用的途径。

二、成本报表的作用

成本报表是会计报表体系的重要组成部分，也是企业内部报告中的主要部分，正确、及时地编制成本报表，对加强企业管理和提高经济效益具有重要作用。

（一）综合反映企业成本费用计划完成情况

成本报表可以提供真实可靠的产品成本信息，能够反映企业在一定时期内的成本费用水平及其构成情况。将成本报表的实际数与成本计划进行比较，可以检查成本计划的执行情况，为进一步分析完成或未完成计划的具体原因、制订下期的成本计划提供依据，同时可以促使企业降低成本、节约费用，提高企业的经济效益。

（二）揭示影响产品成本指标和费用项目变动的因素

通过对成本报表的分析，能够揭示企业生产技术和经营管理方面取得的成果和存在的问题，可以揭示影响产品成本指标和费用项目变动的因素和原因，在生产技术、生产组织和经营管理等各方面挖掘节约费用和降低产品成本的潜力，提高企业的经济效益。

（三）有助于企业日常成本管理与经营决策的制订

成本报表提供的实际产品成本和费用资料，可以作为企业确定产品价格，进行成本费用和利润的预测，制订有关生产经营决策的依据，为编制成本和利润计划提供重要的数据，可以满足企业、车间和部门加强日常成本、费用管理的需要。

三、成本报表的分类

成本报表作为企业内部的报表，主要是为满足企业内部经营管理的需要而编制的，其内容更具有针对性，具有较大的灵活性，与对外报表相比，更注重时效性，因此其格式、编制时间、报送对象等都由企业的自身特点和经营管理要求而定。不仅企业之间各不相同，就是同一企业在不同时期也可能设置不同的内部成本报表。依据不同的分类标准，对成本报表可进行以下分类。

（一）按成本报表反映的内容分类

1. 反映产品成本情况的报表

这类报表有产品生产成本表、主要产品单位成本表等。这类报表主要反映报告期内企业各种产品的实际成本水平。通过本期实际成本与本期计划成本、历史最好水平、同行业同类产品先进水平、前期平均成本相比较，可以了解企业成本发展变化趋势和成本计划的完成情况，寻找差距，发现薄弱环节，进而有针对性地采取有效措施，为尽可能地挖掘降低成本内部潜力提供有效的资料。

2. 反映各种费用支出的报表

这类报表有制造费用明细表、管理费用明细表、销售费用明细表等。通过这类报表可以看到企业在一定时期内费用支出总额及其构成情况，了解费用支出的合理性，分析费用支出的变动趋势，有利于企业管理部门正确制订费用预算，考核各项消耗支出指标的完成情况，明确各有关部门和人员的经济责任。

3. 反映生产经营情况的报表

这类报表有生产情况表、材料耗用表、材料价格差异分析表等。这类报表属于专题报表，主要反映生产中影响产品生产成本的某些特定的重要问题，一般依据企业实际情况自行灵活设置。

（二）按成本报表编制的时间分类

成本报表按其编制的时间可以分为定期报表和不定期报表两大类。

1. 定期报表

定期报表一般按月、按季、按年编制。成本报表属于内部报表，为了及时反映发生的重要成本信息，以便企业管理部门采取措施，定期报表也可以采用月报、周报、日报，甚至按工作班的形式编制。

2. 不定期报表

不定期报表是针对成本管理中出现的问题或急需解决的问题而按要求编制的，例如当企业产生了金额较大的内部故障成本，需要及时将成本信息反馈给有关部门而编制的质量成本表等，以满足当时任务管理的要求，及时服务于生产经营的全过程。

此外，成本报表还可以按编制的范围分为全厂成本报表、车间成本报表和班组（或个人）成本报表等。

四、成本报表的编制要求

为了提高成本信息的质量，充分发挥成本报表的作用，成本报表的编制应符合下列基本要求。

（一）成本报表内容的综合性

成本报表反映的相关信息需要同时满足财务部门、各级生产技术部门和计划管理部门等的需要。对于这些职能部门而言，不仅要求提供各部门事后分析的资料，还要求提供事前计划、事中控制所需的相关信息。因此，成本报表不仅要设置货币指标，还要设置反映成本消耗的多种形式的指标；还应包括会计核算、统计核算、业务核算等提供的指标，这些指标实质上是会计核算资料与技术经济资料的有机结合。

（二）成本费用指标的实用性

企业对外公布的财务报表，它的种类、内容、格式以及报送对象等都有统一的规定要求，一般企业不得自行决定，不能随意改动。而成本报表是内部报表，主要用于企业的内部管理，针对它的内容、格式及编制方法，国家没有制订统一标准，可由企业自行决定。因此为了适应不同的管理要求，成本报表的格式可以灵活多样，内容、指标可由企业自己决定；会计部门除了定期编报全面成本计划完成情况的报表外，还可以对某一方面问题，或从某一侧面编制报表进行重点反映；而且成本报表可以事后编报，也可以事中编报或事前预报，本着实质重于形式的要求，力求简明扼要，讲求实效。

（三）成本报表内容的针对性

企业对外提供的财务报表，包括资产负债表、利润表、现金流量表 3 张主表以及其他报表附注等信息，信息需求者包括政府部门、企业投资人、债权人等外部使用者以及企业内部经营管理者，是反映企业财务状况和经营成果的财务报表。成本报表作为内部报表主要是为企业内部经营管理者服务的，满足企业领导及各部门、车间和岗位责任人员对成本信息的需求。因此，成本报表的内容要有针对性，而不要按照要求格式泛泛地、千篇一律地提供信息；要主动地促进各有关部门和人员关心成本，了解其工作好坏对成本的影响，明确其在成本升降中的责任。

（四）成本报表编制的及时性

企业的对外财务报表一般都是定期编制和公开报送的，而作为对内报表的成本报表，除了为满足定期考核和分析成本计划的完成情况而定期报送外，为了及时反馈成本信息、及时揭示成本工作中存在的问题和技术经济指标变动对成本的影响，还可以采用日报、周报或旬报的形式，定期和不定期地向有关部门和人员编报不同内容的成本报表，尽可能使成本报表提供的信息与其反映的内容在时间上保持一致，以尽可能地发挥成本报表的时效性。

五、各种成本报表的编制

企业在编制成本报表时，应根据有关的产品成本费用明细账的实际发生额填列成本报表的实际成本费用，根据本期报表的本期实际成本费用加上上期报表的累计实际成本费用计算填列成本报表的累计实际成本费用。如果有关的明细账簿中记有期末累计实际成本费用，也可以直接根据有关的明细账的相应数据填列其累计实际成本费用。

（一）产品生产成本表的编制

1. 产品生产成本表的结构

产品生产成本表是反映企业在一定会计期间生产产品时所发生的全部生产费用和全部产品的生产总成本的报表。产品生产成本报表可以从两个不同的角度进行编制：一是按产品种类编制产品生产成本表，反映企业在报告期所生产全部产品的总成本和各种主要产品单位成本及总成本；二是按成本项目编制产品生产成本表，汇总反映企业在报告期发生的全部生产费用（按成本项目反映）和全部产品总成本。表 9－1 列示了按照产品成本项目编制的产品生产成本表的一般格式；表 9－2 列示了按照产品品种和类别编制的产品生产成本表的一般格式。

表 9－1 产品生产成本表（按产品成本项目编制）

编制单位：利民工厂　　　　2018 年 12 月　　　　单位：元

项目	行次	上年实际	本月实际	本年累计实际
一、生产费用总额	1	1 065 500	114 500	1 235 000
1. 直接材料	2	415 550	44 000	475 475
2. 燃料和动力	3			
3. 直接人工	4	330 300	36 500	395 200
4. 制造费用	5	319 650	34 000	364 325
加：在产品及自制半成品期初余额	6	62 500	60 000	58 000
减：在产品及自制半成品期末余额	7	58 000	58 750	58 750
二、产品生产成本总额	8	1 070 000	115 750	1 234 250
1. 直接材料	9	421 200	45 600	485 875
2. 燃料和动力	10			
3. 直接人工	11	315 000	35 500	363 625
4. 制造费用	12	333 800	34 650	384 750

表 9－2　产品生产成本表(按产品品种和类别编制)

编制单位:利民工厂　　　　2018 年 12 月　　　　单位:元

产品名称	计量单位	产品产量		单位成本				本月总成本			本年累计总成本		
		本月实际	本年累计实际	上年实际平均	本年计划	本月实际	本年累计实际平均	按上年实际平均单位成本计算	按本年计划单位成本计算	本月实际	按上年实际平均单位成本计算	按本年计划单位成本计算	本年实际
		①	②	③	④	⑤＝⑨÷①	⑥＝⑫÷②	⑦＝①×③	⑧＝①×④	⑨	⑩＝②×③	⑪＝②×④	⑫
主要产品								91 000	88 520	89 125	1 000 000	972 500	969 250
甲产品	件	55	625	1 200	1 164	1 175	1 158	66 000	64 020	64 625	750 000	727 500	723 750
乙产品	件	25	250	1 000	980	980	982	25 000	24 500	24 500	250 000	245 000	245 500
非主要产品									27 750	26 625		277 500	265 500
丙产品	件	25	250		1 110	1 065	1 062		27 750	26 625		277 500	265 500
合计									116 270	115 750		1 250 000	1 234 250

在设置有产品生产成本及销售成本表的企业，一般不单独按产品品种和类别编制产品生产成本表，因为产品生产成本及销售成本表包括了产品生产成本表的基本内容。

2. 产品生产成本表的编制方法

产品生产成本表一般按月编制。按产品品种和类别编制的产品生产成本表（表9－2），一般分为产品产量、单位成本、总成本等部分。单位成本包括上年实际平均单位成本、本年计划单位成本、本月实际单位成本和本年累计实际平均单位成本等；产品产量包括本月实际产量和本年累计实际产量；总成本分为本月总成本和本年累计总成本。为了便于分析，产品实际产量的生产总成本应按不同单位成本分别计算。

按成本项目编制的产品生产成本表（表9－1），一般分为“生产费用总额”“产品生产成本总额”“在产品及自制半成品成本”等部分。生产费用总额按照费用的用途分为直接材料、燃料和动力、直接人工和制造费用等成本项目。在产品和自制半成品成本按照期初数、期末数分别反映；若企业自制半成品对外销售比较频繁，则在产品成本和自制半成品成本可以分别反映。产品生产成本总额应等于本期生产费用总额加上在产品和自制半成品期初余额，再减去在产品和自制半成品期末余额。为了便于分析，按成本项目编制的产品生产成本表各项目应反映上年实际、本月实际和本年累计实际等指标。

按成本项目编制的产品生产成本表中“上年实际”栏应当根据上年12月份编制的产品生产成本表中“本年累计实际”栏内的金额填列；“本月实际”栏和“本年累计实际”栏的填列方法分别介绍如下：

（1）生产费用总额：生产费用总额及各成本项目的金额中，“本月实际”栏根据本月生产成本二级账或明细账的资料分析计算填列；“本年累计实际”栏根据本月本表中“本月实际”栏的金额加上上月本表中“本年累计实际”栏的金额填列，也可以根据生产成本二级账或明细账的资料分析计算填列。本表各成本项目的金额之和应等于生产费用总额。

（2）在产品及自制半成品期初余额：在产品及自制半成品期初余额中，“本月实际”栏根据“生产成本”和“自制半成品”两个账户的本月月初余额之和填列；“本年累计实际”指年初余额，应根据上年12月份本表中在产品及自制半成品期末余额数（本月实际数和本年累计实际数一致）填列，这一数字应与本年本表中“上年实际”栏第7行（在产品及自制半成品期末余额）的数字一致。

（3）在产品及自制半成品期末余额：在产品及自制半成品期末余额中，“本月实际”和“本年累计实际”两栏的数字是一致的，都应根据“生产成本”和“自制半成品”两个账户的本月月末余额之和填列。

（4）产品生产成本总额：产品生产成本总额及各成本项目的金额中，“本月实际”栏根据本月生产成本明细账的资料分析计算填列；“本年累计实际”栏根据本月本表中“本月实际”栏的金额，加上上月本表中“本年累计实际”栏的金额填列，也可以根据生产成本明细账的资料分析计算填列。本表各成本项目的金额之和应等于产品生产成本总额。产品生产成本总额各栏金额，应当等于该栏“生产费用总额”加上“在产品及自制半成品期初余额”，减去“在产品及自制半成品期末余额”的金额；“本月实际”栏和“本年累计实际”栏的金额，还应与本月按产品品种和类别编制的产品生产成本表中全部产品本月实际和本年累计实际生产成本总额分别对应相符。

（二）主要产品单位成本表的编制

1. 主要产品单位成本表的结构

主要产品单位成本表是反映企业一定会计期间内生产的各种主要产品的单位成本及其构成情况的报表。该表通常按月编制，其一般格式如表 9－3 所示。

表 9－3　主要产品单位成本表

编制单位：利民工厂　　2018 年 12 月　　单位：元

产品名称：甲产品　　单位售价：1 350

本月实际产量：55 件　　本年累计产量：625 件

成本项目	历史先进水平（2017 年）	上年实际平均	本年计划	本月实际	本年累计实际平均
单位成本	1 080	1 200	1 164	1 175	1 158
直接材料	420	470	439	450	445
燃料和动力					
直接人工	320	370	375	375	372
制造费用	340	360	350	350	341

主要产品单位成本表应按企业主要产品分别编制，即每种主要产品编制一张报表。根据表 9－3，该表按照成本项目分别反映各种主要产品的历史先进水平单位成本、上年实际平均单位成本、本年计划单位成本、本月实际单位成本和本年累计实际平均单位成本等指标。为了便于分析，该表还可以提供有关产品产量的资料。利用主要产品单位成本表可以反映企业各种主要产品的单位成本水平及其变动趋势，以及产品单位成本的构成情况，为进一步分析产品成本升降的原因、寻找降低产品成本的途径提供了思路。

2. 主要产品单位成本表的编制方法

主要产品单位成本表中，产品单位成本的历史先进水平是指本企业生产该种产品在历史上单位成本最低年度的成本，应根据该产品历史上单位成本最低年度的成本计算资料填列；上年实际平均单位成本、本年计划单位成本、本月实际单位成本和本年累计实际平均单位成本等指标的填列方法，与产品生产成本表中单位生产成本的填列方法基本相同，主要产品单位成本表仅增加了分成本项目的资料。产品生产成本表和主要产品单位成本表中，相同产品对应的单位成本数额应当相符。

（三）制造费用明细表的编制

1. 制造费用明细表的结构

制造费用明细表是反映企业在一定会计期间内发生的制造费用总额及其构成情况的报表。制造费用的构成，除了按照费用明细项目反映外，还应按照成本中心反映。其中按各成本中心汇总的制造费用明细表，只汇总按基本生产单位设置的成本中心的制造费用，不包括辅助生产单位的制造费用。

制造费用明细表按照费用的明细项目提供制造费用的上年实际数、本年计划数、本月实际数和本年累计实际数等指标。通过编制以及分析制造费用明细表可以了解企业中制造费用的不同构成和增减变动情况，并且可以考核制造费用预算的执行情况。制造费用明细表一般应该按月编制，在某些季节性生产企业中，制造费用明细表也可以按年编制。制造费用明细表的一般格式如表9－4所示。

表9－4 制造费用明细表

编制单位：利民工厂　　2018年12月　　单位：元

费用项目	行次	上年实际	本年计划	本月实际	本年累计实际
工资	1			2 550	28 100
福利费	2			1 500	17 200
折旧费	3			1 050	12 850
修理费	4			2 600	26 900
办公费	5			770	61 150
水电费	6			110	1 250
差旅费	7			6 050	600
运输费	8			1 400	12 000
保险费	9			430	5 000
租赁费	10			450	48 250
设计制图费	11			410	4 170
试验检验费	12			270	32 840
在产品盘亏与毁损	13			950	1 000
停工损失	14			145	1 750
其他	15			3 950	4 250
合计	16			22 635	257 310

2. 制造费用明细表的编制方法

制造费用明细表中，上年实际数根据上年度12月份编制的制造费用明细表中“本年累计实际”栏的数字填列；本年计划数根据企业制定的本年度制造费用的预算资料填列；本月实际数根据制造费用明细账中各费用项目本月发生额填列；本年累计实际数根据制造费用明细账中各费用项目本年累计发生额填列，也可以由本月实际数加上上月本表中本年累计实际数后填列。

（四）期间费用明细表的编制

1. 期间费用明细表的结构

期间费用明细表是反映企业一定会计期间内3项期间费用的发生额及其构成情况的报表，包括销售费用明细表、管理费用明细表和财务费用明细表。期间费用明细表通常按月编制。

各项期间费用明细表一般按照其费用项目，分别反映该费用项目的上年实际数（或上年同期实际数）、本年（月）计划数、本月实际数和本年累计实际数。利用期间费用明细表，可以分析该项期间费用的构成及增减变动情况，考核期间费用计划（预算）的执行情况。

2. 期间费用明细表的编制方法

销售费用明细表、管理费用明细表和财务费用明细表中，上年实际数应根据上年12月份相应各明细表中本年累计实际数填列；本年计划数应根据本年销售费用预算、管理费用预算和财务费用预算中确定的本年计划数额填列；本月实际数应根据企业编制的销售费用明细账、管理费用明细账和财务费用明细账的本月发生额的合计数填列；本年累计实际数应根据销售费用明细账、管理费用明细账和财务费用明细账的本年累计发生额的合计数填列，也可以根据上月该表的本年累计实际数与本月该表的本月实际数之和填列。根据利民工厂本年有关资料编制的销售费用明细表、管理费用明细表和财务费用明细表如表9－5～表9－7所示。

表9－5　销售费用明细表

编制单位：利民工厂　　　　2018年12月　　　　单位：元

项目	上年实际	本年计划	本年实际	本年累计实际
1. 专设销售机构费用	46 000	56 000	7 136	68 000
其中：职工薪酬	22 800	31 920	2 736	34 200
差旅费	6 000	6 000	2 000	12 000
办公费	1 200	1 000	100	2 600
业务费	2 000	1 480	1 000	2 000
租赁费				
折旧费	8 000	10 000	1 000	12 000
修理费	2 000	2 000		1 600
低值易耗品摊销	4 000	3 600	300	3 600
2. 运输费	20 000	24 000	2 200	23 600
3. 装卸费	6 000	7 000	1 000	8 000
4. 包装费	10 000	12 000	1 600	14 000
5. 保险费	20 000	22 000	2 000	24 000
6. 展览费				
7. 广告费	10 000	1 600		12 000
8. 其他				
合计	112 000	122 600	13 936	149 600

表 9－6 管理费用明细表

编制单位：利民工厂　　2018 年 12 月　　单位：元

项目	上年实际	本年计划	本年实际	本年累计实际
一、管理费用	602 000	618 940	56 148	644 300
1. 管理人员薪酬	165 000	170 100	14 674	174 720
2. 折旧费	224 500	227 000	22 500	234 900
3. 修理费	56 000	56 000	6 000	65 400
4. 办公费	9 800	10 000	2 200	10 100
5. 董事会费				
6. 无形资产摊销	10 000	8 000	600	8 000
7. 技术转让费	10 000	10 000		10 000
8. 差旅费	8 400	10 000	2 200	10 100
9. 物料消耗	4 200	5 440	974	4 080
10. 聘请中介机构费	60 000	80 000	6 000	82 000
11. 环保费用	28 000	30 000		32 000
12. 低值易耗品摊销	2 000	2 400	200	2 400
13. 诉讼费				
14. 业务招待费	10 000	10 000	800	10 600
15. 咨询费				
16. 其他	14 100			
二、研究费用	150 000	160 000	19 000	175 000
合计	752 000	778 940	75 148	819 300

表 9－7 财务费用明细表

编制单位：利民工厂　　2018 年 12 月　　单位：元

项目	上年实际	本年计划	本年实际	本年累计实际
1. 利息费用	120 000	150 000	10 000	120 000
2. 利息收入	10 000	12 500	1 000	10 600
3. 汇兑损益				
4. 金融机构手续费	1 000	1 200	100	1 800
5. 发生的现金折扣或收到的现金折扣				
6. 其他筹资费用				
合计	111 000	138 700	9 100	111 200

任务二　成本报表的分析

知识拓展：技术经济指标变动对产品成本的影响

一、成本报表分析的概念

成本报表分析是根据成本核算资料和成本计划资料及其他有关资料，运用科学的方法，揭示企业各项指标计划的完成情况，从而对企业一定时期内的成本管理工作情况获得比较全面的、本质的认识，以帮助企业寻找降低成本、挖掘企业内部增产节支潜力的一项专门工作，成本报表分析属于事后分析。

产品成本是反映企业生产经营管理工作质量和劳动消耗水平的综合性价值指标。企业在生产经营过程中大多资源的利用效果及生产组织管理水平等都会直接或间接地反映到产品成本中，因此成本报表分析是项重要的工作，有利于揭示企业生产经营中存在的不足、总结经验、改善管理工作。

二、成本报表分析的作用

（一）考核成本计划执行情况

通过成本报表分析可以对企业成本计划的完成情况进行考核，找出影响成本计划执行的因素，并具体分析影响成本计划执行的各项因素的影响程度，进而能够对企业成本计划的可行性和先进性进行评价，最终总结企业成本管理的经验教训，有利于企业的生产经营。

（二）完善企业的成本管理责任制

企业通过各个层面的成本报表分析可以明确内部各部门及相关责任人在成本管理工作中的具体责任，有利于考核和评估成本管理工作的业绩，不断完善企业的成本管理责任制。

（三）挖掘内部降低成本的潜力

通过成本报表分析，可以揭示企业存在的问题和差距，促使企业挖掘降低成本的潜力，寻找降低成本的途径和方法，推动企业增加生产、增强生产经营管理和成本管理，提高经济效益。

知识拓展

成本报表分析的意义

成本报表分析，就是在认识了成本积极作用的基础上，利用成本报表提供的数据及其他有关资料，运用专门方法分析企业在各项成本发生过程中存在哪些问题及其原因，并对企业成本管理工作作出评价。成本报表分析通常在会计期末进行，有条件的企业也可以进行事中分析。成本报表分析的意义表现在以下几个方面：

（1）为成本考核提供依据；

（2）为未来成本预测和计划提供依据；

（3）为制定产品价格提供依据；

（4）促进企业改善经营管理，提高成本管理水平，增强市场竞争能力。

需要强调的是，成本报表分析不能只停留在报表指标的检查上，应该按成本报表所提供的资料，按产品的种类或按成本项目或费用项目作深入具体的分析，分析时还应结合企业的生产经营特点，深入挖掘降低成本、节约费用的潜力，并对企业成本工作作出全面准确的评价。

（资料来源：《成本会计》，中国人民大学出版社，王俊生、黄贤明主编，第198页。）

三、成本报表分析的常用方法

成本报表分析的方法有很多种，企业具体选用何种方法主要取决于成本分析的目的、所依据资料的性质以及费用和成本形成的特点等。常用的成本报表分析的方法有对比分析法、比率分析法和因素分析法。

（一）对比分析法

对比分析法也称为比较分析法，它是将两个以上的同类经济指标进行数量对比，借以揭示指标之间的差距及其程度的一种分析方法。在实际工作中，对比分析法主要表现为通过本期实际数与基期数的对比来揭示本期实际数与基期数之间的差异，了解经济管理活动取得的成绩和面临的问题。

对比分析法是成本报表分析中最简便、运用范围最广泛的一种方法，这种方法旨在揭示成本差异，指出未来成本管理的方向，以便采取措施，能够降低成本。但需要指出的是，对比分析法只适用于同质指标的数量对比，因此，应用此方法时要注意所对比的指标应具有一定的可比性。

采用对比分析法时，对比的基期数由于分析目的不同而有所不同，实际工作中通常有以下几种形式。

1. 与本期成本计划指标（定额指标）的比较

通过该类指标的比较分析，可以反映计划或定额的完成情况，检查计划、定额本身是否具备可行性与先进性。

2. 与前期（上期、上年同期或历史先进水平）实际指标的比较

这种比较是一种企业的纵向比较，通过该类指标的比较分析，可以反映成本指标变动情况和发展趋势，揭示本期同前期成本指标间的差距，分析企业生产经营工作的改进情况。

3. 与国内外同行业先进指标的比较

这种比较是一种企业的横向比较，通过该类指标的比较分析，可以反映企业成本水平在国内外同行业中所处的地位，揭示企业与国内外先进成本指标间的差距。

产品材料消耗比较分析表如表9-8所示。

表9-8 产品材料消耗比较分析表

产品名称：A产品　　2018年12月31日　　单位：元

E指标	上年实际	本年		国内外先进实际水平	差异		
		计划	实际		比计划	比上年	比先进
材料消耗	90	85	84	80	-1	-6	+10

由表9－8可知，A产品的材料消耗量本年实际数比计划数、比上年实际数都有所降低，但与先进水平相比还有较大差距，说明在降低材料消耗方面企业还有很大潜力可挖掘。

（二）比率分析法

比率分析法是指通过计算各指标之间的相对数，即比率，借以考察、评价企业成本活动的相对效益的一种分析方法。比率是指用倍数或比例表示的分数式。比率分析法主要有相关比率分析法、构成比率分析法。

1. 相关比率分析法

相关比率是两个相互联系、相互依存，但性质不同的指标的比率。例如，利润总额与成本费用总额的比率，它反映了一定时期内企业所得与所费之间的比例关系，即企业每单位成本、费用的投入能获得多少利润。这一比率是反映企业成本效益的重要指标。

相关比率分析法就是通过计算两个指标之间的比率进行分析的方法。通过相关比率的计算，可以排除企业之间和同一企业不同期间的某些不可比因素，有利于企业经营管理者进行成本效益分析和经营决策。

在成本效益分析中，与成本指标性质不同而又相关的指标包括反映企业生产成果的产值指标、反映企业销售成果的营业收入指标和反映企业财务成果的利润指标等。运用相关比率分析法所计算的相关比率包括产值成本率、营业收入成本率和成本费用利润率等。

产值成本率是指企业一定时期内产品成本总额与工业总产值的比率，它反映了企业一定时期内生产耗费与生产成果的关系，其计算公式为：

$$产值成本率=产品生产成本\div工业总产值\times100\%$$

营业收入成本率是指企业一定时期内营业成本总额与营业收入总额的比率，它反映了企业一定时期内生产耗费与销售收入的关系，其计算公式为：

$$营业收入成本率=营业成本\div营业收入\times100\%$$

成本费用利润率是指企业一定时期内利润总额与成本费用总额的比率，它反映了企业一定时期内的利润总额或营业利润额与成本费用总额或营业成本总额的关系，其计算公式为：

成本费用利润率（成本利润率）＝利润总额（营业利润总额）÷成本费用总额（营业成本）

2. 构成比率分析法

构成比率也称为结构比率，是指某项经济指标的各个组成部分占总体的比重，即局部在总体中的比重，例如在单位产品成本或产品总成本中各个成本项目所占的比重、在费用总额中各个费用项目所占的比重等。

构成比率分析法通过计算产品成本中各个成本项目的比重、费用总额中各个费用项目的比重，可以反映产品成本或费用总额的构成是否合理，进而寻找企业降低成本、节约费用的途径。成本分析中有关构成比率的计算公式如下：

产品成本的构成比率＝直接材料（直接人工、制造费用）数额÷产品成本总额×100%

期间费用的构成比率＝管理费用（财务费用、销售费用）数额÷期间费用总额×100%

制造费用的构成比率＝制造费用中某费用项目数额÷制造费用总额×100%

在分别计算销售费用、管理费用、财务费用的费用项目的构成比率时，采用的计算公式与制造费用构成比率的计算公式相同。其中，产品成本（或期间费用等）各成本项目（或费用项目）的构成比率之和等于1。

知识拓展

比率分析法的由来

比率分析法是20世纪初由美国银行家创造的。银行在发放贷款时，最关心的是借款的公司能否保证按时偿还本息。为此，银行在贷款时首先必须要弄清借款的公司处于什么状态，重点关心其是否有充分的偿债能力。银行要求借款公司提供财务报表，据以判断其偿债能力。但只对财务报表的数值单纯地进行比较、审查，是搞不清借款公司的真实情况的，因此比率分析法应运而生。其最初是由美国银行负责贷款业务的亚历山大·沃尔提出的。他求出财务报表的两个数值的比值即比率，将其作为线索进行分析，并首先提出了流动比率。随后根据在银行贷款工作中积累的许多经验，他发觉只根据这个比率判定公司的偿债能力是不够充分的，于是进一步提出速动比率、负债比率、固定比率等各种比率，逐渐把经营分析技术充实起来。

（资料来源：《成本会计》，中国人民大学出版社，王俊生、黄贤明主编，第180页。）

（三）因素分析法

成本是反映企业工作质量的综合性指标，企业成本、费用的高低是多种因素共同影响的结果。因素分析法是将某一综合指标分解为若干相互联系的因素，并分别计算各个因素的影响程度的一种分析方法。利用因素分析法对综合性指标进行分析，应首先确定该指标的组成因素，并建立各因素与此综合指标的函数关系，然后根据分析目的，测定各因素变动对指标影响的程度。因素分析法包括连环替代法以及差额计算法（连环替代法的简化形式）。

1. 连环替代法

连环替代法是将综合性指标分解为各个因素后，以组成该指标的各个因素的实际发生数按顺序替换比较标准（如计划数、前期实际数等）来计算各因素变动对该指标的影响程度的方法。连环替代法的运行程序如下：

（1）根据综合性经济指标的特征和分析的目的，确定影响该项指标的因素。例如，在分析单位产品成本中直接材料成本项目的变动原因时，其主要受材料消耗的数量和单价两个因素的影响。

（2）根据因素的依存关系，按一定顺序排列因素。采用连环替代法，改变因素的排列顺序，计算结果会有所不同。各因素排列的顺序要根据指标与各因素的内在联系进行确定，一般是数量指标因素排列在前，质量指标因素排列在后；用实物与劳动量度表示的因素排列在前，用货币表示的因素排列在后。例如，单位产品成本中直接材料费用的影响因素有单位产品材料消耗量和单价两个因素，一般将材料消耗量因素排列在前面。又如，影响产品材料消耗总额的因素有产品产量、单位产品材料消耗量和材料单价3个因素，一般按产品产量、单位产品材料消耗量、材料单价的顺序排列各因素。

（3）按排好的因素顺序对各项因素的基数（各因素的本期计划数值或前期实际数值）进行计算，确定综合指标的基期数值。

（4）依次以各因素的本期实际数值替代该因素的基数，每次替换都计算出新的数据，有几个因素就替换几次，直至最后计算出该指标的实际数据。

（5）以每次替换后计算出的新数据减去前一个数据，其差额即该因素变动对该指标的影响程度。

（6）综合各个因素的影响程度，其代数和（正、负数抵消以后）应等于该指标的实际数据与标准数据本期计划数据或前期实际数据的差异。

【案例9-1】 利民工厂利用A材料加工甲产品，单位产品A材料计划消耗量为10千克，实际为9.5千克；A材料计划单价为20元，实际为22元；单位产品A材料消耗计划成本为200元（10×20），实际成本为209元（9.5×22）。

工作任务：运用连环替代法分析单位产品材料消耗量和材料单价两个因素对甲产品材料成本的影响。

案例分析：按照上述运用连环替代法进行分析计算时应当遵循的计算顺序，对甲产品材料成本的影响因素进行计算分析。

案例操作：

（1）分析对象（甲产品单位产品材料成本脱离计划的差异）：1 008－1 000＝8（元）

（2）计划数据（比较标准）：20×50＝1 000（元）

（3）第一次替换（以甲产品单位产品A材料实际消耗量替换计划消耗量）：18×50＝900（元）

（4）计算单位产品A材料消耗量变化对甲产品成本的影响：900－1 000＝－100（元）

（5）第二次替换（以A材料实际单价替换计划单价）：18×56＝1 008（元）

（6）计算A材料单价变化对甲产品成本的影响：1 008－900＝108（元）

（7）综合以上计算结果进行评价：甲产品单位产品成本中A材料成本实际比计划超支8元（1 008－1 000），是甲产品单位产品材料消耗量和材料单价两个因素共同影响的结果。其中，甲产品单位产品材料消耗量减少2千克（18－20），使甲产品成本降低100元（900－1 000）；A材料单价提高6元（56－50），使甲产品成本超支108元（1 008－900）。对于A材料单价超支的原因应当进一步分析。

上述计算数据通过编制产品材料成本分析表集中反映，如表9-9所示。

表9-9　产品材料成本分析表

产品名称：甲产品　　　　2018年6月

项目	计划	实际	差异	差异分析	
				单耗影响	单价影响
甲产品单位产品A材料成本/元	1 000	1 008	+8	－100	+108
甲产品单位产品A材料消耗量/千克	20	18	－2		
A材料单价/元	50	56	+6		

知识拓展

关于连环替代法

连环替代法在20世纪50年代初被引入我国，当时国内大专院校的财经专业都开设“企业经济活动分析”课程。连环替代法作为一种分析方法，从20世纪50年代初至今，在理论界一直存在争议，争议的焦点在于这一分析方法的科学性和实用性，特别是影响因素替换顺序的排列。起初《因素分析法新探》一文出现以后，陆续有很多学者发表了多篇文章与该文作者研究因素分析法的观点。这些文章争论的核心是连环替代法中的影响因素是否应该排列顺序，以及如何排列顺序等。需要指出的是，连环替代法仅对综合经济指标变动的影响因素进行定量分析，只能从数量上说明各项影响因素变动的影响程度，从而可以帮助人们加深对企业经营活动的认识，明确影响某项经济指标变动的众多因素中哪个是主要的因素。因此，运用该方法时，还应结合企业生产经营活动的实际情况，查明影响该项指标的各项因素变动的具体原因，进而正确评价企业的工作。

（资料来源：《成本会计》，中国人民大学出版社，王俊生、黄贤明主编，第 193 页。）

2. 差额计算法

差额计算法根据各因素本期实际数值与各因素的基数（本期计划数值或前期实际数值）的差额直接计算各因素变动对经济指标的影响程度，是连环替代法的简化形式。

根据案例 9－1 的资料，运用差额计算法，分析计算过程如下：

分析对象：1008－1 000＝8（元）

单位产品 A 材料消耗量变动对甲产品成本的影响：（18－20）×50＝－100（元）

A 材料单价变动对甲产品成本的影响：（56－50）×18＝108（元）

综合以上计算结果进行评价，与连环替代法的分析相同。

四、成本计划完成情况的分析

分析产品总成本的计划完成情况，目的是找出影响成本升降的原因，确定各个因素对成本计划完成情况的影响程度，为进一步挖掘降低成本的潜力并寻求降低成本的途径指明方向。

（一）全部产品成本计划完成情况的分析

全部产品成本计划是按产品类别和成本项目分别编制的，全部产品成本计划完成情况的分析，也应当按照产品类别和成本项目分别进行。通过分析，应当查明全部产品和各种产品成本计划完成情况；查明全部产品总成本中各个成本项目的成本计划完成情况；找出成本超支或成本降低幅度较大的产品和成本项目，为进一步分析指明方向。

1. 按产品类别分析全部产品成本计划完成情况

全部产品成本计划完成情况的分析，主要分析本期全部产品的实际总成本与计划总成本相比的升降情况，分析原因，寻求降低成本的途径和措施。在实际工作中，是将全部产品的实际总成本与计划总成本对比，确定实际成本比计划成本的降低额和降低率。为了使成本指标可比，必须先将成本计划中的计划总成本换算为按实际产量、实际品种构成、计划单位成本计算的总成本，然后与实际总成本对比，确定成本计划的完成程度。

【案例 9－2】 利民工厂本年按产品品种和类别编制的产品生产成本表如表 9－2 所示，产品成本计划资料如表 9－10 所示。

表 9－10　产品成本计划表

编制单位：利民工厂　　　　　　　　　2018 年

产品名称	计量单位	计划产量	单位成本/元		计划产量的总成本/元		成本降低任务	
			上年实际	本年计划	按上年实际单位成本计算	本年计划	成本降低额/元	成本降低率/%
主要产品					900 000	875 520	24 480	2.72
甲产品	件	540	1 200	1 164	648 000	628 560	19 440	3.00
乙产品	件	252	1 000	980	252 000	246 960	5 040	2.00
非主要产品								
丙产品	件	240		1 110		266 400		—
合计						1 141 920		—

工作任务：根据资料编制全部产品成本计划完成情况分析表（按产品类别分析），如表 9－11 所示。

案例操作：

在利民工厂全部产品成本计划完成情况分析表中，总成本都是按实际产量来计算的，因为只有同一实物量的总成本才可以比较。在企业全部产品中，有的以前年度没有正式生产过，没有上年成本资料。因此，对企业全部产品成本计划完成情况的分析是与计划比较，计算出全部产品的成本降低额和降低率，查明成本计划的完成情况。在表 9－11 中，可以看到，利民工厂本年全部产品总成本完成了计划，实际总成本与计划总成本相比，成本降低额为 15 750 元，成本降低率为 1.26%。在全部产品中，非主要产品成本计划完成较好，实际总成本较计划降低了 4.504 5%，成本降低额为 12 500 元；主要产品虽然完成了成本计划，但成本降低率仅为 0.334 2%，成本降低额仅为 3 250 元；在主要产品中，乙产品总成本比计划还超支了 500 元，超支 0.204 1%，应进一步查明原因。

2. 按成本项目进行成本计划完成情况分析

全部产品按成本项目进行的成本计划完成情况分析，依据是企业编制的按成本项目反映的产品生产成本表和产品成本计划表。其是将全部商品产品的总成本按成本项目汇总，以实际总成本的成本项目构成与计划总成本的成本项目构成进行对比，确定每个成本项目的降低额和降低率。

【案例 9－3】　利民工厂本年产品计划单位成本表列示：直接材料项目甲产品为 439 元，乙产品为 385 元，丙产品为 5 175 元；直接人工项目甲产品为 375 元，乙产品为 255 元，丙产品为 257.5 元；制造费用项目甲产品为 350 元，乙产品为 340 元，丙产品为 335 元。本年实际产品产量甲产品为 625 件，乙产品为 250 件，丙产品为 250 件。本年按成本项目编制的产品生产成本表如表 9－1 所示。

工作任务：根据资料编制全部产品成本计划完成情况分析表（按成本项目分析），如表 9－12 所示。

表 9-11　全部产品成本计划完成情况分析表

（按产品类别分析）

编制单位:利民工厂　　2018 年

产品名称	计量单位	实际产量	单位成本/元			实际产量的总成本/元			与计划成本比		
			上年实际	本年计划	本年实际	按上年实际单位成本计算	按本年计划单位成本计算	本年实际	成本降低额/元	成本降低率/%	降低率的构成/%
主要产品						1 000 000	972 500	969 250	3 250	0. 3342	0. 26
甲产品	件	625	1 200	1164	1 158	750 000	727 500	723 750	3 750	0. 5155	0. 30
乙产品	件	250	1 000	980	982	250 000	245 000	245 500	-500	-0. 2041	-0. 04
非主要产品											
丙产品	件	250		1 110	1 060		277 500	265 000	12 500	4. 5045	1. 00
合计							1 250 000	1 234 250	15 750	1. 26	1. 26

案例操作：

表9-12 全部产品成本计划完成情况分析表

（按成本项目分析）

编制单位：利民工厂 2018年

成本项目	本年实际产量的总成本/元		与本年计划比		
	按本年计划单位成本计算	本年实际	成本降低额/元	成本降低率/%	降低率的构成/%
直接材料	500 000	485 875	14 125	2.8250	1.13
直接人工	362 500	363 625	-1125	-0.310 3	-0.09
制造费用	387 500	384 750	2 750	0.709 7	0.22
合计	1 250 000	1 234 250	15 750	1.26	1.26

从表9-12可以看到，利民工厂按成本项目反映的全部产品成本计划完成情况与计划相比，成本降低额为15 750元，成本降低率为1.26%，与该厂按产品类别反映的全部产品成本计划完成情况的分析计算结果相同（见表9-11“合计”行）。进一步分析可以发现，构成产品总成本的3个成本项目，直接材料项目和制造费用项目完成了计划，与计划相比较的降低率分别为2.825%和0.709 7%，但直接人工项目超支了1 125元，超支0.310 3%。对于直接人工项目超支的原因，应当进一步分析。

（二）主要产品成本计划完成情况分析

主要产品单位成本表分析一般是先检查本期各种产品实际单位成本比计划，比上年实际平均单位成本的升降情况；然后进一步分析各主要成本项目变动情况，查明成本升降的具体原因。为了在更大范围内找差距，挖掘潜力，企业还应广泛收集国内外同行业同类产品的成本资料，进行横向对比分析。

分析主要产品成本降低任务的完成情况，根据因素分析法的原理，首先要确定分析对象，其次要确定影响成本降低任务完成情况的主要因素，最后要计算出各个因素变动对成本降低任务完成情况的影响程度。

1. 确定分析对象

企业主要产品成本降低任务完成情况的分析，其分析对象是主要产品实际成本降低额与计划成本降低额的差额，以及主要产品实际成本降低率与计划成本降低率的差异。

【案例9-4】 利民工厂生产的甲产品和乙产品是主要产品，沿用表9-10和表9-11提供的资料。

工作任务：确定主要产品成本计划完成情况分析对象，编制主要产品成本降低任务完成情况计算表。

案例分析：

根据表9-10提供的资料，该厂主要产品计划产量按上年实际平均单位成本计算的总成本为900 000元，计划总成本为875 520元，计划成本降低额为24 480元，计划成本降低率为2.72%（$24\ 480 \div 900\ 000 \times 100\%$）。可见，主要产品的计划成本降低额和降低率都是与上年比较计算的。因此，为了便于考核，主要产品实际成本降低额和降低率也应与上年比较计算。

根据表9－11提供的资料，利民工厂主要产品实际产量按上年实际平均单位成本计算的总成本为10 000元，实际总成本为969 250元；与上年实际相比较，主要产品实际成本降低额为30 750元(1 000 000－969 250)，实际成本降低率为3. 075%(30 750 ÷1 000 000 ×100%)。

计算结果表明，利民工厂主要产品实际成本降低额超计划6 270元，实际成本降低率超计划0. 355%（3. 075% －2. 72%），说明企业较好地完成了主要产品成本降低目标。企业如何能够超额完成成本降低任务？超计划的成本降低额6 270元和成本降低率0. 355%，就是需要进一步进行因素分析的对象。

案例操作：

根据表9－10和表9－11提供的资料，利民工厂确定分析对象的计算过程集中列示于表9－13。

表9－13　主要产品成本降低任务完成情况计算表

编制单位：利民工厂　　　　　　　　2018年

项目	主要产品成本降低额/元	主要产品成本降低率/%
1. 计划数		
甲产品	19 440	3
乙产品	5 040	2
合计	24 480	2. 72
2. 实际数		
甲产品	26 250	3. 5
乙产品	4 500	1. 8
合计	30 750	3. 075
3. 差异数（分析对象）		
甲产品	6 810	0. 5
乙产品	540	0. 2
合计	6 270	0. 355

2. 确定影响成本降低任务完成的因素

表9－13的计算结果表明，利民工厂主要产品成本降低任务已经超额完成，成本降低额超计划6 270元，成本降低率超计划0. 355%。但是，分产品来看，甲产品的成本降低额和降低率都完成了计划，而乙产品成本降低额比计划少540元，成本降低率比计划低0. 2%。各种产品成本降低任务完成情况的不同，直接影响企业成本降低任务的完成情况。

从一种产品来看，影响成本降低率的主要是产品单位成本一个因素，影响成本降低额的主要是产品单位成本和产品产量两个因素。从多种产品综合来看，各种产品的计划成本降低率不同，当各种产品的产量在总产量中的比重发生变化时，会影响成本降低任务的完成程度。其中，各种产品在总产品中的比重称为产品品种结构。因此，从多种产品综合分析来看，影响产品成本降低率完成情况的因素，有产品单位成本和产品品种结构两个因素；进而影响产品成本降低额完成的因素有产品单位成本、产品品种结构和产品产量三个因素。

3. 计算各个因素变动对成本降低完成情况的影响程度

(1) 产品单位成本变动的影响。一般来说，在影响主要产品成本降低任务完成情况的各个因素中，产品单位成本是最主要的因素，因为从单一产品来说，影响成本降低率的只有产品单位成本一个因素。产品产量的变动，在不考虑将产品成本划分为固定成本和变动成本的情况下，不会对成本降低率产生影响。产品总成本的降低率，也就是指产品单位成本的降低率。例如，利民工厂甲产品本年实际平均单位成本为1 158元，上年实际平均单位成本为1 200元，本年实际总成本为723 750元，按上年实际平均单位成本计算的总成本为750 000元，实际成本降低率为3.5%，可以有以下两种计算方式：

$$(1\ 200-1\ 158)\div 1\ 200\times 100\%=3.5\%$$

$$(750\ 000-723\ 750)\div 750\ 000\times 100\%=3.5\%$$

产品单位成本的降低或者超支，直接带来成本的降低或超支。因此，产品单位成本变动对主要产品成本降低任务完成情况的影响程度可以用下列公式计算：

产品单位成本变动影响的成本降低额 = 实际产量按计划单位成本计算的总成本 − 实际总成本

产品单位成本变动影响的成本降低率 = 产品单位成本变动影响的成本降低额 ÷ 实际产量按上年实际单位成本计算的总成本 ×100%

根据表9－11提供的资料，利民工厂本年由于产品单位成本变动对成本降低任务完成情况的影响可以计算如下：

产品单位成本变动影响的成本降低额 = 972 500 − 969 250 = 3 250（元）

产品单位成本变动影响的成本降低率 = 3 250 ÷ 1 000 000 ×100% = 0.325%

(2) 产品品种结构变动的影响。由于产品实物量不能综合，在主要产品成本降低任务完成情况的分析中，总产品是根据各种产品的实物产量和该产品上年实际单位成本来综合计算的。

根据表9－10和表9－11提供的利民工厂甲、乙两种产品的计划产量、实际产量和上年实际单位成本的资料，该厂主要产品计划品种结构和实际品种结构的计算如表9－14所示。

表9－14　产品品种结构计算表

编制单位：利民工厂　　　　2018年

产品	计划产量/件	实际产量/件	上年实际单位成本/元	计划产量按上年实际单位成本计算的总成本/元	计划品种结构/%	实际产量按上年实际单位成本计算的总成本/元	实际品种结构/%
甲产品	540	625	1 200	648 000	72	750 000	75
乙产品	252	250	1 000	252 000	28	250 000	25
合计	—	—	—	900 000	100	1 000 000	100

主要产品的成本降低率受多种产品综合影响，它不仅受各种产品成本降低率（单位成本）变动的影响，而且受产品品种结构变动的影响。在表9－13中，利民工厂甲、乙两种产品计划成本降低率分别为3%和2%；实际成本降低率分别为3.5%和1.8%；综合的计划成本降低率为2.72%，实际成本降低率为3.075%。根据表9－14的资料，综合成本降低率可

以用下列公式计算：

计划成本降低率 = 3% ×72% + 2% ×28% = 2.72%

实际成本降低率 = 3.5% ×75% + 1.8% ×25% = 3.075%

上述计算式表明了产品品种结构变动对产品成本降低率的影响程度。具体计算时，可以先求得在各种产品计划成本降低率不变的情况下产品品种结构变动的综合成本降低率，再与计划的综合成本降低率比较，其差额就是产品品种结构变动对成本降低率的影响。

根据表 9 - 10 和表 9 - 14 的资料，利民工厂产品品种结构变动对成本降低率的影响可以计算如下：

①计划成本降低率：

3% ×72% + 2% ×28% = 2.72%

②结构变动以后的综合成本降低率（各种产品的计划成本降低率不变）：

3% ×75% + 2% ×25% = 2.75%

③产品品种结构变动影响的成本降低率：

2.75% - 2.72% = 0.03%

上述计算结果表明，利民工厂在甲、乙两种产品的计划成本降低率（3% 和 2%）不变的情况下，由于产品品种结构的变动，主要产品综合的成本降低率由 2.72% 提高到 2.75%，增加了 0.03%。这是在企业总产品中计划成本降低率比较高的甲产品的比重由 72% 上升到 75% 的结果。

在实际工作中，产品品种结构变动对成本降低额和降低率的影响可以利用下述公式直接计算：

产品品种结构变动影响成本降低率 = （实际产量按上年实际单位成本计算的总成本 - 实际产量按计划单位成本计算的总成本） ÷ 实际产量按上年实际单位成本计算的总成本 - 计划成本降低率

产品品种结构变动影响成本降低额 = 实际产量按上年实际单位成本计算的总成本 × 产品品种结构变动影响成本降低率

根据表 9 - 10 和表 9 - 11 提供的资料，利民工厂本年产品品种结构变动影响的成本降低率和降低额，可以计算如下：

产品品种结构变动影响的成本降低率 = (1 000 000 - 972 500) ÷ 1 000 000 - 2.72% = 0.03%

产品结构变动影响的成本降低额 = 1 000 000 × 0.03% = 300（元）

（3）产品产量变动的影响。若不考虑将成本区分为固定成本和变动成本的情形，那么产品产量的变动只影响成本降低额，不影响成本降低率。若分产品计算产品产量变动对成本降低额的影响情况，则包含了产品品种结构变动的影响；若多种产品综合计算，则不包括产品品种结构变动的影响。综合计算时可以有两种计算方法，其计算公式为：

产品产量变动影响的成本降低额 = 实际产量按上年实际单位成本计算的总成本 × 计划成本降低率 - 计划成本降低额 = （实际产量按上年实际单位成本计算的总成本 - 计划产量按上年实际单位成本计算的总成本） × 计划成本降低率

根据表 9 - 10 和表 9 - 11 提供的资料，利民工厂本年产品产量变动影响的成本降低额可以计算如下：

产品产量变动影响的成本降低额 = 1 000 000 × 2.72% - 24 480 = 2 720（元）

产品产量变动影响的成本降低额 =（1 000 000 - 900 000）×2.72% =2 720（元）

计算产品单位成本、产品品种结构和产品产量 3 个因素对成本降低任务完成情况的程度，也可以采用连环替代法。根据连环替代法的计算原理，影响成本降低额的 3 个因素的排列顺序为产品产量、产品品种结构、产品单位成本；影响成本降低率的两个因素的排列顺序为产品品种结构、产品单位成本。

在具体计算各个因素对成本降低任务完成情况的影响程度时，还可以采用更为简便的余额法，即在已知两个因素共同影响的数值和其中一个因素影响的数值以后，用减法求出另一个因素影响的数值。其计算过程如表 9 - 15 所示，其中①～⑦分别表示数据取得或计算的顺序。

表 9 - 15　主要产品成本降低任务完成情况分析表

编制单位：利民工厂　　　　　　　　　2018 年

影响因素	对成本降低额的影响/元	对成本降低率的影响/%
产品单位成本	③972 500 - 969 250 = 3 250	④3 250 ÷ 1 000 000 = 0.325%
产品品种结构	⑥1 000 000 × 0.03% = 300	⑤0.355% - 0.325% = 0.03%
产品产量	⑦6 270 - 3 250 - 300 = 2 720	
合计	①6 270	②0.355%

无论采用哪种方法，在计算确定各个因素变动的影响程度以后，要对企业主要产品成本降低任务的完成情况作出简要评价。利民工厂主要产品成本降低任务的完成情况可以分析评价如下：

利民工厂本年主要产品成本降低额和降低率基本完成了计划。成本降低额比计划增加 6 270 元，成本降低率比计划增加 0.355%。该厂成本降低任务的超额完成，是产品单位成本、产品产量和产品品种结构 3 个因素共同影响的结果。在这 3 个因素中，主要是产品单位成本和产品产量较好地完成了计划。由于产品单位成本的降低，成本降低额增加了 3 230 元，降低率增加 0.325%；由于产品产量的增加，成本降低额增加了 2 720 元。但是，在企业两种主要产品中，只有甲产品的单位成本和产品产量完成了计划；乙产品单位成本较计划超支 2 元，产量比计划减少 2 件，没有完成成本降低目标和产品产量计划，企业应对乙产品成本超支的原因作进一步分析。

（三）产品单位成本计划完成情况分析

在对产品单位成本计划完成情况的分析中，重点分析两类产品：一是单位成本升降幅度较大的产品；二是在企业全部产品中所占比重较大的产品。在这两类产品中，同样的，又应重点分析其中单位成本升降幅度较大和所占比重较大的成本项目。产品单位成本计划完成情况的分析，依据的是有关成本报表资料和成本计划资料，具体是先运用比较分析法确认产品单位成本计划的完成情况，即进行一般分析，再运用因素分析法明确各个成本项目成本升降的具体原因，即进行因素分析。

根据利民工厂本年主要产品单位成本表（表 9 - 3）提供的资料和其他有关资料，运用比较分析法的原理，编制产品单位成本计划完成情况分析表，如表 9 - 16 所示。

表 9-16 产品单位成本计划完成情况分析表

编制单位：利民工厂 2018 年

产品及成本项目	单位成本/元			与上年实际比		与本年计划比	
	上年实际	本年计划	本年实际	成本降低额/元	降低率/%	成本降低额/元	降低率/%
甲产品	1 200	1 164	1 158	42	3.500	6	0.515
其中：直接材料	470	439	445	25	5.319	-6	1.367
直接人工	370	375	372	-2	-0.541	3	0.800
制造费用	360	350	341	19	5.278	9	2.571
乙产品	1 000	980	982	18	1.800	-2	-0.204
其中：直接材料	400	385	371.4	28.6	7.150	13.6	3.532
直接人工	250	255	258	-8	3.200	-3	-1.176
制造费用	350	340	352.6	-2.6	0.743	-12.6	-3.706

根据表 9-16 的计算结果，可以对利民工厂主要产品单位成本计划的完成情况进行评价分析：与上年实际情况相比，利民工厂甲、乙两种主要产品的单位成本都有所降低，降低额分别为 42 元和 18 元，降低率分别为 3.5% 和 1.8%，其中两种产品的直接人工都有所增加，影响了产品单位成本的降低幅度。与本年计划相比，甲产品单位成本降低 6 元，降低率为 0.515%；乙产品单位成本超支 2 元，超支 0.204%。甲产品单位成本超额完成计划，主要是直接人工和制造费用较好的完成计划，成本降低额分别为 3 元和 9 元；但直接材料项目较计划超支 6 元，超支 1.367%，应当进一步分析原因。乙产品虽然直接材料项目超额完成计划，比计划降低 13.6 元，降低 3.532%，但直接人工和制造费用分别超支 3 元和 12.6 元，分别超支 1.176% 和 3.706%，影响了乙产品没有完成单位成本的计划金额，之后应对乙产品的直接人工和制造费用超计划的原因重点分析。

（四）制造费用预算执行情况的分析

企业制造费用预算执行情况的分析是成本分析的重要组成部分。根据制造费用明细表、制造费用预算和其他有关资料对制造费用预算执行情况进行分析时，应当注意以下几点。

1. 运用比较分析法分析

运用比较分析法，将本年（或月、季、半年）实际制造费用总额及明细项目金额与本年制造费用预算进行比较，了解制造费用预算的执行情况；将本年实际制造费用与上年实际制造费用进行比较，了解两个年度制造费用总额及明细项目金额的变化情况。

2. 分固定费用和变动费用进行分析

根据费用与产品产量的关系，将制造费用划分为固定制造费用和变动制造费用。在运用比较分析法进行分析时，固定费用项目可以直接对比，变动费用项目可以先按产品产量（业务量）的变化情况对本年预算数进行调整，再将本年实际数与调整后的预算数进行对比。

根据利民工厂有关资料编制的制造费用分析表如表 9-17 所示，该厂本年产量计划完成率为 110%。在表 9-17 中，变动制造费用调整后的预算数为 900 万元，是对本年预算数 818 万元按产量计划完成率（110%）进行调整后计算求得的，即 818 × 110% = 900（万元）；本年变动制造费用实际数 880 万元与调整后的预算数 900 万元相比，减少了 20 万元。

表 9－17 制造费用分析表

2018 年

编制单位：利民工厂

费用项目	本年实际		比较标准						脱离标准的差异			
			上年实际		本年预算		调整后的本年预算		与上年比		与调整后的本年预算比	
	总额/元	比重/%	总额/元	比重/%	总额/元	比重/%	总额/元	比重/%	差异额/元	差异率/%	差异额/元	差异率/%
一、固定制造费用	1 200	57.7	1 220	61.9	1 210	59.7	1 210	57.3	－20	－1.64	－10	－0.83
1…	—											
2…	—											
二、变动制造费用	880	42.3	750	38.1	818	40.3	900	42.7	＋130	＋17.33	－20	－2.22
1…												
2…												
制造费用总额	2 080	100	1 970	100	2 028	100	2 110	100	＋110	＋5.58	－30	－1.42

3. 分析重点费用项目

对制造费用各个明细项目逐项分析，分析的重点项目应是实际情况脱离预算较大（或与上年比较差异额较大）的费用项目，以及在制造费用总额中数额较大且所占比重较大的费用项目。

4. 分析费用项目的构成比例

在分析重点费用项目数额变动的同时，应当进一步分析制造费用各明细项目构成比例（比重）的变化情况，检查费用构成变化的合理性。

（五）期间费用预算执行情况的分析

成本费用计划完成情况的分析也包括了期间费用预算执行情况的分析。对企业管理费用、财务费用和销售费用等期间费用预算执行情况的分析，在分析的对象、内容、方法和费用分析表的编制等方面，都与制造费用预算执行情况的分析基本相同，不再专门叙述。

项目小结

成本报表是根据企业产品成本和期间费用的核算资料及其他有关资料编制的，用来反映企业一定时期内产品成本和期间费用水平及其构成情况的报告文件。成本报表是为企业内部经营管理的需要而编制的，报表的种类、格式、项目和内容等由企业自行决定。成本报表一般包括产品生产成本表、主要产品单位成本表、制造费用明细表、期间费用明细表等。成本报表按其经济内容，可以分为反映企业费用水平及其构成情况的报表和反映企业产品成本水平及其构成情况的报表；按其编制时间，可以分为年度报表、半年度报表、季度报表、月报、旬报、周报、日报和班报。成本报表的编制和报送必须做到数字真实、计算准确、内容完整、报送及时。

成本报表分析是根据成本核算资料和成本计划资料及其他有关资料，运用科学的方法，揭示企业各项指标计划的完成情况和原因，从而对企业一定时期内的成本管理工作情况获得比较全面的、本质的认识，以帮助企业寻找降低成本、挖掘企业内部增产节支潜力的一项专门工作，成本报表分析属于事后分析。

比较分析法，是将两个或两个以上相关的可比数据进行对比，从数量上确定差异的方法，包括分析期实际数据与计划（预算）数据对比、与前期实际数据对比、与本行业实际平均数据和本行业先进企业实际数据对比等。比率分析法是通过计算比率进行分析的方法，包括相关比率分析法、构成比率分析法和趋势比率分析法等。因素分析法是将企业综合指标分解为各个原始因素，并确定各个因素变动对该项经济指标的影响方向和影响程度的方法，包括连环替代法、差额计算法等。

项目九　教、学、做一体化训练

一、单项选择题

1. 企业成本报表（　　）。

A. 是对外报送的报表

B. 由有关部门规定哪些指标对外公布，哪些指标不对外公布

C. 是对内编报的报表

D. 可根据债权人和投资人的要求，确定哪些指标对外公布，哪些指标不对外公布

2. 下列关于主要产品单位成本表的说法，错误的是（　　）。

A. 主要产品单位成本表是反映企业在报告期内全部产品单位成本构成情况的报表

B. 主要产品单位成本表是对产品生产成本表的补充说明

C. 主要产品单位成本表应按主要产品分别编制

D. 主要产品单位成本表是反映企业在报告期内生产的各种主要产品单位成本构成情况的报表

3. 企业编制主要产品单位成本表时应按（　　）分别编制。

A. 成本项目　　B. 产品品种　　C. 核算对象　　D. 产品种类

4. 企业成本报表的种类、项目、格式和编制方法（　　）。

A. 由企业主管部门与企业共同制定　　B. 由企业自行制定

C. 由国家统一规定　　D. 由企业主管部门统一规定

5. 在下列有关成本报表的论述中，正确的是（　　）。

A. 在市场经济条件下，成本报表不能为企业确定其产品价格提供数据资料

B. 工业企业的成本报表就是用来反映企业一定时期内产品成本水平及其构成情况的报告文件

C. 成本报表的种类、项目、格式和编制方法，由企业自行确定，但有时也可以由主管企业的上级机构与企业共同规定

D. 成本报表与资产负债表、损益表等报表一样，都是企业对外报送或公布的会计报表

6. 下列各指标中，不属于构成比率的是（　　）。

A. 直接人工费用比率　　B. 成本利润率

C. 直接材料费用比率　　D. 制造费用比率

7. 采用连环替代法，可以揭示（　　）。

A. 产生差异的因素

B. 产生差异的因素和各因素的影响程度

C. 实际数与计划数之间的差异

D. 产生差异的因素和各因素的变动原因

8. 可比产品成本降低额与降低率之间的关系是（　　）。

A. 同方向变动　　B. 成正比

C. 成反比　　D. 无直接关系

9. 在下列成本报表的分析方法中，属于连环替代法的一种简化形式的是（　　）。

A. 比较分析法　　B. 差额计算法

C. 比率分析法　　D. 结构分析法

10. 主要产品单位成本的一般分析，通常首先采用（　　）进行分析。

A. 趋势分析法　　B. 连环替代法

C. 比率分析法　　D. 对比分析法

二、多项选择题

1. 工业企业成本报表一般包括（　　）。

A. 主要产品单位成本表　　B. 制造费用明细表

C. 产品生产成本表　　D. 各种期间费用明细表

2. 主要产品单位生产成本表中反映的内容主要包括（　　）。
A. 产品的销售价格　　B. 主要技术经济指标
C. 产品单位生产成本　　D. 产品产量
3. 期间费用明细表，一般按照期间费用项目分别反映费用项目的（　　）。
A. 上年同期实际数　　B. 计划数
C. 本年累计实际数　　D. 本月实际数
4. 主要产品单位成本表反映的单位成本包括（　　）。
A. 本年计划　　B. 上年实际平均
C. 本月实际　　D. 历史先进水平
5. 影响可比产品成本降低额变动的因素有（　　）。
A. 产品产量　　B. 产品价格
C. 产品单位成本　　D. 产品品种构成
6. 可以对企业成本报表反映的成本数据进行对比分析的是（　　）。
A. 本期实际与以往年度同期实际　　B. 本期实际与前期实际
C. 实际与计划　　D. 实际与定额
7. 主要产品单位成本的项目分析包括（　　）。
A. 直接人工费用分析　　B. 主要技术经济指标分析
C. 直接材料费用分析　　D. 制造费用分析
8. 下列各指标中，属于相关指标比率的是（　　）。
A. 直接材料费用比率　　B. 成本利润率
C. 产值成本率　　D. 直接人工费用比率
9. 工业企业成本报表的分析方法通常包括（　　）。
A. 连环替代分析法　　B. 差额计算分析法
C. 对比分析法　　D. 比率分析法
10. 在生产多品种的情况下，影响可比产品成本降低额变动的因素有（　　）。
A. 产品产量　　B. 产品单位成本
C. 产品品种结构　　D. 产品价格

三、判断题

1. 成本报表的编制只要做到数字准确、内容完整就符合要求了。（　　）
2. 制造费用明细账只需列出上年同期实际数及本年累计实际数。（　　）
3. 主要产品单位成本表从成本角度揭示了主要产品的状况。（　　）
4. 成本报表是对外报告的会计报表。（　　）
5. 成本报表包括财务费用明细表。（　　）
6. 按成本项目反映的产品生产成本表，可以分为生产费用和产品生产成本两部分。（　　）
7. 商品产品成本表中的补充资料部分，只填列单位成本、本月总成本及产值成本率。（　　）
8. 趋势比率分析法既可用于评价企业的经营业绩，又可以用于进行成本预测。（　　）
9. 可比产品成本降低率就是指可比产品成本降低额与上年实际总成本之比。（　　）

10. 对大多数企业而言，可比产品成本是成本分析的重点，也是企业降低成本的重点。( )

四、业务题

1. 某工厂2018年12月份生产车间制造费用有关资料如表9-18所示。

表9-18 制造费用明细资料

2018年12月 单位：元

项目	上年同期实际	本月计划	本月实际	1~11月份实际累计
职工薪酬	2 655	2 712	2 769	30 280
办公费	700	800	800	9 200
折旧费	3 000	3 300	3 350	36 860
修理费	1 040	1 160	1 180	12 440
运输费	1 380	1 500	1 300	15 700
租赁费	450	600	650	7 400
保险费	700	800	820	9 120
水电费	400	500	500	5 460
劳动保护费	300	400	430	4 880
机物料消耗	180	210	220	2 470
其他	127	153	170	1 400
合计	10 932	12 135	12 189	135 210

要求：编制该工厂2018年12月份制造费用明细表，如表9-19所示。

表9-19 制造费用明细表

编制单位：某工厂 2018年12月 单位：元

项目	行次	本月计划	上年同期实际	本月实际	本年累计实际
职工薪酬	1				
办公费	2				
折旧费	3				
修理费	4				
运输费	5				
租赁费	6				
保险费	7				
水电费	8				
劳动保护费	9				

续表

项目	行次	本月计划	上年同期实际	本月实际	本年累计实际
机物料消耗	10				
其他	11				
合计	12				

2. 某公司生产 A、B、C 三种产品，其中 A 和 B 产品为主要产品，C 产品为次要产品，2018 年有关产量、成本资料如表 9－20 所示。

表 9－20　产量、成本资料

2018 年度

项目		A 产品	B 产品	C 产品
产品产量/件	本年计划	2 260	1 000	980
	本年实际	2 580	1 020	1 000
单位成本/元	上年实际平均	600	500	
	本年计划	585	490	545
	本年实际平均	579	492	530

要求：根据上述资料，按产品品种类别编制产品生产成本表，如表 9－21 所示。

表 9－21　产品生产成本表（按产品品种类别编制）

编制单位：某公司　　　　2018 年度

产　品	计量单位	产量/件		单位成本/元			总成本/元		
		本年计划	本年实际	上年实际平均	本年计划	本年累计实际平均	按上年实际单位成本计算	按本年实际单位成本计算	本年实际
主要产品									
A 产品									
B 产品									
次要产品									
C 产品									
合计									

3. 某企业某月某种产品的原材料费用计划为 156 000 元，实际为 139 810 元，降低了 16 190 元。该种产品的数量为：计划生产 400 件，实际生产 410 件；单件消耗计划为 30 千克，实际为 31 千克；每千克原材料计划单价为 13 元，实际为 11 元。

要求：用连环替代法计算产品数量、单位产品耗料数量和原料单价变动对原材料费用的影响程度。

4. 名仕企业的 A 产品产量对单位成本的影响资料如表 9－22 所示。

表 9－22　产品产量变动对单位成本影响分析表

项目	本年计划			本年实际			降低额		
	产量/件	总成本/元	单位成本/元	产量/件	总成本/元	单位成本/元	产量/件	总成本/元	单位成本/元
变动成本	—	200 000	400	—	220 000	400	—	20 000	0
固定成本	—	50 000	100	—	50 000	90.90	—	0	9.10
合计	1 000	250 000	500	1 100	270 000	490.90	－100	20 000	9.10

要求：请根据表 9－22 计算以下数据，并作出相应的分析。

（1）产量增长率；

（2）计划固定成本占单位产品全部成本的比重；

（3）产品产量变动影响的成本降低率；

（4）产品产量变动影响的总成本降低额；

参 考 文 献

[1] 中华人民共和国财政部．企业会计准则［M］．北京：经济科学出版社，2006.

[2] 企业会计准则编审委员会．企业会计准则——应用指南［M］．上海：立信会计出版社，2016.

[3] 中国注册会计师协会．财务成本管理［M］．北京：经济科学出版社，2014.

[4] 财政部会计司．企业产品成本核算制度（试行）［M］．北京：中国财政经济出版社，2014.

[5] 财政部会计资格评价中心．中级会计实务［M］．北京：经济科学出版社，2019.

[6] 财政部会计资格评价中心．初级会计实务［M］．北京：经济科学出版社，2019.

[7] 中国注册会计师协会．2019 注会考试税法［M］．北京：中国财政经济出版社，2019.

[8] 鲁亮升．成本会计（第 7 版）［M］．大连：东北财经大学出版社，2019.

[9] 郑福琴，李丽，王立群．成本会计［M］．北京：清华大学出版社，2018.

[10] 刘国军，蒋宏成．成本会计实务［M］．北京：中国人民大学出版社，2017.

[11] 于富生，黎来芳，张敏．成本会计学（第 8 版）［M］．北京：中国人民大学出版社，2018.

[12] 于富生，黎来芳，张敏．成本会计学学习指导书（第 8 版）［M］．北京：中国人民大学出版社，2018.

[13] 万寿义，任月君．成本会计（第 4 版）．大连：东北财经大学出版社，2016.

[14] 杨继杰，徐联云．成本会计实务［M］．北京：中国财政经济出版社，2014.

[15] 丁增稳．成本会计实务习题与实训［M］．北京：电子工业出版社，2017.